Zu diesem Buch

Auch in den hochindustrialisierten westeuropäischen Staaten ist die bürgerliche Herrschaft des neunzehnten Jahrhunderts nicht zu Ende. Die Formen dieser Herrschaft haben sich jedoch vor allem nach 1945 gewandelt. Neue, früher unbekannte Steuerungsmechanismen, Herrschaftstechniken und Rechtfertigungsideologien werden angewandt. Die Bereiche des Öffentlichen und des Bürgerlich-Privaten haben sich verschoben. Der Staat greift in wirtschaftliche und gesellschaftliche Abläufe zugunsten des Kapitals ein. Politische, wirtschaftliche und gesellschaftliche Probleme sind komplizierter, die Methoden für ihre Bewältigung differenzierter geworden. Die vier Essays dieses Bandes visieren die Grundfelder der Herrschaftsverhältnisse im bürgerlichen Spätkapitalismus Westeuropas an. Können staatliche Planung und Steuerung die kapitalistische Wirtschaft stabilisieren und soziale Sicherheit dauerhaft gewährleisten? Wer hat den entscheidenden Einfluß auf diese Planung und in wessen Interesse wird geplant? Was bedeuten die neuen Planungs- und Steuerungsmethoden für die Frage der demokratischen Willensbildung? Welche Rolle spielen sozialdemokratische Parteien und Regierungen? Tragen sie zur Stabilisierung des Kapitals bei oder zu dessen Überwindung, oder ist ihr Charakter widersprüchlich? Wie legitimiert sich der bürgerliche Parteienstaat unter den veränderten Bedingungen? Welche Bedeutung haben dabei konservative Ideologien? Die Historiker und Politologen Arno Klönne, Kurt Lenk, Wolf Rosenbaum und Gerhard Stuby verstehen, auf diese Fragen Antworten zu geben. Reinhard Kühnl ist Herausgeber dieses Bandes, der sich als Fortsetzung des rororo aktuell «Formen bürgerlicher Herrschaft» (Nr. 1342/43, Februar 1971) versteht.

Hinweise auf die Autoren finden sich am Schluß dieses Bandes.

Arno Klönne
Kurt Lenk
Wolf Rosenbaum
Gerhard Stuby

Der bürgerliche Staat der Gegenwart

Formen bürgerlicher Herrschaft II

Herausgegeben von Reinhard Kühnl

Rowohlt

rororo aktuell — Herausgegeben von Freimut Duve

ERSTAUSGABE

HN373
.B8

1.–20. Tausend	Januar 1972
21.–30. Tausend	April 1972
31.–40. Tausend	Januar 1973

Veröffentlicht im Rowohlt Taschenbuch Verlag GmbH,
Reinbek bei Hamburg, Januar 1972
© Rowohlt Taschenbuch Verlag GmbH, Reinbek bei Hamburg, 1972
Redaktion Regine Fischbeck
Umschlagentwurf Werner Rebhuhn (Foto: dpa)
Alle Rechte vorbehalten
Gesamtherstellung Clausen & Bosse, Leck/Schleswig
Gesetzt aus der Baskerville
IBM Schreibsatz Stolte, Bielefeld
Printed in Germany
ISBN 3 499 11536 0

3393964

Inhalt

Einleitung

Der Band „*Formen bürgerlicher Herrschaft*", der im Februar 1971 erschien, analysierte Liberalismus und Faschismus. Darzustellen war also die Geschichte der bürgerlichen Gesellschaft, ihrer politischen Herrschaftsformen und ihrer Legitimationsideologien vom niedergehenden Feudalismus bis zum 20. Jahrhundert. Obgleich sowohl liberale Relikte als auch faschistische Tendenzen auch in den entwickelten bürgerlichen Gesellschaften der Gegenwart erkennbar sind, ist es doch offensichtlich, daß deren politische Herrschaftsformen damit nicht hinreichend charakterisiert sind. Schon damals war deshalb eine Untersuchung angekündigt worden, die sich mit dem „bürgerlichen Staat der Gegenwart" genauer befassen sollte. Die folgenden Beiträge versuchen, dieses Versprechen einzulösen.

Die Themen ergaben sich aus den Problemen, die damals im Schlußkapitel angedeutet, aber nicht analysiert werden konnten, d. h. sie ergaben sich aus der Entwicklung des bürgerlichen Staates seit dem Ende des Zweiten Weltkrieges. Seit dem Übergang vom Konkurrenz- zum Monopolkapitalismus am Ende des 19. Jahrhunderts hatte der Staat in wachsendem Maße in Wirtschaft und Gesellschaft eingegriffen, um das kapitalistische System zu sichern. Die große Wirtschaftskrise nach 1929, die alle kapitalistisch organisierten Staaten ergriff, machte offenkundig, daß die ökonomischen Mechanismen des Kapitalismus nicht mehr ausreichten, um das System funktionsfähig zu erhalten. Staatliche Regulierungs- und Planungsmaßnahmen erwiesen sich als unumgänglich und erlangten wachsende Bedeutung. So erscheint es sinnvoll, die Rolle der Planung im gegenwärtigen Kapitalismus genauer ins Auge zu fassen: was kann sie leisten, und wo liegen ihre Grenzen; von welchen Interessen wird sie bestimmt, und welche Folgen hat sie für die Institutionen des bürgerlichen Verfassungsstaates? Damit ist zugleich die Frage nach der Krisenfestigkeit des gegenwärtigen Kapitalismus und nach der Zuverlässigkeit seiner Massenbasis angesprochen.

Sowohl bei der staatlichen Wirtschaftsregulierung wie bei der Sicherung der erforderlichen Massenloyalität kommt — mindestens in einigen kapitalistischen Ländern, vor allem in der Bundesrepublik, in England und in Skandinavien — der Sozialdemokratie eine wichtige Funktion zu. Deshalb schließt sich eine Untersuchung über die Rolle der Sozialdemokratie im bürgerlichen Staat der Gegenwart an. Auch eine Klärung dieses Problems ist nicht nur von theoretischem Interesse, sondern hat bedeutsame Konsequenzen für die politische Strategie jener Kräfte, die eine Umgestaltung der Gesellschaft und die Errichtung einer sozialistischen Demokratie anstreben.

Mit dem Übergang zum Monopolkapitalismus und der wachsenden Verschmelzung zwischen dem Staatsapparat und den großen Konzernen wurde den Theorien des liberaldemokratischen Parlamentarismus der Boden entzogen. So stellt sich die Frage, wie der bürgerliche Staat der Gegenwart sich legitimiert, wie bürgerliche Demokratie unter den neuen Bedingungen noch begründet werden kann. Diesem Problem ist der dritte Beitrag gewidmet. Es stellt sich um so dringlicher, als die Kritik marxistischer Wissenschaft an der bürgerlichen Gesellschaftsordnung in den letzten Jahren an Präzision und an Wirksamkeit bedeutend zugenommen hat.

Im Zusammenhang mit der theoretischen Legitimation bürgerlicher Herrschaft erschien die Frage wichtig, wie sich die konservativen Ideologien entwickelt haben und welche Rolle sie gegenwärtig spielen. Die starken autoritären Traditionen in diesem Lande, die in der Existenz des Obrigkeitsstaates bis 1918, im Sieg des Faschismus und in der langen Vorherrschaft von CDU/CSU anschaulich zum Ausdruck kamen, verlangten eine besondere Untersuchung konservativer Ideologien. Diese Frage behandelt der vierte Beitrag dieses Bandes.

Ohne Zweifel gibt es wesentliche Probleme des bürgerlichen Staates der Gegenwart, die in diesem Katalog nicht enthalten sind. Schon der Umfang eines Taschenbuches hat hier Grenzen gesetzt, die nicht überschritten werden konnten. Sicherlich kann man auch darüber streiten, ob nicht andere Themen — etwa die Rolle der Sozialisationsinstanzen und Manipulationsapparate (Familie, Schule, Kirchen, Militär, Massenmedien, Reklameapparate) oder die Veränderungen in der Sozialstruktur (Anwachsen der Angestellten und der technischen Intelligenz) — für das politische Herrschaftssystem bedeutsamer gewesen wären als die hier behandelten. Der Anspruch, einen in sich geschlossenen Abriß vom politischen Herrschaftssystem zu liefern, kann jedoch schon deshalb nicht erhoben werden, weil jeder Autor hier sein eigenes Konzept entwickelt. Wenn dieser Band einen Beitrag zum kritischen Verständnis des gegenwärtigen bürgerlichen Staates leistet, so ist sein Zweck schon erfüllt.

Marburg, im September 1971   Reinhard Kühnl

Wolf Rosenbaum
Staatsinterventionismus und Wirtschaftsplanung im modernen Kapitalismus

1. Die Rolle der Staatsgewalt in der Entwicklung des Kapitalismus

Soll das Verhältnis von Staatsgewalt und gewerblichem Kapitalismus in seiner historischen Entwicklung charakterisiert werden, so bedient man sich im allgemeinen der folgenden Periodisierung[1]: Dem *Frühkapitalismus* entspricht eine merkantilistische Politik des Staates; eine Wirtschaftspolitik, die durch intensive Eingriffe in das Wirtschaftsleben die Herausbildung der kapitalistischen Produktionsweise entscheidend fördert. Im *Hochkapitalismus* (Ende des 18. bis Beginn des 20. Jahrhunderts), in dem sich der Kapitalismus voll entfaltet hat, beschränkt sich der Staat darauf, die noch verbliebenen Hemmnisse für die Wirksamkeit der kapitalistischen Konkurrenz zu beseitigen und die allgemeinen gesellschaftlichen Bedingungen der kapitalistischen Produktion zu sichern, ohne unmittelbar in den Produktions- und Reproduktionsprozeß einzugreifen. Im *Spät- oder Monopolkapitalismus* muß der Staat immer weiter in den kapitalistischen Wirtschaftsprozeß intervenieren, da infolge des Konzentrationsprozesses der Wirtschaftskreislauf die Fähigkeit verliert, aus den ihm immanenten Gesetzmäßigkeiten heraus den Fortgang der Kapitalakkumulation zu sichern.

Dieses Entwicklungsschema mag für eine oberflächliche Orientierung ausreichen, zur Einsicht in das komplexe Verhältnis von Staatstätigkeit und kapitalistischer Produktion trägt es jedoch wenig bei. Dazu bedarf es einer konkreteren Betrachtung des Staates und der Staatstätigkeit als Ausdruck bestimmter gesellschaftlicher Produktionsverhältnisse und ihrer Wirkungen auf die Dynamik des kapitalistischen Sektors der Produktion.

Früh- und Hochkapitalismus

Der moderne, zentralistische, anstaltliche Staat konnte überhaupt erst entstehen, als die gesellschaftliche, insbesondere die gewerbliche Produktion und der Handel einen solchen Umfang erreicht hatten, daß sie die zentrale Verfügung über ausreichende Mittel zur Finanzierung eines bürokratischen Staatsapparates erlaubten[2]. Erst dann konnten die Monarchen den feudalen politischen Partikularismus überwinden. Zentrale Staatlichkeit, territoriale Einheit und Rechtseinheit in größeren Gebieten sind andererseits wiederum Voraussetzungen für die Erweiterung des kapitalistischen Handels und die Ausbildung von kapitalistischer gewerblicher Produktion, die immer auf überlokale Märkte angewiesen sind. Insofern der Absolutismus diesen einheitlichen Markt schuf, hat er die Ausbildung des Kapitalismus gefördert. Wieweit ihm das tatsächlich gelang und wieweit die eigentlich merkantilistischen Maßnahmen — Zollschutz für die heimische Produktion, Förderung des Exports, Gewerbeförderung — tatsächlich Wesentliches zur kapitalistischen Entwicklung beitrugen, hing überwiegend davon ab, in welchem Maße sich Handels- und Verlegerkapital zu Lasten der feudalen Produktionsverhältnisse — der bäuerlichen und handwerklichen Produktion — ausgebreitet hatten. Hinter der merkantilistischen Förderung von Handel und Gewerbe stand nur sehr vermittelt das Interesse des Handels- und Gewerbekapitals. Unmittelbar entscheidend für die „Wirtschaftspolitik" war das fiskalische Interesse des Monarchen an vermehrten Staatseinnahmen, die seine gesellschaftliche, militärische und politische Macht erhöhten. In England waren im 16. und 17. Jahrhundert Handel und Produktion bereits so weit entwickelt, daß Zollschutz und Exportförderung ausreichten, um die Produktion weiter zu stimulieren und die staatlichen Einnahmen sicherzustellen. In Frankreich[3] dagegen konnte der Absolutismus bis Ende des 18. Jahrhunderts weder die Rechtseinheit voll herstellen noch die inneren Zollschranken beseitigen, teils weil die agrarisch-feudalen und handwerklichen Interessen zu stark waren, teils weil das fiskalische Interesse den für die Gewerbeförderung notwendigen Abbau der Binnenzölle durchkreuzte. Die französische merkantilistische Gewerbeförderung war von gänzlich unkapitalistischen Zielen und Prinzipien beherrscht und hat verhältnismäßig wenig zum Aufschwung des kapitalistischen Handels und Gewerbes beitragen können. Trotz erheblicher staatlicher Finanzierung blieben die französischen Außenhandelskompanien gemessen an den englischen und niederländischen unbedeutend. Die Gewerbeförderung bediente sich, mangels anderer Ansatzpunkte, der restaurierten Zunftverfassung, die eher ein Hemmnis als eine Förderung der kapitalistischen Produktion darstellte. Die staatlich geförderten Manufakturen produzierten überwiegend für den Luxusbedarf des Hofes und den militärischen Bedarf. Es wurden qualitativ hochwertige Produkte hergestellt, jedoch fehlte der Trend zur Massenproduktion für eine breite Masse von Käufern, die allein den inneren Markt entfalten kann.

In Preußen erdrückte bis zu Beginn des 19. Jahrhunderts das fiskalische Interesse der Monarchie geradezu die innere Ausweitung von Handel und Gewerbe[4]. Der absolute Staat war eher ein Hindernis als ein Beförderer der kapitalistischen Entwicklung.

Eine genaue Analyse des Verhältnisses von staatlichen Eingriffen in das Wirtschaftsleben und ihrer Effekte einerseits und der Struktur der Produktionsverhältnisse andererseits ist deswegen notwendig, weil allzuleicht aus dem größeren Umfang staatlicher wirtschaftspolitischer Intervention in verschiedenen Entwicklungsphasen des Kapitalismus und in verschiedenen Ländern die zeitweilige „Dominanz der Politik über die Ökonomie" gefolgert wird. Das mag, wenn man das Verhältnis der Staatsgewalt zu dem *kapitalistischen* Sektor der Wirtschaft während des Frühkapitalismus isoliert betrachtet, berechtigt erscheinen. Behält man dagegen die Gesamtheit aller Produktionsverhältnisse im Auge, so zeigt sich, daß Art und Wirkung der staatlichen Politik bezüglich des kapitalistischen Sektors wesentlich abhängen von dem Stärkeverhältnis zwischen kapitalistischen und feudalen Produktionsverhältnissen, die nebeneinander in diesen Gesellschaften existierten. So läßt sich zeigen, daß in Preußen die agrarisch-feudalen Produktionsverhältnisse absolut dominierten und die Politik der „absoluten" Monarchen festlegten — ob diese das wollten oder nicht. In Frankreich waren kapitalistischer Handel und Gewerbe zwar bei weitem fortgeschrittener, jedoch bildeten feudale und kleinbäuerliche Landwirtschaft und städtisches Handwerk eine mächtige Barriere gegen die Ausbreitung kapitalistischer Produktionsverhältnisse. Die staatlichen Instrumente zur Gewerbeförderung wie ihr Erfolg spiegeln diese Situation wider.

Die zweite Phase der Verhältnisse von Staat und kapitalistischer Ökonomie ist erreicht, wenn sich die kapitalistischen Produktionsverhältnisse gegenüber den feudalen durchgesetzt haben. Der Phase des Hochkapitalismus entspricht nach dem eingangs referierten Entwicklungsschema der wirtschaftspolitisch liberale Staat. Die Wirtschaft reguliert sich selbst entsprechend den der kapitalistischen Produktion und Verteilung innewohnenden Gesetzmäßigkeiten. Das System der freien Konkurrenz sorgt dafür, daß das Profitstreben der kapitalistischen Unternehmer zu einer dem Bedarf entsprechenden Versorgung der Märkte, zu einer optimalen Verteilung der Produktivkräfte auf die verschiedenen Zweige der Produktion und zum höchstmöglichen Wachstum der Produktion führt. Zugleich sichert die freie Konkurrenz, daß sich die kapitalistische Produktion dank ihrer höheren Leistungsfähigkeit gegen die noch existierenden vorkapitalistischen Produktionsverhältnisse durchsetzt. Der Staat, vom gewerblichen Bürgertum parlamentarisch beherrscht, sorgt im Inneren für marktgerechtes Handeln und sichert den institutionellen Rahmen, in dem sich der wirtschaftliche Wettbewerb vollzieht. Dieses Modell für das Verhältnis von Staat und kapitalistischer Wirtschaft im Zeitalter des Hochkapitalismus entspricht allerdings mehr der bürgerlichen Ideologie als der historischen Realität.

Die Neutralität des Staates galt niemals in bezug auf den Arbeitsmarkt. In dem sehr wesentlichen Bereich der Beziehungen zwischen Arbeiterschaft und Unternehmern trat der Staat in allen kapitalistischen Ländern als „Interventionist" zugunsten der Kapitalisten auf, indem er alle Versuche der Arbeiter zur kollektiven Ausübung ihrer Marktmacht gesetzlich unterdrückte. Des weiteren haben alle Staaten auch zur Zeit des Hochkapitalismus — mit Ausnahme der kurzen Freihandelsepisode Englands von 1860 bis 1876 — durch ein intensives und gezieltes Zollsystem die Entwicklung bestimmter Industrien sehr gefördert. Sieht man von diesen beiden Erscheinungen ab, so kommen England[5] und in der zweiten Hälfte des 19. Jahrhunderts die Vereinigten Staaten von Amerika diesem Modell nahe. Preußen, bzw. Deutschland, das im zweiten Drittel des 19. Jahrhunderts im Außenhandel wie in der Binnenwirtschaftspolitik Ansätze zum Wirtschaftsliberalismus zeigte, ist tatsächlich eher ein Gegenbeispiel für das geschilderte Modell. Nicht nur, weil diese Periode in Deutschland kaum als die des Hochkapitalismus bezeichnet werden kann — in dieser Zeit setzte sich der Kapitalismus erst durch. Entscheidend ist, daß die wirtschaftsliberalistischen Tendenzen gerade von der nichtkapitalistischen Landwirtschaft ausgingen und die Interessen des kapitalistischen Gewerbes schädigten[6]. In Frankreich war die Wirtschaftspolitik das ganze 19. Jahrhundert über interventionistisch und protektionistisch im Interesse und mit aktiver Unterstützung des Finanz- und großer Teile des Industrie-Kapitals[7]. Die staatliche Finanzierung von Industrien (Eisen, Kohle), der staatlich finanzierte Eisenbahnbau, öffentliche Banken, Gewerberegulierungen und staatliche Subventionen waren wesentliche Bestandteile nicht nur des Früh-, sondern auch des Hochkapitalismus in Frankreich.

Die vorstehenden Bemerkungen richten sich weniger gegen die Vorstellungen von der Existenz eines Konkurrenzkapitalismus im 19. Jahrhundert. Für weite Bereiche der gewerblichen Produktion war die freie Konkurrenz auf den Binnenmärkten Realität, wenn auch die Dauer dieser Realität in den verschiedenen Ländern recht unterschiedlich war. Vielmehr sollte angedeutet werden, daß diese Phase des Kapitalismus nicht zwingend und nicht einmal regelmäßig von einem ganz bestimmten Verhältnis der Staatsgewalt zur kapitalistischen Wirtschaft begleitet ist. Wenn vielfach die englische Entwicklung als prototypisch für die kapitalistische Entwicklung schlechthin angesehen wird, so übersieht man, daß gerade die Pionierrolle Englands für die übrigen Staaten Bedingungen setzte, die zu ganz andersartigem staatlichen Verhalten gegenüber der Wirtschaft zwangen: zum Schutz der heimischen Industrie vor der englischen und zu verstärkten staatlichen Bemühungen die englische Industrie einzuholen.

Wichtig für eine Beurteilung der Rolle des Staates in der Entwicklung des Kapitalismus ist darüber hinaus, daß im 19. Jahrhundert in vielen Ländern trotz der Ausweitung der kapitalistischen Produktion nichtkapitalistische Klassen und Schichten noch über erhebliche gesellschaftliche und politische Macht verfügten.

Die Wirkung staatlicher Wirtschaftspolitik läßt sich auch nicht hinreichend mit formalen Kriterien wie „Förderung" oder „Hemmung" der kapitalistischen Produktion beurteilen. Die Dynamik der kapitalistischen Produktionsverhältnisse war überall, sofern sie einmal in Gang gekommen war, groß genug, um sich unter den verschiedensten Bedingungen, allerdings in jeweils charakteristischen Ausprägungen, durchzusetzen. So hat die Freihandelspolitik der Zeit des Frühkapitalismus in Preußen bzw. Deutschland aufs Ganze gesehen die Durchsetzung der kapitalistischen Industrie nicht verhindert, diese Industrie jedoch sehr früh zu hoher Konzentration und zum Einsatz hochentwickelter Produktionstechniken gezwungen. In Frankreich haben Protektionismus und Subventionen den technischen Fortschritt und das Wachstum in entscheidenden Industrien zunehmend gebremst. Demgegenüber hatte die Industrie der Vereinigten Staaten trotz Protektionismus einen sehr hohen technischen Entwicklungsstand und zeichnete sich durch eine bemerkenswerte Konzentration der Produktion in wesentlichen Bereichen aus.

Die beiden jüngeren Epochen des Kapitalismus lassen sich allgemein nur nach der tendenziell unterschiedlichen Struktur ihrer Produktionsverhältnisse unterscheiden: als Konkurrenzkapitalismus und Monopolkapitalismus. Hinsichtlich der Stellung des Staates zu der kapitalistischen Produktion läßt sich nur für den Monopolkapitalismus eine allgemein gültige Aussage treffen: mit der überall zunehmenden Entwicklung zum Monopol wurde der Staat zu immer intensiverer und kontinuierlicherer Intervention in den Reproduktionsprozeß gezwungen. Dagegen läßt sich dem Konkurrenzkapitalismus nicht generell der nichtinterventionistische Staat zuordnen. Entscheidend ist allerdings die verschiedene Zielsetzung der staatlichen Intervention: diente sie im Früh- und Hochkapitalismus dem Schutz und dem *Aufbau* der inländischen Produktion, so dient sie im Monopolkapitalismus zur *Sicherung* der von Überproduktion und Überakkumulation bedrohten Profite bestehender Industrien.

Staatsinterventionismus im monopolistischen Kapitalismus bis Mitte des 20. Jahrhunderts

Ab Mitte der 1870er Jahre läßt sich in allen entwickelten kapitalistischen Staaten, wenn auch in unterschiedlichem Maße, eine zunehmende Konzentration der Produktion in wichtigen Zweigen der Industrie beobachten. Am frühesten und am ausgeprägtesten zeigte sich die Konzentration in der Grundstoff- und Produktionsmittelindustrie, weniger dagegen bei den Fertigwaren, also den den Konsumenten nächsten Produktionszweigen[8]. Das hat seine Ursache zum einen in der technologischen Entwicklung, die in den Grundstoff- und Produktionsmittelindustrien in einem Maße fortgeschritten war, daß nur noch Unternehmen mit hohen Marktanteilen die große Ausstoßmengen verlangenden neuen Techniken einsetzen konnten. Dies zwang zu Fusionen, ruinierte die kleineren und erschwerte den Eintritt neuer Unternehmen, so daß sich die wachsende Nachfrage auf die bestehenden Unternehmen aufteilte. Die technische Entwicklung ist dabei allerdings keine autonome Ursache für den Konzentrationstrend. Vielmehr erzeugte der wirtschaftliche Aufschwung im 19. Jahrhundert naturgemäß eine überproportionale Ausdehnung des Bedarfs nach Produktionsgütern, insbesondere nach Eisen und Stahl. Dadurch fielen in diesen Industrien nicht nur hohe Gewinne an, sondern der anhaltende Nachfragesog begünstigte den Einsatz immer kapitalintensiverer Techniken, da er deren Risiko verringerte. Entscheidend für die Ausbreitung der Konzentration war die Phase der Krisen und Depressionen von 1873 bis 1900, die den Abschluß des industriellen Aufschwungs und des Investitionsbooms der zweiten Hälfte des 19. Jahrhunderts anzeigte[9]. Das Eisenbahnnetz war weitgehend aufgebaut und die Produktionsanlagen in wesentlichen Bereichen der Industrie so erweitert, daß nun notwendigerweise eine gewisse Verlangsamung des Wachstums der Nachfrage nach Grundstoffen und Produktionsmitteln eintreten mußte. Das führte in diesen Industrien zu zahlreichen Zusammenbrüchen, zur Konzentration der Produktion auf die größten, leistungsfähigsten und finanzstärksten Unternehmen, die im übrigen allein in der Lage waren, mit verschärfter Rationalisierung auf die schwierige Situation zu antworten.

Die Konzentration der Produktion auf wenige Großunternehmen erlaubte diesen eine Marktpolitik, die die „klassischen" Marktmechanismen, wie sie im Konkurrenzkapitalismus tendenziell wirksam waren, teilweise außer Kraft setzte. Überakkumulation und Überkapazitäten in einzelnen Industriezweigen, die Absatzschwierigkeiten und Profitminderungen verursachen, hätten zu Zusammenbrüchen von Unternehmen und zu Abwanderung von Kapital in solchem Umfang führen müssen, daß sich diese Wirtschaftsbereiche auf das Maß der Aufnahmefähigkeit der anstoßenden Wirtschaftsbereiche „gesundgeschrumpft" hätten. Sobald jedoch der Preismechanismus durch Absprachen, die zwischen den wenigen Konkurrenten möglich sind, ausgeschaltet wird, bleiben die Preise der Produkte der monopolisierten Industrien hoch, damit auch die Kosten für die Weiterverarbeiter; die Produktion wird entsprechend der zurückbleibenden Nachfrage gedrosselt, Arbeitskräfte werden entlassen und Massenkaufkraft wie Nachfrage nach Grundstoffen fallen wegen der Produktionsdrosselung aus. Es kommt dann zur Krise, ohne daß diese jedoch zum verschärften Zusammenbruch der Profite und zur Vernichtung von Kapazitäten gerade in den „überentwickelten" Bereichen führt. Der Mechanismus der „Selbstheilung" der Krise und der optimalen und proportionalen Verteilung der Produktivkräfte vermittels der Preis- und Profitentwicklung versagt, wenn die Konkurrenz nicht mehr für den Ausgleich der Profite und damit der Akkumulationskraft zwischen allen Unternehmen und Wirtschaftszweigen sorgt. Die kapitalistische Gesellschaft ist jetzt nicht mehr nur mit dem konjunkturellen Phänomen der periodischen Überproduktion und Krise, sondern mit dem einer dauernden, überkonjunkturellen Überproduktion und Überakkumulation konfrontiert.

Depression und Krise lassen sich nur noch überwinden, wenn man für das überschüssige Kapital und die ungenutzten Kapazitäten der konzentrierten Industrien zusätzliche, nicht dem nationalen kapitalistischen Wirtschaftskreislauf entstammende Anlage- und Absatzmöglichkeiten schafft. Um das Funktionieren der Wirtschaft sicherzustellen und um die sozialen und politischen Folgen tiefer und dauerhafter Depressionen abzuwenden, muß sich der Staat zunehmend bemühen, dem Kapital diese Ausweichmöglichkeiten zu schaffen und zu sichern. Dieser Zwang wird begleitet und unterstützt durch den wachsenden Einfluß von Großunternehmern und Unternehmerverbänden auf den Staat.

Das Kapital wird imperialistisch[10], drängt auf die internationalen Märkte und mobilisiert die Staatsgewalt teils indirekt, indem die im Innern der nationalen Staaten durch sein Wirken geschaffenen Bedingungen den Staat zum Eingreifen zwingen, teils durch direkten politischen Druck auf die Staatsgewalt. Überproduktion und Überakkumulation vernichten endgültig die Möglichkeiten von Gegenseitigkeit in den internationalen Wirtschaftsbeziehungen und von rationaler internationaler Arbeitsteilung. Sie verlangen vielmehr, den Binnenmarkt durch hohe Zollmauern vor Industrieprodukten des Auslandes zu schützen, den Export zu subventionieren, Rohstoffquellen in Kolonien und abhängigen Gebieten politisch zu monopolisieren, um billige Rohstoffpreise zu erzwingen, und sich Kolonien und abhängige Gebiete zu sichern, in denen das überschüssige Kapital angelegt und Industrieprodukte abgesetzt werden können, ohne der Konkurrenz der Industrien anderer imperialistischer Länder ausgesetzt zu sein.

Der Kampf der Staaten um die Aufteilung der Welt und um die Sicherung von geschützten Einflußsphären in weniger entwickelten Gebieten erzeugte zunehmend politische und militärische Spannungen und Auseinandersetzungen. Das war der Anlaß für die Aufrüstung, die selbst wiederum erweiterte Absatzmöglichkeiten für die großen Industriekonzerne schaffte.

Der staatliche Interventionismus weitete sich auch im Inneren der Staaten aus: im Interesse der besseren „Entfaltung des nationalen Wirtschaftslebens", d. h. der kapitalistischen Entwicklung, wurde die „Infrastruktur" staatlich ausgebaut und subventioniert (Eisenbahn, Nachrichtenwesen, Energieversorgung). Daneben bemühte man sich, mit dem Anwachsen der Arbeiterbewegung nicht mehr allein auf dem Wege staatlicher Repression, sondern auch auf dem der sozialpolitischen Integration fertig zu werden: es begann die staatliche Sozialpolitik.

Verstärkte staatliche Eingriffe und Regulierungen brachte überall der Erste Weltkrieg mit sich. Insbesondere in Deutschland mußte wegen des Rohstoffmangels ein staatliches System der Bewirtschaftung aufgebaut werden[11]. Daneben förderte der Staat wichtige Industrien durch Kredite. Die Versorgung der Zivilbevölkerung wurde ebenfalls staatlich organisiert. Besonders profitierten davon die leistungsfähigen Großunternehmen, und zwar nicht nur durch Kredite, Zwangsfusionen und Produktionsausweitung, sondern auch, weil führende Industrievertreter das staatliche Lenkungssystem organisierten. Insofern ist es berechtigt, von einem „staatsmonopolistischen System" zu sprechen. In dieses kriegswirtschaftliche Lenkungssystem wurden erstmals in einigen Ländern auch Gewerkschaftsvertreter einbezogen.

In der Nachkriegszeit wurden diese staatsmonopolistischen Lenkungsinstrumente in allen Ländern, im wesentlichen auf Druck der

Industrie, wieder abgebaut. Das bedeutete keineswegs das Ende staatlicher Interventionen. Aber sie erfolgten wieder indirekt in Form von Subventionen für wichtige Industrien, Stützung von krisenbedrohten Unternehmen, steuerlichen Begünstigungen der Kapitalakkumulation, Übernahme unprofitabler Unternehmungen in Staatseigentum. Alle Institutionen, die einer überbetrieblichen globalen Planung und Kontrolle hätten dienen können, wurden abgebaut oder, wo sie vorgesehen waren, hintertrieben. In der Stabilisierungsphase der 1920er Jahre lebte die Ideologie der „freien Wirtschaft" überall wieder auf; parallel dazu weitete sich allerdings der Umfang staatlicher Interventionen zur Sicherung des Funktionierens der Privatwirtschaft, d. h. zur Sicherung der Profite, vielfältig aus.

Die Aufschwungphase der 1920er Jahre wurde jäh abgebrochen durch die Weltwirtschaftskrise, die in ihrer Tiefe, Allgemeinheit und Dauer die Illusionen über die Funktionsfähigkeit der „Marktwirtschaft" gründlich zerstörte.

An dieser Krise prallten alle herkömmlichen Mittel staatlicher Krisenpolitik ab, ja sie verschärften die Krise vielfach noch. Die Weltwirtschaftskrise signalisierte überdeutlich das Ende des Konkurrenzkapitalismus und die Vorherrschaft der Monopole in entscheidenden Wirtschaftsbereichen: trotz größter Nachfrageausfälle und hoher Überkapazitäten brachen die Preise hier nicht zusammen (teilweise stiegen sie sogar noch) und sanken erst, als die übrigen Wirtschaftszweige längst tief in der Krise waren und die gesunkenen Kosten der Produktionsgüter für sie uninteressant waren, da ihre Absatzpreise weit stärker geschrumpft waren[12]. Die öffentlichen Haushalte, im Laufe der Zeit zu immer wichtigeren Auftraggebern geworden, hielten an den klassischen Haushaltsprinzipien, d. h. dem jährlichen Ausgleich von Staatseinnahmen und -ausgaben, fest. So mußten sie selbst noch krisenverschärfend, „prozyklisch" wirken, da der krisenbedingte Einnahmeschwund zu entsprechenden Einsparungen auf der Ausgabenseite zwang. Nur sehr tastend und unentschlossen gingen einige Staaten zum „deficit spending", d. h. zu haushaltsunabhängigen, kreditfinanzierten öffentlichen Aufträgen und Ausgaben über, um vom Wirtschaftskreislauf unabhängige Nachfrage zu entfalten. Die übrigen staatlichen Maßnahmen zur Überwindung der Krise erwiesen sich, sofern sie nicht geradezu prozyklisch waren wie die Ausgabeneinschränkungen, als ziemlich unwirksam: Lohnreduzierungen, Steuersenkungen für die Industrie, Vergabe billiger Kredite, Schutzzollpolitik, Importkontingentierung und Devisenbewirtschaftung; alle diese Maßnahmen nutzten wenig, wenn die Nachfrage nicht wuchs. Da aber der krisenimmanente Wiederaufschwungimpuls infolge relativ starrer Preise kaum oder gar nicht in Gang kam, konnte nur die Entwicklung kreislauffremder, nicht an das Profitprinzip gebundener Nachfrage nach Industrieprodukten die Wende herbeiführen.

Im Zusammenhang mit der Weltwirtschaftskrise entstanden die ersten Versuche koordinierter staatlicher Eingriffe in den Wirtschaftsprozeß in Friedenszeiten. Die Rooseveltsche „Wirtschaftsplanung" des New Deal[13] (ab 1933) sollte die amerikanische Wirtschaft aus der Krise führen, ohne die privatwirtschaftliche Struktur ernsthaft in Frage zu stellen. Der Rooseveltschen Planung fehlte jedoch nicht nur die theoretische Grundlage einer zutreffenden Einsicht in die Ursachen der Krise und Stagnation, sie war auch mit vielen Widersprüchen behaftet, ihre Absichten brachen sich an dem Chaos des Regierungs- und Planungssystems, und schließlich sah sie sich einer offenen Front der Industrie gegenüber, die in dieser Politik eine Vorstufe zum Sozialismus sah.

Roosevelt arbeitete mit einem doppelten Haushalt, einem ordentlichen, steuerfinanzierten und einem außerordentlichen, kreditfinanzierten. Dabei kompensierten sich allerdings teilweise Steuererhöhungen und die vermehrten kreditfinanzierten Ausgaben. Die staatliche Ausgabenpolitik konzentrierte sich primär auf Arbeitsbeschaffung, um die Arbeitslosigkeit zu verringern. Das hob zwar die Massenkaufkraft, führte zur höheren Auslastung der Kapazitäten bei verbrauchsnahen Industrien, gab aber den Impuls nicht zu den besonders betroffenen Investitionsgüterindustrien weiter. Nur wenn die Nachfrage nach deren Produkten gestiegen wäre, hätten nachhaltige belebende und beschäftigungssteigernde Erfolge erwartet werden können. Wenn man berücksichtigt, daß die hochkonzentrierten und sich infolge der Krise weiter konzentrierenden Investitionsgüterindustrien ohnehin infolge überdurchschnittlicher Profite zu Überakkumulation und Überkapazität tendieren, muß man bezweifeln, ob überhaupt ein Impuls vom Verbrauchermarkt die Krise beheben kann. Auf jeden Fall müßte er, um anzukommen, ungeheuer groß sein.

Für die industrielle Preis- und Lohnpolitik wurde eine Art „konzertierte Aktion" eingeführt, die jedoch über keine direkten Kontrollmöglichkeiten verfügte, so daß die Preis- und Profitpolitik der Großunternehmen nicht ernstlich betroffen wurde. Auch die „Lohnleitlinien" hatten wenig Erfolg. Wenn zeitweise die Löhne zurückblieben, dann eher infolge des Drucks der Arbeitslosigkeit. Einzig in der Landwirtschaft gab es direkte staatliche Eingriffe in Form von festen Preisen, Absatzgarantien durch den Staat, Produktionseinschränkungen und Umschuldung. Dieses System der staatlichen Regulierung der Landwirtschaft ist das einzige, was bis heute vom New Deal erhalten geblieben ist.

Die übrigen Maßnahmen wurden, teils weil sie erfolglos blieben, teils weil sie ohnehin nur kurzfristig geplant waren und teils auf den Druck der Industrie hin seit Mitte der 1930er Jahre abgebaut. Die Industrie erholte sich allmählich, die Arbeitslosigkeit nahm jedoch erst mit dem Beginn der Rüstungspolitik (ab 1940) ab. Trotz des beachtlichen Einsatzes öffentlicher Mittel ist der Effekt der New Deal-Politik ziemlich gering geblieben.

Das bei weitem „größte Experiment der Wirtschaftsplanung unter dem Kapitalismus, das in Friedenszeiten versucht wurde"[14], stellt die

Wirtschaftspolitik der Nationalsozialisten dar. Allerdings darf man dabei Wirtschaftsplanung nicht im strengen Sinne des Wortes verstehen. Die Wirtschaftspolitik war im wesentlichen *Rüstungspolitik*. Die Rüstung wurde durch zunehmende Staatsverschuldung und niedrige Löhne finanziert, was zu einem erheblichen Aufschwung der Industrieproduktion führte. Eine wirkliche Planung des Wirtschaftsprozesses fand nicht statt, sondern eine konzentrierte Lenkung aller Ressourcen auf die Rüstungsproduktion. Im Unterschied zur New Deal-Politik wurden nicht nur relativ größere finanzielle Mittel vom Staat mobilisiert. Diese flossen vielmehr auch, nach der anfänglichen Arbeitsbeschaffungspolitik, die mit der Verringerung der Arbeitslosigkeit die Arbeiter befrieden bzw. integrieren sollte, in wachsendem relativen und absoluten Umfang in die Rüstung. War der industrielle Belebungsprozeß, der von der unmittelbaren Stärkung des Masseneinkommens ausging, (wie in den USA) ziemlich gering, so belebten die Rüstungsausgaben die Produktion in der Schwerindustrie und in den Konzernen der verarbeitenden Industrie. Die wachsende Rüstungsproduktion verlangte nicht nur einen scharfen Druck auf die Masseneinkommen und den Konsum, der durch Zerschlagung der Gewerkschaften, schärfste Repressionsmaßnahmen gegen die Lohnarbeiter und staatliche Lohnregulierung, d. h. Lohnstop, erreicht wurde. Vielmehr fehlte es zunehmend an Rohstoffen, deren Beschaffung am Weltmarkt den Ausbau einer leistungsfähigen Exportindustrie verlangt hätte — eine Maßnahme, die nur durch Verlangsamung der Rüstung zu erreichen gewesen wäre. Das Rohstoffproblem wie die Rüstungsexpansion drängten zwangsläufig zu militärischer Eroberung von fremden Gebieten (die freilich bereits von Anfang an zu dem Katalog nationalsozialistischer politischer Forderungen gehörte).

Formal entsprach der staatlichen Regelung der Löhne eine Preisregulierung, die jedoch von den Organen der „Selbstverwaltung der Wirtschaft" als Beauftragte des Staates übernommen wurde. In ihnen konnten sich die großen Konzerne durchsetzen. Preispolitik, Auftragslenkung und Rohstoffverteilung begünstigten die Großunternehmen ganz außerordentlich. So führte die nationalsozialistische Wirtschaftspolitik zu verstärkter Konzentration in der Industrie und — ganz im Gegensatz zur offiziellen Ideologie — zu beschleunigter Verdrängung von mittelständischer Industrie, Handwerkern und kleineren Bauern.

Wirtschaftlich mußte diese Politik notwendig zum Zusammenbruch führen: einmal wegen des Rohstoffmangels, zum anderen, weil sie mit Erreichen der Vollbeschäftigung und Auslastung der bestehenden Kapazitäten die Rüstung nur noch durch drastische Reduktion der Konsum- und Verbrauchsgüterproduktion weiterführen konnte, und schließlich, weil die Verwendung eines wachsenden Teiles des Sozialproduktes für unproduktive Zwecke (Rüstung) das Wirtschaftswachstum (Erweiterung der Produktionskapazitäten) bremsen und dadurch letztlich die Rüstungsproduktion selbst erdrosseln mußte. Der Ausweg konnte

hier nur der Krieg, d. h. die Eroberung und Ausplünderung anderer
Volkswirtschaften und die erhöhte Ausbeutung der deutschen Arbeitskräfte in der Kriegswirtschaft sein.

2. Staatsinterventionismus und Wirtschaftsplanung
   im Kapitalismus seit Ende des Zweiten Weltkrieges

Die Lage des Kapitalismus nach dem Zweiten Weltkrieg

Angesichts der Labilität der Zeit zwischen den Kriegen hat sich der
Kapitalismus nach dem Zweiten Weltkrieg überraschend schnell und
stabil entwickelt[15]. Noch nie in seiner Geschichte hat der Kapitalismus, insbesondere der Westeuropas, so große Wachstumsraten über
einen längeren Zeitraum gehabt wie nach dem Krieg. Zwischen 1950
und 1964 waren die Wachstumsraten doppelt so groß wie zwischen
1913 und 1950 und um die Hälfte größer im Vergleich zu der Prosperität von 1901 bis 1913. Lediglich die USA und Kanada, die nach
dem Krieg ein relativ geringeres Wachstum als die übrigen Länder auf-
wiesen, hatten in dem bei ihnen besonders starken Aufschwung vor
dem Ersten Weltkrieg höhere Wachstumsraten.

10-Jahres-Wachstumsraten des Sozialprodukts (in %)

	1880—1913	1890—1927	1950/52—1960/62
Frankreich	26,2	21,6	55,1
Deutschland	33,1	19,6	102,6
Italien	17,1	20,5	78,2
England	27,6	11,9	30,2
USA	46,1	43,0	34,1

(*Quelle:* S. Kuznets: Postwar Economic Growth, Cambridge/Mass. 1964, S. 129ff,
139ff.)

Bemerkenswert ist auch die relative konjunkturelle Stabilität des
Kapitalismus seit dem Zweiten Weltkrieg. Es hat nur wenige Fälle gegeben, in denen eine konjunkturelle Rezession mit einem Rückgang
des Sozialprodukts verbunden war. Im höchsten Fall sank die Größe
des Sozialprodukts um 2 %, während nach dem Ersten Weltkrieg mehr-
fach Rückgänge bis zu 20 % auftraten.
   Schließlich lag auch der langfristige Beschäftigungsgrad nach dem
Krieg sehr hoch im Vergleich zur durchschnittlichen Arbeitslosigkeit
der Zwischenkriegszeit.
   Es mag naheliegen, diese erstaunliche Entwicklung des Kapitalismus
auf den wachsenden Umfang staatlicher Eingriffe in den Wirtschaftsprozeß: auf die staatliche Konjunkturpolitik und Wachstumsplanung

und auf den ständig steigenden Anteil des Volkseinkommens, der durch die Hand des Staates läuft, zurückzuführen. Doch bevor wir darauf näher eingehen, wollen wir untersuchen, wieweit sich nicht auch unabhängig davon die Bedingungen der privatwirtschaftlichen Dynamik geändert haben.

In Westeuropa bestand nach den Zerstörungen des Zweiten Weltkrieges und der Vernachlässigung der Investitionstätigkeit in den zivilen Sektoren der Produktion ein erheblicher „Nachholbedarf" an Produktionsgütern, der nach Überwindung der Umstellungsschwierigkeiten der Kriegs- auf die Friedenswirtschaft und dem Anstoß durch den amerikanischen Marshall-Plan zu einem konjunkturellen Aufschwung führte. Erstaunlich ist nicht die Investitionskonjunktur selbst, sondern die Tatsache, daß sie nicht zu einem scharfen konjunkturellen Abbruch in dem Augenblick führte, in dem der Vorkriegsstand erreicht war. Es müssen also zusätzliche, weiterwirkende expansive Kräfte vorhanden gewesen sein.

Ein solcher Impuls war sicher das ständig wachsende Volumen des Außenhandels[16]. Es wuchs in den 1950er Jahren um durchschnittlich 6 % pro Jahr, in den 60er Jahren um 7,5 % pro Jahr und von 1963 bis 1966 um 9–10 %. Mit dieser Ausweitung ging eine Verlagerung in Richtung auf den Handel zwischen den kapitalistischen Ländern einher, der heute fast 60 % des Gesamtvolumens umfaßt. Das rasche Wachstum des Außenhandels, insbesondere zwischen den hochkapitalistischen Ländern nach dem Krieg, steht in bemerkenswertem Gegensatz zu der Außenwirtschaftspolitik der Zwischenkriegszeit. Damals hatte man versucht, durch Zollschutz ausländische Konkurrenz vom Binnenmarkt fernzuhalten und durch Exportförderung und Währungsabwertung den heimischen Export auszuweiten, um sich fremde Kaufkraft anzueignen — eine Politik, die zu entsprechenden Maßnahmen der übrigen Staaten zwang, gegen die sie gerichtet war, und die sich daher langfristig nicht nur selbst vereitelte, sondern zur Schrumpfung des Außenhandels führen mußte[17].

Demgegenüber wuchsen die kapitalistischen Länder nach dem Krieg ökonomisch immer mehr zusammen, nicht nur weil die USA im Zuge der verschärften Auseinandersetzung mit der sozialistischen Welt sich mit beträchtlichen staatlichen Mitteln bemühten, die kapitalistischen Ökonomien Westeuropas in Gang zu bringen. Auch das private amerikanische Kapital, dessen Verwertung in den USA nicht vollständig gesichert war, drängte nach Europa und fand angesichts der Kapitalknappheit in der Wiederaufbauphase günstige Bedingungen. Der nächste Schritt war eine rasche Vergrößerung der Zahl und des Umfangs internationaler kapitalistischer Konzerne.

Politisch wie ökonomisch bildeten sich trotz aller nationalstaatlichen Relikte Ansätze zu einer internationalen kapitalistischen Solidarität, die sich in Liberalisierung des Außenhandels, Freiheit des Kapitalverkehrs, der Existenz eines, wenn auch ständig krisenumwölkten, internationalen kapitalistischen Währungssystems und der Bildung von

Wirtschaftsblöcken (EWG, EFTA) niederschlug.

In welchem Maße nach dem Zweiten Weltkrieg von der Ausweitung der Außenwirtschaft Impulse auf die Produktion ausgingen, zeigt der folgende Vergleich der Wachstumsraten der Exporte mit denen der nationalen Sozialprodukte: das Wachstum des Exports war im Durchschnitt doppelt so groß wie das des Sozialprodukts.

Durchschnittliche jährliche Wachstumsraten des Sozialprodukts (SP) und des Exportvolumens (Exp)

	1870—1913		1913—1950		1950—1960	
	SP	Exp	SP	Exp	SP	Exp
Frankreich	1,6	2,8	0,7	1,1	4,4	7,2
Deutschland	2,9	5,1	1,2	− 2,5	7,6	15,8
Italien	1,4	—	1,3	1,4	5,9	11,8
England	2,2	2,1	1,7	0,2	2,6	1,9
USA	4,3	3,8	2,9	2,3	3,2	5,0

(*Quelle:* E. Altvater: Die Weltwährungskrise, Frankfurt/M, Wien 1969, S. 14)

Zunächst läßt sich durch den Verweis auf den erhöhten Umfang des Außenhandels eine größere konjunkturelle Stabilität erklären: bei konjunkturellen Abschwüngen können inländische Produzenten auf den Außenmarkt ausweichen, insbesondere dann, wenn die Konjunkturen in den verschiedenen kapitalistischen Ländern nicht synchron verlaufen. Doch das erklärt noch nicht, weshalb die Erweiterung des Außenhandels, speziell zwischen den kapitalistischen Ländern, die Tendenz zu Überproduktion und Überakkumulation auffangen soll. Mit der zunehmenden Konzentration wachsen die Profite und damit das anlagesuchende Kapital der Monopole, während die Profite und damit die Aufnahmefähigkeit der weniger konzentrierten Wirtschaftszweige und die Massenkaufkraft zurückbleiben. Da alle Länder vor dem gleichen Problem stehen, bedeutet der Exportüberschuß eines Landes Verschärfung der Absatz- und Verwertungsschwierigkeiten des anderen. Der allgemeine expansionsfördernde Effekt des Außenhandels geht davon aus, daß er eine internationale Arbeitsteilung mit sich bringt. Spezifische Exportindustrien weiten sich entsprechend dem größeren internationalen Markt besonders rasch aus, während andere Industrien, der überlegenen ausländischen Konkurrenz ausgesetzt, stagnieren oder schrumpfen. Insofern bewirkt das Wachstum des Außenhandels eine Umschichtung der Wirtschaftsstruktur und die Eröffnung neuer Investitionsfelder, zugleich aber auch die Vernichtung schwächerer, weniger leistungsfähiger Kapitalien.

Die internationale Konkurrenz und die Vergrößerung der Märkte beschleunigen darüber hinaus das Tempo von Innovationen. Einmal in

Gang gesetzt, bewirkte auch das relativ schnelle und vergleichsweise stetige Wachstum der kapitalistischen Produktion in der Nachkriegszeit, daß infolge anhaltend guter Nachfrage das Risiko des Einsatzes neuer Produktionstechniken verringert wurde. Rascher technischer Fortschritt und mit ihm verbundener hoher „moralischer Verschleiß" der Produktionsanlagen, d. h. das technische Veralten *vor* der physischen Abnutzung, schaffen ständig neue Anlagemöglichkeiten für das Kapital.

Allerdings stellt sich die Frage nach der Rentabilität dieser Art von Kapitalanlagen, und zwar nicht nur deswegen, weil die wachsenden Monopolprofite einerseits das Zurückbleiben der Massenkaufkraft voraussetzen und somit andererseits ständig der Absatz der Produkte gefährdet ist. Vielmehr verlangt der zunehmende Einsatz neuer Technologien auch immer umfangreichere Ausgaben für die Forschung, die, wenn sie nicht vom Staat, sondern von den Unternehmen selbst getragen werden müßten, die Rentabilität der Investitionen nicht mehr gewährleisten und damit zum Rückgang der Investitionen und zur Freisetzung von Kapital führen müßten.

Schließlich sei noch erwähnt, daß die mit der Existenz von Großkonzernen verbundenen Planungs- und Investitionsmittel der Privatwirtschaft und der größere Kapitalrahmen der Großbanken einen konjunkturdämpfenden Effekt haben, da sie ihre Geschäftspolitik langfristig planen und kurzfristige Profitschwankungen auffangen können. Das verringert nicht die Krisenanfälligkeit des Kapitalismus, läßt die Krise aber weniger als Konjunktur-, sondern mehr als langfristige, überzyklische Überakkumulationskrise auftreten.

Die relative konjunkturelle Stabilität trägt im übrigen ihrerseits zum höheren Wachstum der Produktion bei, denn jede konjunkturelle Krise bedeutet eine zeitweise Stillegung von Produktivkräften — Arbeitskräften und Produktionsanlagen — und darüber hinaus durch Bankrotte und Schließung von Unternehmen die Vernichtung von Kapital.

Die Funktion des Staates im kapitalistischen Reproduktionsprozeß

All diese Faktoren — Expansion des Außenhandels, beschleunigter technischer Fortschritt, höhere konjunkturelle Stabilität — reichen nicht aus, um die langanhaltende Expansion und Stabilität des Nachkriegskapitalismus zu erklären. Sie gewinnen ihre Bedeutung erst dann, wenn die Monopolprofite erzielenden Unternehmen die ständige Garantie für langfristige Sicherung ihrer Kapitalanlage haben. Denn gerade die Expansion im Außenhandel und die Beschleunigung kostensenkender Innovationen lassen die Profite dieser Unternehmen weiter überproportional ansteigen, so daß ständig mehr Kapital zu profitabler Anlage drängt und ständig wachsende Kapazitäten ausgelastet werden müssen.

Mit Sicherheit läßt sich die bemerkenswerte Dynamik des Nachkriegskapitalismus im wesentlichen auf die außerordentlich gewachsene Rolle des Staates im kapitalistischen Reproduktionsprozeß zurückführen. Die Funktionen, die der Staat für den gegenwärtigen Kapitalismus erfüllt, sind: Erstens Stabilisierung des Konjunkturverhaltens, einmal durch die ständige Zunahme des Anteils des Volkseinkommens, den die öffentliche Hand ausgibt (und dies kontinuierlich und ohne Rücksicht auf die Konjunkturlage), zum anderen durch aktive Konjunkturpolitik; zweitens Umverteilung von Teilen des Volkseinkommens zu Lasten des Massenkonsums, um die Nachfrage nach Produkten der großen Konzerne zu stärken (Rüstung) und um die Industrie von gewissen Kosten zu entlasten (Forschung, Ausbildung etc.); drittens strukturelle und langfristige Wirtschaftsplanung in Form von gezielter Förderung wichtiger und für die kapitalistische Entwicklung zentraler Bereiche (z. B. Energiewirtschaft), in Form von langfristiger Haushaltspolitik und Aufstellung von Wirtschaftsprognosen sowie insbesondere Einkommenspolitik.

In der Praxis der kapitalistischen Staaten können wir die unterschiedlichsten Mechanismen der Planung, aber auch vollständige Ablehnung staatlicher Planung beobachten. Allgemein ist lediglich die Tendenz, daß die öffentliche Hand über einen beständig wachsenden Anteil am Volkseinkommen verfügt. Das wirft die Frage auf, ob nicht die Verschiedenartigkeit von Umfang und Intensität der Planung und des geplanten Einsatzes der Mittel des Staates die zu beobachtenden Unterschiede in Wachstum und Stabilität zwischen den kapitalistischen Ländern zu erklären vermag. Die Antwort darauf ist besonders von Belang, weil man daraus den Effekt der kapitalistischen Planung ersehen könnte – eine für ein Urteil über die Entwicklungsmöglichkeiten des Kapitalismus zentrale Frage. Für die Vereinigten Staaten und England, die bis Mitte der 1960er Jahre keinerlei lang- oder mittelfristige Planung betrieben haben, sondern bestenfalls kurzfristige Konjunkturpolitik, scheinen die relativ mäßigen Wachstumsraten – negativ – die Rolle der Planung zu bestätigen. Die sehr intensive Planung hat in Frankreich offenbar hohe Wachstumsraten hervorgebracht. Jedoch erlebten die notorisch planungsfeindlichen Länder in Europa, die Bundesrepublik und Italien, die bis Mitte der 1960er Jahre nicht einmal Konjunkturpolitik ernsthaft betrieben, die höchsten Zuwachsraten.

Um es vorweg zu sagen: der ökonomische Effekt von Planung im Kapitalismus ist offenbar sehr gering. Das liegt zum einen an der Unmöglichkeit, im Kapitalismus einigermaßen präzise Prognosen über die Wirtschaftsentwicklung zu erstellen, zum anderen an der mangelnden Realisierbarkeit eines Planes angesichts der Konkurrenz zwischen den Unternehmen um den höchsten Profit und des klassenbedingten Lohn- bzw. Verteilungskonfliktes. Die Wirkung der Staatstätigkeit für den Kapitalismus geht nicht von der globalen Planung aus, sondern vom „spontanen" und auf Einzelbereiche gezielten Einsatz der öffentlichen Mittel. Sieht man von den ideologischen Schlachten zwischen

Planern und Marktideologen ab, so stellt sich heraus, daß die effektiven Unterschiede in der wirtschaftspolitischen Praxis zwischen Frankreich mit seinem imponierenden Planungssystem und der Bundesrepublik oder Italien — bis in jüngste Zeit die Bannerträger der „freien Marktwirtschaft" — nicht sehr erheblich sind.

Die Expansion der Staatsausgaben

Betrachten wir nun im einzelnen die Rolle des Staates für den kapitalistischen Reproduktionsprozeß, so fällt — wie bereits erwähnt — zunächst der wachsende Anteil der öffentlichen Haushalte am Volkseinkommen auf[18]. Die Ausdehnung der Staatsausgaben, sofern sie auf Erweiterung des bürokratischen Apparates beruht, ist selbst wiederum im wesentlichen Folge vermehrter Aufgaben des Staates bei der Regulierung und Kontrolle des Wirtschaftsablaufes. Dazu kommt der, ebenfalls im wesentlichen ökonomisch bedingte, Zwang zum Ausbau des öffentlichen Bildungs- und Ausbildungswesens. Staatlich organisiert sind inzwischen in fast allen kapitalistischen Ländern das Nachrichtenwesen (Post), die Eisenbahn, der Straßenbau.

Die Eingriffe des Staates in viele Bereiche der Produktion entwickelten sich zumeist weniger nach einem überlegten Plan, sondern dienten der „spontanen" Bewältigung von einzelnen aktuellen Schwierigkeiten und Engpässen für die Wirtschaft, die man von ausschließlich privater kapitalistischer Initiative nicht oder nicht genügend schnell erwarten konnte. Insbesondere die Wiederaufbauprobleme nach dem Ersten und speziell nach dem Zweiten Weltkrieg verlangten die Förderung zentraler Industrien, wie Energiewirtschaft, Stahlproduktion etc. Das Engagement des Staates bestand teils in der Verstaatlichung der Produktion, um diese unmittelbar zu reorganisieren und zu erweitern, teils in der Subventionierung privater Industrien mit öffentlichen Mitteln. Große verstaatlichte oder halbstaatliche Sektoren der Wirtschaft bestanden nach dem Zweiten Weltkrieg insbesondere in Frankreich, Italien, England und Österreich. In der Bundesrepublik war der öffentliche Sektor kleiner, in den USA sehr klein, doch war in beiden Ländern der Umfang des finanziellen Engagements des Staates deswegen nicht geringer. Im übrigen unterscheiden sich die meisten staatlichen oder halbstaatlichen Unternehmen in ihrem wirtschaftlichen Verhalten überhaupt nicht von privaten kapitalistischen Firmen. Sofern die staatlichen Konzerne nicht ohnehin profitabel arbeiten (z. B. Renault, Fiat, Volkswagenwerk), dienen sie in erster Linie dazu, durch billige Versorgung der Privatwirtschaft deren Kosten zu verringern. Das gilt z. B. für Kohle, Stahl, Energie. Dabei ist es ziemlich gleichgültig, ob Verluste oder bestimmte Kosten beim verstaatlichten Unternehmen direkt vom Staatshaushalt getragen werden oder ob private Unternehmen durch öffentliche Zuschüsse, billige Kredite, staatliche Bürgschaften etc. subventioniert werden. Auf die Frage, wieweit die staatlichen Unternehmen ein geeignetes Instrument zur Realisierung von langfristiger Wirtschaftsplanung sind, wird noch eingegangen werden — hier sei nur erwähnt, daß außer in Frankreich nirgends auch nur der Versuch gemacht wurde, sie in diesem Sinne einzusetzen[19].

Öffentliche Unternehmen bzw. öffentliche Subventionierung von Unternehmen — beides in der Nachkriegszeit wichtige Felder staatlicher Betätigung in der Wirtschaft — dienen also dazu, Hindernisse und Engpässe für den Fortgang der Kapitalverwertung zu beseitigen, die Kosten für Energie und zentrale Vorprodukte zu senken und darüber hinaus auch entstandene Verluste zu sozialisieren (Kohlewirtschaft in England und der Bundesrepublik). Dieser Einsatz des Staatshaushaltes verbessert nicht nur die Profitsituation der Privatwirtschaft, sondern verhindert bzw. verringert strukturelle und daraus möglicherweise folgende gesamtwirtschaftliche Krisen.

Auch wenn sie nicht in der unmittelbaren Absicht einer Verbesserung der Kapitalverwertungsbedingungen entstanden und erweitert worden sind, so haben auch die Haushalte des Sozialversicherungs- und Sozialleistungssystems große wirtschaftspolitische Relevanz. In erster Linie dienen sie der Sicherung der Arbeiter gegen die Risiken von Krankheit, Arbeitslosigkeit und altersbedingter Arbeitsunfähigkeit. Die Ausweitung der Sozialleistungen ist eine unumgängliche Voraussetzung für die Integration der Arbeiterschaft in das kapitalistische System. Wirtschaftspolitisch ist die Vermehrung konjunkturunabhängiger Einkommen, die damit verbunden ist, ein konjunkturstabilisierender Faktor, der ebenso wie die Vergrößerung des Anteils von Beamten, Angestellten und Arbeitern des öffentlichen Dienstes an der Zahl der Beschäftigten einen immer wachsenden Teil des Massenkonsums aus dem Konjunkturzusammenhang herausnimmt. Daneben sind die Sozialversicherungsträger Kapitalsammelstellen, deren Mittel langfristig und stetig auf dem Kapitalmarkt zur Verfügung stehen und — wie jüngst in der Bundesrepublik — die konjunkturpolitische Manövriermasse des Staates vermehren.

Eine ähnlich konjunkturstabilisierende Wirkung wie das Sozialleistungssystem hat die heute in fast allen kapitalistischen Ländern praktizierte Regulierung und Subventionierung der Landwirtschaft. Sie kontrolliert und regelt Preise wie Einkommen der Landwirtschaft nach bestimmten politischen Prinzipien, kauft Überschüsse auf und bestimmt die Einfuhr nach dem Umfang der heimischen Produktion. Auf diese Weise wird ein ganzer Wirtschaftszweig aus dem gesamtwirtschaftlichen Konjunkturzusammenhang herausgenommen, unterliegt kaum dem Einfluß des Konjunkturzyklus und entfaltet selbst keine konjunkturverstärkenden Wirkungen.

Erinnern wir uns an die Ausgangsproblematik, die nicht nur darin bestand, die Stabilität der kapitalistischen Akkumulationsbedingungen zu erklären, sondern auch das rasche Wachstum der kapitalistischen Wirtschaft, das verlangt, für die wachsenden Profite der Monopole ständig neue, erweiterte Anlagesphären zu finden. Die bisherigen Überlegungen zur Funktion der Staatsausgaben haben deren stabilisierende Wirkung sowie deren umverteilende Funktion zugunsten privatwirtschaftlicher Profite hervorgehoben. Da jedoch das überkonjunkturelle Problem des monopolistischen Kapitalismus darin besteht, daß im Bereich der Monopole überproportional akkumuliert und über die Aufnahmefähigkeit der übrigen Industrien und der Massenkaufkraft hinaus Kapazitäten erstellt und Waren produziert werden, so muß der Staat den Absatz bzw. die Kapitalanlage dieser Monopole durch zusätzliche, „kreislauffremde" Nachfrage sichern. Diese öffentlichen Aufträge bzw. „Interventionen" dürfen — von ihrer ökonomischen Funktion her — nicht dazu verwendet werden, neue Produktionsanlagen aufzubauen, da diese die Überproduktion und den Mangel an Nachfrage nur verschärfen würden. Die öffentlichen Ausgaben müssen für nicht-produktive Zwecke verwendet werden, sie müssen Produkte der Privatwirtschaft absorbieren, ohne damit die Grundlage zu späterer erweiterter Produktion zu schaffen[20]. Ein sehr wesentliches Gebiet entsprechender Ausgabe von Staatsmitteln ist die Bauwirtschaft, die gegenwärtig in vielen kapitalistischen Staaten fast die Hälfte ihrer Aufträge von öffentlichen Institutionen erhält (öffentlicher Wohnungsbau, Verwaltungsgebäude, Straßenbau).

Einen viel entscheidenderen, konjunkturstabilisierenden und wachstumsfördernden Effekt haben jedoch die *Rüstungsausgaben*[21]. Einmal konzentrieren sich diese Aufträge wesentlich auf die schwerindustriellen Zweige der Produktion, die am intensivsten von den Konjunkturschwankungen betroffen werden[22].

Zum anderen ist in diesen Produktionszweigen im allgemeinen die Konzentration und damit die Tendenz zur Überakkumulation und Überproduktion am ausgeprägtesten. Das gilt insbesondere für die Bereiche der Eisen- und Stahlindustrie, des Fahrzeugbaus und der elektrotechnischen und elektronischen Industrie.

Drittens ist der „moralische Verschleiß" im Bereich der Rüstungsproduktion besonders groß, weil die Entwicklung und der Ankauf neuer Rüstungssysteme nicht von privatwirtschaftlichen Rentabilitätsüberlegungen abhängig sind, sondern vom internationalen Stand der Rüstung. Jedes neue Waffensystem kann mit der vermeintlichen oder tatsächlichen militärtechnischen Überlegenheit des Warschauer Paktes begründet werden. Dabei kann die mit den Verteidigungsministerien verfilzte Rüstungsindustrie durch die Entwicklung neuer Waffen die staatliche Nachfrage nach ihren Produkten selbst mitproduzieren.

Viertens zählt im Bereich der Rüstung in erster Linie die Qualität der Produkte und nicht — da der Auftraggeber keinem privatwirtschaftlichen Verwertungszwang unterliegt — der Preis. Die höchste technische Leistung können aber nur die großen Konzerne erbringen, auf die sich deswegen notwendigerweise nicht nur die Aufträge, sondern auch die staatlichen Ausgaben für die Rüstungsforschung konzentrieren. Das wiederum zwingt die Rüstungsausgaben in den Sektor der Industrien mit dem höchsten Grad der Überakkumulation und Überproduktion, also in den Sektor, von dem anderenfalls am ehesten Krisenerscheinungen ausgehen würden. Allerdings werden in der Rüstungsproduktion, nicht zuletzt wegen der mangelnden Konkurrenz und der Gleichgültigkeit des Abnehmers Staat gegenüber privatwirtschaftlichen Rentabilitätsüberlegungen, auch am leichtesten Profite gemacht. Das vergrößert die Kapazitäten dieser Industrien immer mehr und reißt das „Nachfrageloch", das mit den Rüstungsaufträgen gestopft wird, immer weiter auf.

Fünftens haben die Rüstungsaufträge gegenüber allen anderen Arten der Entfaltung staatlicher Nachfrage nach Industrieprodukten für die betroffenen Unternehmen den besonderen Vorteil, daß angesichts der militärischen Konfrontation zwischen kapitalistischem und sozialistischem Weltsystem der Umfang der Rüstung nicht von konjunkturpolitischen Rücksichten („antizyklische" Haushaltspolitik) oder etwa dem Rückgang der Staatseinnahmen abhängig gemacht wird. Das aber ist das regelmäßige Schicksal z. B. der öffentlichen Bauaufträge, die nicht jenem internationalen „Sachzwang" unterliegen. Die Rüstungsausgaben sind infolge ihrer Einbettung in den internationalen Zusammenhang — zum einen als Teil eines internationalen Militärblocks (NATO), zum anderen als Teil der militärischen Konfrontation der Blöcke (NATO–Warschauer Pakt) — gegen nationale politische wie wirtschaftspolitische Erwägungen weitgehend immunisiert. Sie fließen kontinuierlich und stetig zunehmend — und genau das garantiert ihre konjunkturstabilisierende und wachstumsfördernde Wirkung. Die folgenden Tabellen verdeutlichen, welche gewaltige wirtschaftliche Bedeutung, besonders im Vergleich zur Zeit vor dem Zweiten Weltkrieg, die Rüstungsausgaben gegenwärtig haben.

Entwicklung der Rüstungsausgaben 1883–1964
(in Millionen Pfund Sterling)

	1883	1900	1908	1913	1924	1932	1939	1949	1955	1964
England	28	89	56	77	112	106	383	779	1569	1885
Frankreich	13	39	44	82	64	110	164	380	1125	1665
Deutschland	20	40	59	100	26	43	1000		615	2017
USA	11	40	53	64	118	132	267	2302	13749	19074

Die Preisbewegungen sind nicht berücksichtigt. Um Anhaltspunkte für die Dimension der Wirkung dieses Faktors auf die Zahlen zu gewinnen, folgende Angabe: dem realen Wert (der Kaufkraft) von 20 Shilling im Jahre 1958 entsprachen:

1924	7	sh	11 d
1939	7	sh	4 d
1949	14	sh	2 d
1954	17	sh	5 d

Das bedeutet, daß die Kaufkraft des Shilling 1924 2,5mal größer war als 1958. Die britischen Rüstungsausgaben von 1924 entsprechen einer Kaufkraft von 280 Millionen Pfund Sterling im Jahre 1958.

(*Quelle:* F. Vilmar: Rüstung und Abrüstung im Spätkapitalismus, Frankfurt/M 1965, S. 32)

Anteil der Rüstungsausgaben am Bruttosozialprodukt und am Staatshaushalt (bei Bundesstaaten Bundeshaushalt) im Jahre 1962

	Anteil der Rüstungsausgaben am Bruttosozialprodukt (in %)	Anteil der Rüstungsausgaben am Staatshaushalt (in %)
England	6,67	
Frankreich	7,20	26,7 (1961)
BRD	5,91	29,0
USA	11,25	58,2
Italien	4,43	

(*Quelle:* F. Vilmar: Rüstung und Abrüstung im Spätkapitalismus, Frankfurt/M 1965, S. 38, 67, 76, 81)

Die Rüstungsausgaben haben heute Dimensionen erreicht (über 10 % des Bruttosozialprodukts und ca. 60 % der Bruttoanlagekapitalbildung in den USA zu Beginn der 1960er Jahre), die riesige Industrien in bezug auf Art und Umfang ihrer Produktion derart vom „normalen" Wirtschaftskreislauf und seinen Bedürfnissen gelöst haben, daß jede Kürzung des Militärhaushaltes sofort eine wirtschaftliche Krise nach sich ziehen muß. Die Wirtschaftsstruktur ist in vielen Ländern dermaßen durch die Rüstungsproduktion geprägt, daß selbst eine Regierung, die sich von der Lobby der Rüstungsindustrie frei machen könnte, aus wirtschaftspolitischen Gründen kaum eine Reduktion des Rüstungshaushaltes wagen könnte. Die Regierungen der Vereinigten Staaten, Englands und Frankreichs betätigen sich — teilweise wider besseres politisches Wissen — als Vermittler für ausländische Rüstungsaufträge, um die Rüstungswirtschaft in Gang zu halten. Wenn der Rüstungshaushalt der Bundesrepublik lange Zeit einen erheblichen Teil seiner Aufträge im Ausland vergab, so ist das kein Gegenbeweis gegen die zentrale Rolle der Rüstungsausgaben für die Sicherung von Stabilität und Wachstum im gegenwärtigen Kapitalismus. Zwar war die Rüstungsproduktion in der BRD zunächst nicht notwendig, um ausreichende Nachfrage für die westdeutschen Investitionsgüterindustrien zu sichern. Wenn man aber berücksichtigt, daß die kapitalistischen Länder ökonomisch immer mehr eine Einheit bilden, dann trugen die westdeutschen Militärausgaben durchaus zum internationalen kapitalistischen Wachstum bei. Das wirtschaftliche Schicksal eines kapitalistischen Landes trifft heute mehr als früher auch die übrigen Länder.

Die für Wachstum und Stabilität der kapitalistischen Wirtschaft bisher positiven Wirkungen der öffentlichen Ausgaben, speziell auch der Rüstung, beruhen, das ergaben die vorangegangenen Überlegungen, nicht darauf, daß sie gezielt und koordiniert entsprechend einem Wirtschaftsplan eingesetzt werden. Vielmehr geht ihr Effekt von ihrem Umfang und ihrer umverteilenden Funktion aus, bei den sehr zentralen Rüstungsausgaben von den ihnen innewohnenden „Sachzwängen" und ihrer Konzentration auf große Konzerne in ganz bestimmten Produktionszweigen.

Will man der Rolle der *Planung* bei der Verausgabung der öffentlichen Mittel und allgemein im wirtschaftspolitischen Handeln des Staates nachgehen, so muß man unterscheiden zwischen kurz- bzw. mittelfristiger konjunkturell orientierter Planung des Haushaltes und des Einsatzes der übrigen Mittel, über die die Regierung verfügt bzw. auf die sie Einfluß hat, und einer langfristigen allgemeinen Investitions- und Strukturplanung[23].

Eine wirtschaftspolitisch orientierte Planung der Haushaltsmittel des Staates hat es bis zu Beginn der 1960er Jahre lediglich in Schweden gegeben[24]. Hier wurden Haushaltsmittel, sofern sie nicht langfristig fest gebunden waren, zusammen mit einem Konjunkturausgleichsfonds, der aus steuerbegünstigten Mitteln der Industrie gebildet wurde, konjunkturpolitisch gezielt eingesetzt. In England und den USA gab es außerhalb des Haushalts Mittel, die für konjunkturpolitische Zwecke eingesetzt werden konnten. In beiden Ländern wurden jedoch die öffentlichen Haushalte wie in allen übrigen kapitalistischen Staaten ohne jede wirtschaftspolitische Programmatik oder gar Planung ausschließlich entsprechend dem klassischen Haushaltsprinzip des jährlichen Ausgleichs von Einnahmen und Ausgaben aufgestellt. Selbst in Frankreich bestand lange Zeit keine feste institutionelle Verklammerung zwischen Wirtschaftsplanung und Staatshaushalt.

Erst zu Beginn der 1960er Jahre unternahmen die übrigen kapitalistischen Staaten — mit oder ohne Erfolg — Versuche, ihre Haushalte wirtschaftspolitisch zu orientieren und sich ein konjunkturpolitisches Instrumentarium zuzulegen. Der Anstoß dazu dürfte wesentlich von der verstärkten internationalen wirtschaftlichen Verflechtung der kapitalistischen Ökonomien ausgegangen sein: Ende der 50er Jahre wurden der Kapital- und Devisenverkehr endgültig freigegeben, innerhalb von EWG und EFTA die Zölle reduziert und der Außenhandel insgesamt weiter liberalisiert. Die Stellung eines jeden Landes als Exporteur und Importeur von Waren und Kapital im internationalen kapitalistischen Wirtschaftssystem konnte nun kaum noch durch Zölle, Devisenkontrolle und Kontingentierungen beeinflußt werden. Vielmehr galt es nun, durch Steuerung der inländischen Wirtschaft das Preisniveau zu kontrollieren und die Zahlungsbilanz auszugleichen. In einigen Ländern (BRD, Niederlande) war erstmals seit Beginn der 1960er Jahre die Vollbeschäftigung erreicht, so daß die Gewerkschaften größere Erfolge in der Lohnpolitik hatten. Da jedoch die stark konzentrierte Industrie besonders angesichts guter Auftragslage nicht bereit war, dementsprechende Gewinnverkürzungen hinzunehmen, und erhöhte Lohnkosten unmittelbar — meist noch überproportional — auf die Produktpreise überwälzen konnte, mußte man einer verstärkten Inflationstendenz begegnen. Neben Schweden hat gegenwärtig offenbar die Bundesrepublik das am höchsten entwickelte konjunkturpolitische Instrumentarium.

Langfristige Wirtschaftsplanung gab es lange Zeit nur in Frankreich. Bis zu Beginn der 50er Jahre unterschied sich die französische Planungspraxis kaum von der Politik etwa in der Bundesrepublik oder in England, indem sie den Wiederaufbau wichtiger Schlüsselindustrien vorantrieb (Kohle, Stahl, Energie). Ab 1953 wandte man sich auch anderen Wirtschaftsbereichen zu und legte in den Plänen größeres Gewicht auf die gesamtwirtschaftlichen Zusammenhänge. Das Planungssystem beruht darauf, daß man zunächst über spezielle Kommissionen die Absichten und Pläne der Unternehmungen und die voraussichtlichen Entwicklungen der einzelnen Branchen zu erfassen versucht. Sodann bemüht man sich in einem Gesamtplan, die Entwicklungen zu koordinieren und Investitionsvorhaben der Industrie durch Subventionen, verbilligte Kredite, Steuererleichterungen etc. dem Plan entsprechend zu regulieren. Die institutionellen Voraussetzungen für die Planverwirklichung sind in Frankreich sehr gut. Die Industrie ist in wesentlichen Bereichen hochkonzentriert und läßt sich daher gut übersehen und koordinieren. Die Industriellen beherrschen zusammen mit den Bürokraten die Planungsorgane. Das Kreditbankensystem ist leicht der Kontrolle der Regierung zu unterwerfen. Schließlich existiert ein breiter Sektor staatlicher oder staatlich kontrollierter Unternehmungen. Dennoch kann man ernsthaft bezweifeln, ob der beachtliche wirtschaftliche Aufschwung Frankreichs auf das Konto der Planification geht. Beweise dafür gibt es nicht, und viele Tatsachen sprechen dagegen. Die Übereinstimmung zwischen den Planzielen und der tatsächlich eingetretenen Entwicklung ist bisher bei allen Plänen gering gewesen[25]. Die Diskrepanzen zwischen Plan- und erreichten Ist-Werten werden um so größer, je näher man an die Einzelbereiche der Wirtschaft herankommt, während bei globaleren Größen (z. B. „Verarbeitende Industrie", „Landwirtschaft" etc.) Einzelabweichungen sich gegenseitig ausgleichen — ein statistischer Ausgleich, der den Realitätsgehalt des Planes nicht erhöht. Den hierher gehörenden Problemen werden wir noch im einzelnen nachgehen.

Realistische und wirklich gezielte Planung der Staatsausgaben erlaubt offenbar das differenzierte System der französischen Planung nicht. Effektiv hat vermutlich die französische Regierung nicht anders gehandelt als etwa die englische oder westdeutsche, die offensichtliche Engpässe in wichtigen Bereichen der Industrie und auch ohne großen Aufwand erkennbare Strukturschwächen einzelner Wirtschaftsbereiche mit öffentlichen Mitteln überwanden. Eine gewisse Bestätigung dieser These ist die Tatsache, daß man in Frankreich seit Beginn der 60er Jahre, insbesondere mit dem 5. Plan (1965—1970) von dem starren, vermeintlich präzisen Zahlensystem des Planes abgeht und sich mehr auf die Angabe struktureller Ziele und Tendenzen beschränkt. Im übrigen ist mit der zunehmenden Integration der französischen Wirtschaft in die EWG und dem seit Ende der 1950er Jahre weitgehend liberalisierten kapitalistischen Weltmarkt der Spielraum für die Verwirklichung nationaler Wachstumsziele geringer geworden. Bis dahin konnten die Wachstumsziele durch Investitionsförderung ohne Rücksicht auf Inflation, durch Schutzzölle für zu entwickelnde Industrien und durch Exportförderung mit Hilfe von Währungsabwertung angestrebt werden. Mit dem Zollabbau, der Freigabe des Kapitalverkehrs und insbesondere mit der Bindung des Agrarmarktsystems der EWG an ganz bestimmte Währungsrelationen war der Aktionsradius der Planungsinstrumente enger geworden. Seitdem standen kurzfristige Konjunktur- und Zahlungsbilanzpolitik gleichberechtigt, teilweise vorrangig, neben der Wachstumsplanung.

Staatliche Lohnpolitik

Neben der Ausdehnung und „Planung" der öffentlichen Ausgaben ist die Einkommens-, d. h. Lohnpolitik ein wichtiges Feld staatlicher Interventionen in den Wirtschaftsprozeß[26]. Auch hier haben die 1960er Jahre eine Wendung gebracht, nicht nur weil in einigen westeuropäischen Staaten nun nahezu Vollbeschäftigung herrschte, sondern auch weil die außenwirtschaftlichen Beziehungen eine Begrenzung der Inflationsraten im Interesse der Exporte forderten. Tatsächlich rührt die Inflation im gegenwärtigen Kapitalismus im allgemeinen nicht von Lohnerhöhungen her, sondern von der Fähigkeit der Unternehmungen, die Gewinnhöhe im Preis einzuplanen und Kostenerhöhungen ohne weiteres auf die Preise zu überwälzen. Insofern wirken größere Fortschritte der Gewerkschaften — etwa in der Situation erreichter Vollbeschäftigung — inflationsverschärfend oder -auslösend, obwohl sie nicht die eigentliche Ursache der Inflation sind. Die Eindämmung der Lohnbewegungen durch staatliche Lohnpolitik soll die Inflationsrate abschwächen, ohne daß die Profitentwicklung davon beeinträchtigt wird. Gesamtwirtschaftlich schwächt zwar der Lohndruck die Massenkaufkraft. Jedoch wird diese auch nicht gestärkt, wenn die höheren Löhne auf die Preise der Waren, die letztlich von den Lohnbeziehern gekauft werden, abgewälzt werden. Außerdem können gerade die Großunternehmen hoffen, mit niedrigen Löhnen Konkurrenzvorteile beim Export zu haben, wo sie gar nicht auf die heimische Massenkaufkraft angewiesen sind.

Als Orientierung bzw. „Leitlinie" für die Lohnpolitik wird im allgemeinen das Wachstum der Produktivität genannt[27]. Dementsprechend sollen die Löhne in dem Umfang erhöht werden, in dem die zur Herstellung der Produkte notwendige Arbeitszeit infolge von technischem Fortschritt und höherer Arbeiterqualifikation sinkt, so daß der Lohnkostenanteil am Preis des Produkts immer konstant bleibt. Dieses Prinzip verlangt zunächst einmal von Arbeitern und Gewerkschaften, die bestehende Proportion der Verteilung des Volkseinkommens zwischen Gewinn und Lohn als unabänderlich zu akzeptieren. Im übrigen ist die Größe des Produktivitätswachstums keine praktikable lohnpolitische Leitlinie: die Produktivität schwankt im Konjunkturverlauf und ist in verschiedenen Wirtschaftszweigen sehr unterschiedlich; die Ausrichtung an der Produktivität zwingt die Lohnpolitik unter eine ausschließlich verteilungspolitische Perspektive und läßt wichtige regionale und strukturpolitische Gesichtspunkte außer acht.

Eine produktivitätsorientierte Lohnpolitik ist jedoch nicht nur wirtschaftspolitisch zweifelhaft, sie ist in der Praxis auch nicht realisierbar. Selbst wenn die Gewerkschaften sich an diese Marge halten wollten — sie haben sich in allen kapitalistischen Ländern mehr oder weniger deutlich davon distanziert —, würde sich die tatsächliche Lohnentwicklung dadurch nicht bestimmen lassen. Das Ergebnis wäre lediglich eine immer größere Kluft zwischen Tarif- und Effektivverdiensten. Unter Bedingungen der Vollbeschäftigung oder der Vollbeschäftigung in bezug auf bestimmte Arbeitsqualifikationen oder in bestimmten Regionen werden die Unternehmer zu übertariflicher Bezahlung gedrängt, um die knappen Arbeitskräfte an sich zu ziehen bzw. an sich zu binden. Die erhöhten Kosten gehen auf den Preis. Dies ist eine von den Gewerkschaften, dem Staat wie auch den Unternehmerverbänden nicht kontrollierbare Lohnbewegung.

Dennoch finden wir gegenwärtig in den meisten kapitalistischen Ländern Systeme staatlicher Lohnpolitik, die in ihren Mitteln vom Aufstellen von „Lohnleitlinien" und regelmäßigen Konferenzen mit Regierungs-, Gewerkschafts- und Unternehmervertretern bis zum zeitweiligen Lohnstop wie z. B. in den skandinavischen Staaten und England reichen. In den Niederlanden war das staatliche Lohnsystem in den 50er Jahren mit einem staatlichen volkswirtschaftlichen Rahmenplan verbunden. Der Effekt dieser Planung schien zunächst durchaus beachtlich, indem die Löhne — wie geplant — niedrig gehalten wurden und die Wirtschaft infolge hoher Profite und guter Exportmöglichkeiten wegen der niedrigen Lohnkosten eine Phase raschen Wachstums erlebte. Als jedoch ab Beginn der 1960er Jahre Vollbeschäftigung erreicht war, konnte die staatliche Lohnpolitik die Lohnentwicklung nicht im Griff behalten. Sowohl die von den Unternehmern verursachte „Lohndrift" (zunehmende Entfernung der Effektivverdienste von den Tarifen) als auch der Druck der Gewerkschaften ließen die Löhne steigen. Ganz offensichtlich war die für die Kapitalakkumulation und das Wachstum günstige Lohnentwicklung der 50er Jahre weniger der staatlichen Lohnpolitik und ihrer Orientierung am gesamtwirtschaftlichen Rahmenplan zu verdanken als vielmehr dem Druck der Reservearmee der Arbeitslosen. Das gleiche war in der Bundesrepublik auch geschehen — ganz ohne staatliche Lohnpolitik und Gesamtplan.

Was ist nun der Sinn dieser Einkommens-„Planung", wenn weder ihr Orientierungskriterium haltbar noch ihre Durchführung kontrollierbar ist? Ihre Funktion und Wirkung besteht — ganz unabhängig vom guten oder bösen Willen ihrer Urheber — darin, einen allgemeinen Druck auf die Lohnbewegung auszuüben. Die Orientierungsmarken für die Lohnentwicklung werden in allen Ländern mit viel propagandistischem Aufwand unter Berufung auf die gemeinsamen Interessen aller Bürger, das „Gemeinwohl", die „Gerechtigkeit" und die „volkswirtschaftliche Vernunft" und „Objektivität" verkündet. Die dabei vermittelte Vorstellung, daß alle darüberliegenden Lohnabschlüsse unverantwortlich seien und allen Bürgern schaden, verbreitet sich nicht nur bei Angehörigen des selbständigen und unselbständigen Mittelstandes — die traditionell den dem Lohnkonflikt immanenten Klassenantagonismus ablehnen —, sondern zunehmend auch bei Teilen der Lohnarbeiterschaft. Wenn die Preise weiter steigen, ist die Wirkung solcher Propaganda begrenzt, aber es besteht kein Zweifel, daß die Mobilisierung der „Öffentlichkeit" die Lohnforderungen der Gewerkschaften dämpfen kann.

Die extreme Form der staatlichen Eingriffe in die Einkommensverteilung ist der Lohnstop, wie er in England 1966/67 und in Skandinavien in jüngster Zeit praktiziert wurde. Zumeist ist er im Sinne der „sozialen Symmetrie" verbunden mit Formen der *Preiskontrolle* oder des Preisstops, die die Gewinne der Unternehmer begrenzen sollen[28]. Abgesehen davon, daß der Preis nur ein sehr ungenauer Maßstab für die Gewinnentwicklung ist — Kostensenkungen durch Rationalisierungen werden durch den Preisstop nicht erfaßt und können zu steigenden Gewinnen führen —, kann wirkliche Preiskontrolle noch weniger realisiert werden als Lohnkontrolle. Preisstop kann nie absolut sein, sondern muß Preiserhöhungen bei erheblichen Kostensteigerungen nach einem Prüfungsverfahren zulassen. Nicht nur, weil sonst die privatwirtschaftlichen Profitinteressen, die im Kapitalismus die Dynamik der Wirtschaftsentwicklung tragen, gelähmt und damit die Krise erst wirklich produziert wird. Auch die notwendigen Strukturwandlungen und -verschiebungen setzen sich im gegenwärtigen Kapitalismus immer noch zu einem erheblichen Teil über Preis- und Profitbewegungen durch. Ein effektiver Preisstop würde diese Anpassungsprozesse unterbrechen und bei seiner Aufhebung eine krisenauslösende Preisbewegung in Gang setzen. Eine Lenkung dieser Anpassungsprozesse im Genehmigungsverfahren für Preisänderungen scheitert nicht nur an der mangelnden Prognostizierbarkeit derartiger Prozesse im Kapitalismus, sondern auch am fehlenden Einblick der Behörden in die privatwirtschaftliche Kalkulation. Das letztgenannte Hindernis macht generell jede effektive Preis- und Gewinnkontrolle unmöglich. Staatliche Preisüberwachung hat also überwiegend ideologisch-propagandistische Bedeutung, indem sie eine gleichmäßige Verteilung der Opfer für „unsere Wirtschaft" und „unsere Zukunft" auf beide Seiten suggeriert. In Wirklichkeit darf eine Regierung, die wirtschaftliche Prosperität erreichen will, solange sie am privatwirtschaftlichen System festhalten will oder muß, die Gewinnerwartungen und -möglichkeiten der Unternehmer nicht ernsthaft beeinträchtigen.

Für die Lohnkontrolle ist es nicht unerheblich, was für eine Regierung am Ruder ist. So haben sich die britischen Gewerkschaften erst unter der Labour-Regierung wenigstens teilweise mit ihr abgefunden, und auch die westdeutschen Gewerkschaften haben seit dem Amtsantritt der sozialdemokratisch geführten Regierung in der „konzertierten Aktion" größere Bereitschaft zur Zusammenarbeit mit der Regierung gezeigt. Die traditionellen politischen und gewerkschaftlichen Organisationen der Arbeiterschaft können wegen ihres noch verbliebenen Ansehens bei Teilen der Arbeiterschaft als „Transmissionsriemen" der Integration der Arbeiterschaft in einen staatlich stabilisierten Kapitalismus wirken. Die ideologische Identifikation mit dem Kapitalismus oder jedenfalls seine Akzeptierung durch die Arbeiterschaft wird nicht nur wegen der im Zuge der technologischen Entwicklung gewandelten Stellung des Arbeiters im Produktionsprozeß, sondern auch wegen der damit zusammenhängenden stärkeren Stellung kleinerer Gruppen von qualifizierten Arbeitern bei Lohnkämpfen immer notwendiger. Offener Zwang oder Repression von seiten des Unternehmers oder in seinem Interesse durch den Staat schlagen zu leicht in das Gegenteil der beabsichtigten Wirkung um. Außerdem muß der kapitalistische Staat angesichts der Auseinandersetzung mit dem Kommunismus seine repressiven Funktionen gegenüber dem Lohnabhängigen soweit wie irgend möglich subtiler ausüben.

Kontrolle über die Lohnbewegungen zu gewinnen, ist gegenwärtig ein vorrangiges Ziel der staatlichen Wirtschaftspolitik, weil dadurch die Inflation begrenzt, die Gewinne dennoch hoch gehalten und die Exportmöglichkeiten verbessert werden können. Zugleich ist bei allen Arten der Wirtschaftsplanung das Verhalten der Gewerkschaften und der Arbeiter in der Lohnfrage einer der größten Unsicherheitsfaktoren.

Staatliche Konjunkturpolitik

Der dritte Komplex staatlicher Eingriffe in den Wirtschaftsprozeß ist neben der Erhöhung der Staatsausgaben und der Einkommenskontrolle die Konjunkturpolitik. Hier handelt es sich im wesentlichen um einen Bereich kurz- und mittelfristiger Planung. Konjunkturelle Stabilität beschleunigt — wie bereits angedeutet — das Wirtschaftswachstum, da sie die periodische Nichtbeschäftigung von Produktivkräften verringert und Kapitalvernichtung in der Krise verhindert.

Lange Zeit standen zur Konjunktursteuerung in den meisten kapitalistischen Staaten nur die geld- und kreditpolitischen Instrumentarien der Zentralbanken zur Verfügung. Die Zentralbank kann durch Erhöhung oder Verringerung des Mindestreservesatzes (der bestimmt, welcher Prozentsatz des von den Geschäftsbanken an Unternehmer vergebenen Kreditvolumens durch Einlagen abgedeckt sein muß) den Kreditspielraum der Geschäftsbanken im Boom verringern und im Konjunkturtal vergrößern. Sie kann weiter, indem sie den Diskontsatz[29] variiert, die Zinssätze beeinflussen. Schließlich ist sie in der Lage, durch „Offen-Markt-Politik" (indem sie Wertpapiere in der Hochkonjunktur verkauft und im Konjunkturverfall aufkauft) die verfügbare Zahlungsmittelmenge antizyklisch zu beeinflussen. Diese Steuerungsinstrumente der Zentralbanken haben viel von ihrer Wirkung verloren, seitdem die Finanzierung von Investitionen aus eigenen Gewinnen die Großunternehmen vom Kapitalmarkt ziemlich unabhängig gemacht hat. Außerdem sind diese in der Lage, höhere Zinslasten auf die Preise abzuwälzen. So trifft die Zentralbank weniger die konjunkturauslösenden Großunternehmen des Investitionsgüterbereichs, sondern mehr die weniger profitablen kleineren und mittleren Unternehmen, die auf den Kapitalmarkt angewiesen sind. Die Liberalisierung des Kapital- und Warenverkehrs auf dem kapitalistischen Weltmarkt hat die konjunkturpolitischen Möglichkeiten der Zentralbanken weiter eingeschränkt. Verknappung und Verteuerung des Kredits durch Diskont- und Mindestreservepolitik zieht wegen der hohen Zinsen und der in der Hochkonjunktur anhaltenden Nachfrage der Investoren ausländisches Kapital an und vereitelt damit das gewünschte Ziel.

Deswegen waren seit Beginn der 1960er Jahre immer mehr Staaten gezwungen, den Staatshaushalt und sonstige öffentliche Mittel als Instrumente für die Bekämpfung der Konjunkturschwankungen zu verwenden[30]. Das verlangt zum einen die zusammenfassende Kontrolle über alle „öffentlichen Hände", also über alle öffentlichen Haushalte: zentraler Staatshaushalt, Haushalte der Bundesländer und Gemeinden, Sozialversicherungsträger etc. Zum anderen muß ein Konjunkturausgleichsfonds geschaffen werden, dessen Mittel als frei verfügbare konjunkturpolitische Masse in der Hochkonjunktur aufgefüllt und in der Krise ausgegeben werden können. Schließlich muß man vom klassischen Prinzip des jährlichen Ausgleichs von Staatseinnahmen und -ausgaben abgehen, weil nur längerfristige Haushaltsplanungen den notwendigen Spielraum für konjunkturelle Rücksichten schaffen.

Daneben können noch Ermächtigungen zu antizyklischen Steuersatzvariationen treten. Man muß sich jedoch davor hüten, die Möglichkeiten der staatlichen Konjunkturpolitik zu überschätzen. Einmal ist es nicht einfach, die verschiedenen öffentlichen Haushalte zu koordinieren. In den USA ist dies schon für die Bundesbehörden nicht gelungen, ganz zu schweigen von den Einzelstaaten und Gemeinden. Die Bundesrepublik hat seit dem „Stabilitätsgesetz" (1967) dafür einige wirksame Instrumente. Politisch zentralistische Staaten wie Frankreich, Italien und Großbritannien haben es dabei etwas leichter.

Ein weiteres Hemmnis für die Konjunkturpolitik ist die Schwierigkeit, einigermaßen präzise Prognosen über die Konjunkturentwicklung zu erstellen, die für rechtzeitige und wirksame Gegenmaßnahmen unerläßlich sind. Darauf wird noch zurückzukommen sein.

Zum dritten ist die Manövriermasse der Haushalte für kurzfristige Variationen der Ausgaben recht gering. Der große Block der Personalausgaben ist langfristig durch Gesetz bzw. Tarifverträge festgelegt. Auch andere Ausgaben sind gesetzlich oder vertraglich festgelegt oder erlauben ihrer Zwecksetzung nach keine großen Schwankungen oder Verzögerungen.

Viertens gerät die Unterordnung von Haushaltsausgaben unter den Konjunkturzyklus leicht in Konflikt mit längerfristig angelegten Maßnahmen, die ebenfalls zur Sicherung des Kapitalismus und der Kapitalakkumulation in Angriff genommen werden müssen. Die staatliche Förderung und der Ausbau des Forschungs-, Bildungs- und Ausbildungswesens sowie allgemein die Verbesserung der „Infrastruktur" werden kostspieliger, uneffektiv und verzögern sich, wenn sie periodisch eingeschränkt werden. Damit verlieren im übrigen auch alle Ansätze zur Planung in diesen Bereichen ihre Grundlage.

Etwas überpointiert kann man sagen, daß die Konjunkturpolitik in den kapitalistischen Staaten lediglich einen Effekt hat: sie verhindert grob prozyklische, d. h. konjunkturverschärfende Verausgabung der staatlichen Haushaltsmittel, wie es etwa noch 1965 durch die Bundesregierung geschah, die auf der Höhe des Booms die Steuern senkte und die Staatsausgaben erhöhte. Wahrscheinlich trägt zu konjunktureller Stabilität mehr die sich weiter vergrößernde Summe der vom Konjunkturablauf nicht berührten Ausgaben der öffentlichen Hand bei als die bewußte Konjunkturpolitik. Es ist im übrigen nicht ganz leicht und bisher nicht befriedigend gelungen, den Beitrag eines staatlichen Programms zur Förderung des konjunkturellen Aufschwungs quantitativ zu erfassen[31].

Wirtschaftsprognose und Planung im Kapitalismus

Wir waren bei unseren bisherigen Überlegungen von der Frage ausgegangen, welche Rolle die Staatstätigkeit für das rasche Wachstum und die relative konjunkturelle Stabilität im Kapitalismus nach dem Zweiten Weltkrieg gespielt hat. Das vorläufige Ergebnis war, daß dies mehr dem gewachsenen und noch wachsenden Umfang der öffentlichen Ausgaben, der damit verbundenen Umverteilung von Einkommen zugunsten monopolistischer Profite und den Rüstungsaufträgen zuzuschreiben ist als einer Planung der kapitalistischen Entwicklung durch den Staat.

Im folgenden soll die Möglichkeit einer gesamtwirtschaftlichen Planung im Kapitalismus erörtert werden[32]. Das Problem läßt sich in zwei Teile zerlegen: ist eine Prognose über die kapitalistische Wirtschaftsentwicklung und über die Wirkungen von Maßnahmen, die der Verwirklichung von Planzielen dienen, möglich? Lassen sich unter kapitalistischen Bedingungen die Ziele eines zentralen Wirtschaftsplanes mit einiger Wahrscheinlichkeit und Regelmäßigkeit in der Praxis verwirklichen?

Unter Bedingungen des Privateigentums an den Produktionsmitteln entscheiden grundsätzlich die einzelnen Unternehmens- oder Konzernleitungen über die Umfang und Richtung der wirtschaftlichen Entwicklung bestimmenden Investitionen. Dabei orientieren sie sich am Ziel der Maximierung des Gewinns ihres Unternehmens. Dieses Ziel verlangt nicht nur, die Löhne der Arbeiter möglichst niedrig und die Preise für die Verbraucher möglichst hoch zu halten, sondern auch, durch zwischenunternehmerische Konkurrenz und andere Mittel den eigenen Anteil an der Gesamtmasse des Kapitalgewinns — notwendigerweise zu Lasten anderer Unternehmer und Kapitalien — zu erhöhen. Dies ändert sich prinzipiell auch nicht, wenn große Konzerne die Produktion in manchen Wirtschaftszweigen monopolisieren oder Kartelle Preisabsprachen treffen und Marktanteile festlegen. Dadurch versuchen die Beteiligten, gemeinsam ihren Profit zu Lasten des Profits der Lieferanten und Abnehmer hochzuschrauben. Die kapitalistische Konkurrenz um den Profit spielt sich dann nicht mehr so sehr zwischen den Produzenten von gleichen oder ähnlichen Produkten, sondern zwischen den Kapitalisten verschiedener Wirtschaftsbereiche ab.

Die Konkurrenz der verschiedenen Kapitalisten um maximalen Profit läßt eine an übergreifenden, gesamtwirtschaftlichen Planzielen ausgerichtete Geschäftspolitik der Unternehmen nicht zu. Dies würde eine planmäßige Zuteilung der Gewinne an die Unternehmen verlangen. Sie müßten, wenn sich ihnen Möglichkeiten böten, abweichend vom Plan höhere Gewinne zu machen, im Interesse der Verwirklichung der Planziele darauf verzichten. Jedoch gibt sich das einzelne Unternehmen gerade nicht mit einem durchschnittlichen Profit zufrieden. Es ist der Inhalt der kapitalistischen „individuellen Initiative", durch Verbesserung der Produktionstechniken, Vergrößerung des Marktanteils, Ausnutzung von Marktmacht, kurz: durch besondere „Leistungen" Extraprofite gegenüber und — notwendigerweise wenigstens zum Teil — zu Lasten der konkurrierenden Kapitale zu machen. Das verlangt Selbständigkeit und Unabhängigkeit der Unternehmer bzw. Unternehmensgruppen bei ihren Entscheidungen und zwingt zur Geheimhaltung ihrer Pläne vor der Konkurrenz. Die Vielzahl voneinander unabhängiger, nebeneinander-, ja gegeneinanderstehender Entscheidungszentren, deren Interessen lediglich partielle Koordinationen erlauben, führt notwendigerweise zur mangelnden Vorhersehbarkeit der Gesamtentwicklung — sowohl für die Beteiligten als auch für den Außenstehenden.

Will man z. B. eine Prognose durch Befragung der Unternehmer über ihre Investitions- und Entwicklungspläne aufbauen, so ist fraglich, ob sie ihre wirklichen Pläne nennen, da sie befürchten müssen, daß ihre Konkurrenten sie erfahren. Die französische Planung versucht, diese Informationen über die „Modernisierungskommissionen" für die einzelnen Wirtschaftszweige zu bekommen. Realistische Ergebnisse erhält man nach Aussagen von Planungsbeamten nur, wenn die Branchen hochkonzentriert sind. Man darf vermuten, daß dort bereits Absprachen zwischen den Unternehmen bestehen oder die von den Unternehmern majorisierten Kommissionen geradezu Institutionen für solche Absprachen sind. Dann aber stellt sich das Problem als das der Nichtvereinbarkeit der Entscheidungen von (als Lieferanten oder Abnehmer) aufeinander angewiesenen Wirtschaftszweigen. Das Resultat eines hier notwendig werdenden Korrektur- und Anpassungsprozesses ist kaum vorhersehbar. Dazu kommt, daß viele Unternehmen gar nicht so langfristig planen, sondern sich spontan den erwarteten, abzusehenden oder eingetretenen Marktsituationen anpassen.

Eine Prognose müßte also zumindest zu einem wesentlichen Teil auf der Voraussehbarkeit eines lang- oder mittelfristigen Entwicklungstrends aufbauen, der sich als gesetzmäßig determiniertes Ergebnis der Einzelentscheidungen ergibt. Das ist jedoch mit der für eine Planung erforderlichen Exaktheit in quantitativer und zeitlicher Hinsicht nicht möglich. Zwar kann man z. B. vorhersehen, daß der Kapitalismus auf Grund bestimmter Gesetzmäßigkeiten zur Konzentration tendiert, aber nicht, in welchem Jahr ein wie großer Konzentrationsgrad in einem bestimmten Land erreicht sein wird. Auch strukturelle Umschichtungsprozesse, z. B. diejenigen in der Energieversorgung (Übergang von Kohle auf Öl und Atomkraft) oder der Ausweitung des Verbrauchs von chemischen Produkten, kann man im Prinzip vorhersehen, aber nicht in Umfang und Geschwindigkeit genau im voraus bestimmen.

Präzise Prognosen dieser Art würden die Existenz von „Normalentwicklungen" im Kapitalismus voraussetzen, die man, wenn man ihren Ablauf in der Vergangenheit genügend genau analysiert hätte, in der Prognose „wiederholen" könnte. Jedoch vollzieht sich die wirtschaftliche Entwicklung in einem Prozeß ständiger qualitativer wie quantitativer Umschichtung, sie ist also nicht die Wiederholung des Immergleichen. Entsprechendes gilt auch für die Prognose von Konjunkturabläufen. Der Kern des Konjunkturprozesses liegt — das läßt sich mit Sicherheit sagen — in dem periodischen Zusammenbruch der Profitraten und der Vernichtung von überakkumuliertem Kapital, die sich periodisch wiederholen. Jedoch stellt sich die Konjunktur nicht als ein schlichtes periodisches Auf und Ab von Profiten, Produktion, Beschäftigung etc. dar, sondern in ihr vollzieht sich die strukturelle Umschichtung und Entwicklung zwischen den verschiedenen Elementen des kapitalistischen Wirtschaftsprozesses. Deswegen haben die verschiedenen, aus der Analyse vorangegangener Konjunkturabläufe gewonnenen Daten und Datenkonstellationen, die als „Barometer" der Konjunktur in die Modelle der gebräuchlichen Konjunkturdiagnosen eingehen, auch nur eine begrenzte Aussagekraft. So lassen sich zwar die Phasen des Konjunkturablaufes, in denen man sich jeweils befindet, einigermaßen sicher angeben (Abschwung, Aufschwung, Boom). Eine zeitlich genaue Vorhersage der Umschwünge ist jedoch nicht möglich, auch nicht der Stand der Produktion, Beschäftigung, des Zinses etc., bei dem der Umschwung einsetzen wird.

War bisher nur immer von den dem Wirtschaftskreislauf immanenten Gründen für die Unmöglichkeit präziser Prognosen — auch der kurzfristigen, etwa für ein Jahr geltenden — die Rede, so erhöhen die noch weniger genau vorhersehbaren nationalen wie internationalen *politischen* Entwicklungen die Hindernisse. Entscheidungen der gesetzgebenden Körperschaften verändern auch die wirtschaftlichen Bedingungen für die Unternehmen. Deren Reaktion darauf ist nicht exakt einkalkulierbar. Dazu kommen internationale politische Ereignisse, man denke etwa an die Auswirkungen des Koreakrieges, die die westdeutsche Wirtschaftsentwicklung in den 1950er Jahren entscheidend geprägt haben.

Ganz besonders einflußreich für die nationalen wirtschaftlichen Trends sind bei der wachsenden *internationalen ökonomischen Integration* der kapitalistischen Länder die konjunkturellen und strukturellen Entwicklungen im Ausland bzw. auf dem Weltmarkt. Hier kumulieren sich die nichtprognostizierbaren Einflüsse.

Noch am ehesten kann vielleicht der sehr kurzfristig orientierte, bestenfalls für zwei bis drei Monate geltende „Konjunkturtest" Anspruch auf einige Präzision erheben. Er dient in erster Linie der Fundierung unternehmerischer Entscheidungen, kann aber auch der staatlichen Wirtschaftspolitik Hinweise geben. Die Analyse der „Trefferquote" des international sehr renommierten und vielfach übernommenen Konjunkturtests des Münchener IFO-Instituts zeigt aber, daß selbst diese kurzfristigen Prognosen kaum sehr verläßlich sind[33]. Die Prognosen über jährliche oder mehrjährige Entwicklungen sind noch unrealistischer[34].

Die Vorhersagen des „Sachverständigenrates zur Begutachtung der gesamtwirtschaftlichen Entwicklung" über die wirtschaftliche Entwicklung der Bundesrepublik bestätigen unsere These von der geringen Chance der Prognose: die wirtschaftliche Entwicklung wurde in ihrer Tendenz in 57,1 % der Fälle überschätzt, in 24,5 % der Fälle zu niedrig angesetzt und in 14,3 % völlig falsch vorhergesehen[35].

Wenn es auch einige Beispiele einigermaßen realistischer Prognosen gibt, so haben sie als Ausnahme von der Regel mehr den Charakter von „Zufallstreffern". Sowohl auf Grund theoretischer Überlegungen als auch auf Grund der Ergebnisse der praktizierten Prognosen kann man feststellen, daß die wesentliche Voraussetzung für eine wirtschaftliche Gesamtplanung: die Herstellung einer halbwegs sicheren Prognose, im Kapitalismus nicht erfüllt werden kann. Daraus folgt, daß auch Detailprognosen, wie sie z. B. über die voraussichtliche Entwicklung des Energiebedarfs oder des Bedarfs an Absolventen bestimmter Ausbildungsgänge erstellt werden, wenig Realitätsgehalt haben. Denn Voraussetzung derartiger Prognosen sind Daten über gesamtwirtschaftliche Entwicklungen — des Sozialprodukts, verschiedener Wirtschaftszweige etc. —, die nach den vorangegangenen Überlegungen nicht annähernd exakt sein können[36].

Wie sich zeigte, ist schon der erste Teil der Planung: das Aufstellen einigermaßen gesicherter Prognosen, in der mit einer anarchischen Entscheidungsstruktur verbundenen kapitalistischen Wirtschaft nahezu unmöglich. Jedoch vermehren sich noch die Probleme, wenn es darum geht, festgelegte Planziele in die Realität umzusetzen. Es wurde bereits erwähnt, daß schon die Koordinierung der einzelunternehmerischen Entscheidungen und Pläne innerhalb wie zwischen den Wirtschaftszweigen im Hinblick auf ihre gesamtwirtschaftliche Vereinbarkeit intensive Eingriffe in die unternehmerischen Entscheidungen verlangen würde. Das wird in noch größerem Umfang erforderlich, wenn die Planer eigene Zielvorstellungen für Wachstum und Strukturwandel der Wirtschaft verwirklichen wollen. Da die Wirtschaftspolitiker bestenfalls in einem mehr oder minder großen verstaatlichten Sektor direkten Einfluß auf die Entscheidungen über Produktion und Investition haben, müssen sie mit Hilfe von gezielten Subventionen, Steuervergünstigungen und verbilligten Krediten sowie durch gezielte Diskriminierungen die äußeren Bedingungen für die Unternehmen so gestalten, daß diese, wenn sie einen maximalen Profit erreichen wollen, sich entsprechend den Planzielen verhalten müssen. Politisch sind solche Eingriffe in die Profitbedingungen und -chancen der Privatwirtschaft nur dann durchsetzbar, wenn die Planziele mit den Interessen und Plänen der wichtigsten und mächtigsten Monopolgruppen übereinstimmen. Außerdem verfügen Großkonzerne ·über genügend große eigene Mittel, um sich über die staatlichen Eingriffe und Diskriminierungen hinwegzusetzen, wenn die Ziele des Planes ihren eigenen Interessen zuwiderlaufen. Wie sich die anderen, in ihren Interessen durch den Plan zurückgesetzten Industrien verhalten werden, ist schwer vorherzusehen. Sie werden ihre vorher gefaßten und dem Planbüro mitgeteilten Pläne ändern und sich auf die neue, durch den Plan und die in Übereinstimmung mit ihm arbeitenden Konzerne geschaffene Lage einstellen. Dies wiederum hat Rückwirkungen auch auf die Situation derjenigen Industrien, deren voraussichtlichen Interessen der Plan entsprach. Es setzen dann sich kumulierende, wegen der fehlenden Prognosemöglichkeiten auch nicht vorhersehbare Anpassungsprozesse ein, die zur kontinuierlichen Modifikation des Planes zwingen. Dabei geraten die Planer immer mehr in eine Lage, in der sie reagierend die Entwicklung nachvollziehen, statt diese aktiv zu lenken.

War bisher nur von den Folgen der Konkurrenz für die Planrealisierung die Rede, so zeigt sich die Zentralproblematik erst, wenn man die Folgen des Klassenkonflikts um die Verteilung für die Planung berücksichtigt. Bezieht man die Vertreter der Gewerkschaften in den Prozeß ein, in dem der Plan erstellt wird, so bekommt dieser eher den Charakter einer Tarifverhandlung, denn jede Entscheidung über Wachstumsraten oder über Strukturverschiebungen beeinflußt ganz entscheidend die Verteilung und die Sicherheit von Arbeitsplätzen. In England z. B. beruht das seit Anfang der 1960er Jahre bestehende System der Erstellung eines nationalen Wirtschaftsplanes auf der repräsentativen

Vertretung von Unternehmern, Gewerkschaften und Regierung in den Planungsorganen. Das drängt die technische Seite bei der Planerstellung in den Hintergrund und verhindert darüber hinaus präzise Informationen von seiten der Unternehmer. Demgegenüber beherrschen in Frankreich die Großunternehmen die Planungsorgane, so daß zusammen mit den Bürokraten des Planungsamtes ein technisch anspruchsvoller Plan entwickelt werden kann[37]. Dann aber taucht das Verteilungsproblem im Verlauf der Planverwirklichung auf, weil die Gewerkschaften sich in ihren Lohnforderungen in keiner Weise an die Planvorstellungen gebunden fühlen und daher durch unerwartete Lohnforderungen und -erfolge den ganzen Plan umwerfen können. Übrigens ist das, wie im Zusammenhang mit der staatlichen Einkommenspolitik bereits ausgeführt wurde, nur ein Teil des Unsicherheitsmoments, das in der Lohnbewegung steckt. Die andere Seite ist, daß auch die zentralen Gewerkschaftsorgane nur eine begrenzte Kontrolle über die tatsächliche Lohnbewegung haben. Einmal versuchen Unternehmer in florierenden Branchen, Arbeitskräfte durch teilweise weit über den Tarifen liegende Effektivlöhne anzulocken. Zum anderen können lokale oder betriebliche Organisationen der Arbeiter die Unternehmer zu speziellen Zusagen zwingen.

Schließlich seien noch die zunehmenden, von nationaler Wirtschaftspolitik nicht zu beeinflussenden Wirkungen des internationalen kapitalistischen Marktes genannt, die nicht nur die Möglichkeiten der Prognose der wirtschaftlichen Entwicklung eines Landes weiter verringern, sondern auch die Verwirklichung eines nationalen Wirtschaftsplanes außerordentlich erschweren. Einerseits erlauben sie es nationalen Unternehmen, auf den Export von Waren und Kapital auszuweichen, zum anderen schafft der Kapital- und Warenimport häufig sehr rasch und unvorhersehbar neue Bedingungen für die Kapitalverwertung, die die inländischen Unternehmen zu Umdispositionen veranlassen. Nach alledem verwundert es nicht, daß selbst bei der französischen Planung, die über einen ausgebauten Apparat für die Planaufstellung und erhebliche Mittel zur Lenkung und Beeinflussung der unternehmerischen Entscheidungen verfügt, die Differenzen zwischen Planzielen und tatsächlich eingetretenen Ergebnissen oft außerordentlich groß sind.

Planziele und tatsächlich erreichte Produktion in der französischen Planung an Hand zweier Beispiele aus dem 2. und 3. Plan

Verarbeitende Industrie (2. Plan 1954–1957) (1952 = 100)

Industriezweig	tatsächlicher Produktionsindex 1957	geplantes Ziel für 1957
Papierindustrie	173	135
Maschinenbau u. Elektroind.	155	130
Werkzeugmaschinenbau	109	140/150

Industriezweig	tatsächlicher Produktions-index 1957	geplantes Ziel für 1957
Automobilindustrie	176	120
Landwirtschaftl. Maschinen	355	180
Textilindustrie	132	110
Lederindustrie	116	115

(*Quelle:* Rapport Annuel sur l'Exécution du Plan de Modernisation et d'Equipement 1958, Commissariat Général du Plan, Paris 1958, S. 7)

Maschinenbau und Elektromaschinenindustrie (3. Plan 1958—1961) (1956 = 100)

Industriezweig	tatsächlicher Produktions-index 1961	geplantes Ziel für 1961
Gesamtproduktion von		
Maschinenbau u. Elektroind.	137	142
davon:		
Gußwaren	127	142
Metallbau	149	124
Landwirtschaftl. Maschinen	104	141
rollendes Material f. Eisenbahn	113,5	129
Elektronik	190	150

(*Quelle:* Rapport Général de la Commission des Industries de Transformation, Quatrième Plan de Développement Économique et Social (1962—1965), Paris 1961, Anhang 3, S. 134)

Widersprüche und Perspektiven der aktuellen Situation des Kapitalismus

Aus den vorangegangenen Überlegungen ergibt sich für die Rolle, die der Staat für das Wachstum und die Stabilität der kapitalistischen Wirtschaft spielt, folgendes Resümee: Eine wirkliche Wirtschaftsplanung, die aus mehr als nur der Aufstellung von Prognosen und vereinzelten Eingriffen besteht, hat es in kaum einem kapitalistischen Land nach dem Zweiten Weltkrieg gegeben. Lediglich Frankreich verfügte über detaillierte Pläne und ein Instrumentarium für deren Verwirklichung. Jedoch erweisen sich weder die Prognosen als haltbar, noch sind die Pläne — außer in Teilbereichen — auch nur annähernd realisiert worden. Eine etwas größere Bedeutung für die wirtschaftliche Stabilität kann man der „Konjunkturplanung", die in einer wachsenden Zahl von Staaten seit Beginn der 1960er Jahre in Angriff genommen wurde, zumessen. Auch hier sind die Vorhersagemethoden wenig präzise, doch geben sie immerhin so viele Anhaltspunkte, daß die öffentlichen Haushalte eher konjunkturgerecht bzw. weniger häufig prozyklisch arbeiten. Die „Einkommensplanung" schließlich beschränkt sich in Wirklichkeit darauf, einen allgemeinen, undifferenzierten Druck auf die Lohnbewegung auszuüben. Entscheidender als alle „Planung" des Staates ist für Wachstum und Stabilität der wachsende Umfang der Staatsausgaben an sich. Als konjunkturunabhängiger Ausgabenblock stabilisiert er den Konjunkturverlauf. Steuerpolitik und Subventionen stärken die Profite und verringern die Auswirkungen eintretender struktureller Krisen und Umschichtungen. Partiell gezielte Staatsausgaben überwinden zeitweilige Engpässe in für die Privatwirtschaft zentralen Produktionszweigen (Energie, Stahl) und verringern die Kosten für bestimmte Vorleistungen bzw. Vorprodukte der großen Industrieunternehmen (Energieversorgung). Weiterhin nimmt der Staat der Privatwirtschaft einen wachsenden Anteil der Kosten für Ausbildung und Forschung ab. Bei alledem stützt bzw. fördert der Staat in einem großangelegten Prozeß der „sekundären Verteilung" die unternehmerischen Gewinne überwiegend zu Lasten der Unselbständigen. Denn der größte Teil des Steueraufkommens stammt von dem abhängig Beschäftigten (als Lohnsteuer und als indirekte Steuer auf den Konsum- und Verbrauchsgütern). Die Gewinnsteuern können heute im Zuge der unternehmerischen Preisabsprachen über kurz oder lang auf die Preise abgewälzt werden. Einen entscheidenden Anteil an der staatlichen Sicherung des privatwirtschaftlichen Wachstums haben die ungeheuer gewachsenen Rüstungsausgaben, die sicherstellen, daß die erhöhte Akkumulationsrate insbesondere der großen Monopole durch steigende, von der Massenkaufkraft unabhängige Aufträge aufrechterhalten werden kann.

Es zeichnet sich allerdings deutlich ab, daß die Perspektiven für eine weitere Expansion und relative Stabilität des Kapitalismus seit Ende der 1960er Jahre ungünstiger werden[38]. In früherem Zusammenhang wurde bereits darauf hingewiesen, daß die staatlichen Rüstungsausgaben, so sehr sie zunächst die Auswirkungen der Überakkumulation nicht offen in Erscheinung treten lassen, die Tendenz zur Erhöhung der Überakkumulation und zur Erweiterung der „Nachfragelücke" in sich bergen: die besonders hohen Gewinne im lukrativen Rüstungsgeschäft führen zu erhöhten Kapazitäten und zur Vermehrung anlagesuchenden Kapitals, so daß die ständige Ausweitung des Rüstungsetats zur wirtschaftspolitischen Notwendigkeit wird. Die dafür aufzuwendenden Mittel müssen entweder durch Kürzung anderer für die kapitalistische Entwicklung notwendiger öffentlicher Leistungen oder durch Steuererhöhungen beschafft werden. Vermehrte Staatsverschuldung vermag daran auch nichts zu ändern, da schließlich die Zinsen für Staatsanleihen und Kredite durch den ordentlichen Haushalt bezahlt werden müssen. Wachsende Belastung der Masse der Bevölkerung (Kürzung von Sozialaufwendungen, Steuererhöhungen) beschwören nicht nur die Gefahr vermehrter sozialer Unruhe herauf, sondern laufen notwendig auf einen Rückgang der Massenkaufkraft hinaus. Das beeinträchtigt die Interessen einer ganzen Reihe wichtiger und mächtiger Konzerne der Verbrauchsgüterindustrien. Zudem muß der Zeitpunkt eintreten, wo dadurch, daß wachsende Anteile des Sozialprodukts in den unproduktiven Rüstungssektor gehen, das gesamtwirtschaftliche Wachstum gedrosselt wird. Erinnern wir uns, daß schon 1962 über 11 % des Sozialprodukts und ca. 60 % der Bruttoanlagekapitalbildung der USA auf Rüstung entfielen. Es verlangt eine zunehmende Beschleunigung des Produktivitätswachstums in den zivilen Sektoren der Produktion, wenn diese die enorme Belastung durch die Rüstungsproduktion tragen und auch noch ein befriedigendes Wachstum der zivilen Produktion sicherstellen sollen. Die Rüstung läuft zu Dimensionen auf, die für kleinere Volkswirtschaften nicht mehr zu verkraften sind und diese Staaten zum Abbremsen zwingen.

Die in den letzten Jahren in allen kapitalistischen Ländern zu beobachtende Schwächung des Wachstumstrends verschärft den Verteilungskonflikt zwischen Kapitalprofit und Lohneinkommen. Wie sich in jüngerer Zeit herausstellt, ist die Position von Teilen der Lohnarbeiterschaft auf Grund ihrer besonderen Qualifikationen bei Lohnauseinandersetzungen besser geworden, und zwar auch dann, wenn in einem Lande generell Arbeitslosigkeit besteht. Gewinnsituation und -erwartungen sind gegenwärtig in den verschiedenen Industrien und Unternehmen einer Volkswirtschaft höchst unterschiedlich. Während einige Unternehmen sich Lohnerhöhungen massiv widersetzen, sind andere bereit und in der Lage, höhere Löhne zu bezahlen — teils um Arbeitskräfte zu halten, teils auf Druck der Arbeiterschaft. Ihre Auftragslage erlaubt es, die höheren Lohnkosten mehr oder weniger voll auf die Preise zu überwälzen.

Zugleich hat der weiter angestiegene Grad der Konzentration die Möglichkeiten inflationstreibender Preisabsprachen verbessert. Die unterschiedliche Gangart der Inflation in den einzelnen Ländern verlangt immer häufiger, sie durch deflatorische Maßnahmen in Schach zu halten — mit dem Ergebnis, daß infolge der damit verbundenen erhöhten Arbeitslosigkeit und Unterauslastung von Produktionsanlagen das Wachstum weiter abgeflacht wird. Inzwischen hat das Inflationsproblem ein solches Format, daß die Inflationsbekämpfung häufig mehr gegen das Wachstum als gegen die Preissteigerungen ausschlägt — es kommt zur Stagnation bei nur leicht gebremster Inflation, wofür man in der Bundesrepublik den Begriff der „Stagflation" geprägt hat. Die Lage hat sich nicht zuletzt deswegen verschärft, weil deflationsbedingte Arbeitslosigkeit nicht mehr automatisch die Lohnbewegung hemmt — wegen der wachsenden Diskrepanz zwischen der Lage der einzelnen Unternehmen, wegen qualifikationsbedingter und regionaler Spaltung der Arbeitsmärkte und wegen des sichtbar gewachsenen Selbstbewußtseins der Arbeiter sowohl gegenüber den Unternehmern als auch gegenüber den Gewerkschaftszentralen. Wenn das auch noch nicht notwendig in neue politische Bewegung in der Arbeiterschaft münden muß — als lohnpolitischer „Ordnungsfaktor" und zentraler

Regulator verlieren die Gewerkschaftszentralen unter dem spontanen Druck „von unten" viel von ihrer Selbständigkeit. Das gilt jedenfalls, wenn auch in unterschiedlichem Umfang, für Schweden, Frankreich, Italien und die Bundesrepublik.

Der erschwerte, aber vordringliche Kampf gegen Inflation und Stagnation hindert die Regierungen, sich anderen langfristigen Projekten zuzuwenden, deren wachstums- und systemsichernde Relevanz längst erkannt und in aller Munde ist. Die Verbesserung des Bildungs- und Ausbildungswesens, die Erhöhung der Aufwendungen für Forschung, die medizinisch-soziale „Pflege" der Arbeitskraft, die Verbesserung und Verbilligung des Verkehrswesens und der Energieversorgung müssen dazu beitragen, die Produktivität und damit Wachstum und Profite zu steigern. Zugleich verlangen die Verschärfung der Lohnkonflikte und das erhöhte Selbstbewußtsein der Arbeiterschaft vermehrte Anstrengung zu deren Integration in bzw. Bindung an den Kapitalismus.

„Gemeinschaftsausgaben" und „innere Reformen" lassen sich nur durch vermehrte Staatsausgaben finanzieren. Das jedoch scheitert an einem doppelten Widerspruch: Auf der einen Seite läßt die Inflationsbekämpfung höhere Staatsausgaben nicht zu. Andererseits — da nennenswerte Kürzungen im Rüstungsetat, wie oben dargelegt, kaum realisierbar sind — würden Steuererhöhungen zur Beschaffung der notwendigen Mittel die Arbeiterschaft zu weiteren Lohnforderungen veranlassen und, entsprechend der Abwälzungsautomatik, die Inflation weiter antreiben. Es ist jedenfalls nicht zu erwarten, daß die Arbeiter bereit sein werden, den wachsenden Staatshaushalt durch Verringerung ihres realen Anteils am Sozialprodukt zu tragen.

3. Die Auswirkungen von wirtschaftlichem Interventionismus und Wirtschaftsplanung auf die Funktion und die Struktur des bürgerlich-parlamentarischen Staates

Zuwachs staatlicher Macht oder kapitalistischer „Sachzwang"?

Der Umfang der staatlichen Tätigkeit in und für den privatwirtschaftlichen Kreislauf ist in der Nachkriegszeit außerordentlich gewachsen und dehnt sich weiter aus. Wir haben uns in den vorausgegangenen Überlegungen überwiegend mit dem angeschwollenen Volumen öffentlicher Ausgaben sowie mit den Versuchen planvoller Lenkung des Wirtschaftsprozesses beschäftigt. Dazu kommen noch mannigfaltige Aktionsfelder des Staates: Kartellpolitik, Gewerbeaufsicht und -kontrolle, gesetzliche Begrenzungen der Vertragsfreiheit auf den verschiedensten Gebieten, gesetzliche Nominierung der Arbeitsbeziehungen, Marktordnungen für die Landwirtschaft usw.

Bedeutet nun dieser in Friedenszeiten bisher ungekannte Umfang regelmäßiger Eingriffe des Staates in die Entscheidungssphäre der kapitalistischen Unternehmen, daß die Macht des Staatsapparates über die

Gesellschaft bzw. über die kapitalistische Wirtschaft gewachsen ist? [39] Formal betrachtet ist das sicher der Fall — die Kompetenzen der Staatsgewalt haben sich außerordentlich erweitert. Doch zielt die Frage nach dem Machtzuwachs des Staates darauf, ob die Möglichkeiten, Wirtschaft und Gesellschaft entsprechend politischen Zielvorstellungen von Parlament und Regierung *umzugestalten*, gewachsen sind. Das mag zunächst etwas abstrakt erscheinen, weil die Funktionsträger im Staat selbst wiederum Akteure und Interessenten in den gesellschaftlichen und insbesondere wirtschaftlichen Auseinandersetzungen sind. Solange jedoch in den bürgerlich-kapitalistischen Staaten die parlamentarischen Formen erhalten geblieben sind — und das ist überwiegend der Fall —, kann die große Mehrheit der Unselbständigen ihren Interessen näherstehenden Parteien durch Wahlentscheidungen zur Verfügung über den Staatsapparat verhelfen. Gerade auf dieser Vorstellung beruhen die Strategien sozialdemokratischer Parteien: die gewachsene Bedeutung der Staatsgewalt und der weite Umfang ihrer Kompetenzen sollen dazu verhelfen, das privatwirtschaftliche Profitmotiv in seiner Wirkung zurückzudrängen und den Kapitalismus sozial zu reformieren.

Überblickt man die historische Entwicklung des staatlichen Interventionismus, so fällt auf, daß es sich keineswegs um einen gradlinigen Prozeß handelt, sondern um eine durchaus wechselvolle Entwicklung, die erst nach dem Zweiten Weltkrieg in der Mehrzahl der kapitalistischen Staaten zu fest institutionalisierten Formen geführt hat. Vorher waren die beiden Weltkriege und die wirtschaftlichen Krisensituationen zu Beginn und zu Ende der 1920er Jahre Anlässe zu verstärkten Eingriffen: Abgesehen von den kriegswirtschaftlichen Systemen in den europäischen Ländern handelte es sich immer um Teileingriffe zur Lösung akuter wirtschaftlicher Krisen und sozialer Konflikte. Der Staat besaß kein allgemeines politisches Konzept, sondern sah sich vor der Lage, daß der Ablauf des privatwirtschaftlichen Systems in wachsender Zahl Störungen hervorbrachte, die der Wirtschaftskreislauf nicht mehr „selbsttätig" auflöste, sondern die der Staat „reparieren" mußte. Dazu kam unter dem Druck der organisierten Arbeiterschaft ein sozialen Krisen vorbeugendes bzw. sie abschwächendes System von Institutionen der „sozialen Sicherung". Seit Ende des 19. Jahrhunderts erweiterten sich zusehends die Rüstungsaufträge des Staates. Dahinter standen teils mittelbar ökonomische, nämlich machtpolitische, teils unmittelbar ökonomische, teils darauf zurückweisende, aber nicht voll darin aufgehende nationalistisch-ideologische Ursachen. Ab einem bestimmten Umfang, der spätestens in der Zeit nach dem Zweiten Weltkrieg erreicht war, bekommt die Rüstungsproduktion — wie wir oben darstellten — in bezug auf Wirtschaftsstruktur, Konjunktur und Beschäftigung eine derartig feste Stellung und unverzichtbare Funktion im kapitalistischen Wirtschaftsablauf, daß hieran alle politischen Gesichtspunkte abprallen. Militär- und „Abrüstungs"-Politik wird immer mehr zur Funktion der wirtschaftlichen Rolle der Rüstungsproduktion: ob eine Regierung ernsthaft Abrüstungspolitik betreibt, kann man heute am ehesten daran ablesen, ob sie Vorstellungen und Pläne darüber entwickelt hat, wie sie die auf Kürzung der Rüstungsproduktion folgende Wirtschaftskrise überwinden kann. Dafür reicht es nicht aus, in theoretischen Konstruktionen und Programmen zu entwickeln, was man mit den freigewordenen Kapazitäten und Arbeitskräften alles machen *könnte*. Das eigentliche Problem ist ein politisches: wie setzt man sich gegen die mächtigen Rüstungsmonopole durch? Wie kann man diese dazu zwingen, den Verlust eines Teiles ihres Kapitals hinzunehmen? Wie kann man die freigesetzten Kapitalien so rasch zur Wiederanlage bringen, daß nicht eine ungeheure, auch noch regional konzentrierte Arbeitslosigkeit das System ökonomisch und sozial zusammenbrechen läßt?

Nicht was man machen müßte, wenn man über das Kapital verfügen kann, ist für die Regierung das Problem, sondern wie man an die Verfügung herankommt. Es ist in diesem Zusammenhang interessant, daß in beiden Weltkriegen beispielsweise in England und in Deutschland „staatskapitalistische" Systeme der Produktionslenkung ansatzweise eingeführt wurden. Dabei ist das kapitalistische Profitinteresse der Rüstungsproduzenten keineswegs unterdrückt worden. Jedoch sind hier — unter weitestgehender Einbeziehung von Unternehmervertretern — Institutionen eingerichtet worden, die die gesamte Produktion auf bestimmte *Gebrauchswerte* lenkten: Rüstungsgüter und Minimalbedarf der Bevölkerung. Der Unterschied zur Staatstätigkeit in Friedenszeiten besteht darin, daß tendenziell die gesamte Wirtschaft bewußt auf Ziele hingelenkt wurde, die jedenfalls unmittelbar außerhalb des Profitmotivs liegen. So sehr auch die Wirksamkeit dieser Lenkungsinstitutionen von der Mitwirkung der Unternehmer in ihnen abhing — hier lagen immerhin Anknüpfungspunkte für eine wirtschaftslenkende Staatstätigkeit, die nicht lediglich die sozialen Kosten des privatwirtschaftlichen Profitstrebens übernimmt und dessen Bedingungen aufrechterhält oder verbessert.

Bei allen Vorteilen, die besonders die Monopole aus diesen kriegswirtschaftlichen Lenkungsinstrumenten zogen, haben sie nach beiden Kriegen in ihrer Mehrheit in Großbritannien wie in Deutschland erfolgreich auf dem Abbau dieser Systeme bestanden[40]. Auch in Frankreich, wo nach dem Zweiten Weltkrieg die Unternehmer in der Planung mitgearbeitet haben, fielen die entscheidenden Instrumente der Kriegswirtschaft weg: Zuteilung von Rohstoffen, amtliche Fixierung von Preisen und strikte Kontrollen, Zuteilung von Lebensmitteln, Festlegung der Art und Qualität der zu produzierenden Waren. In der Planification sind die Steuerungsinstrumente indirekt, und gerade die großen Unternehmen können sich ihnen ohne bemerkenswerten wirtschaftlichen Schaden entziehen.

In allen kapitalistischen Staaten kann man beobachten, wie sich die Unternehmer einerseits instinktiv oder bewußt gegen alle Institutionen wenden, die Nichtkapitalisten Einfluß auf ihre Entscheidungen einräumen oder die nach einheitlichen Gesichtspunkten in den Wirtschaftsprozeß intervenieren — während sie andererseits die Ausweitung der öffentlichen Ausgaben nicht nur toleriert, sondern vielfach energisch gefordert haben. So haben z. B. die Bundesrepublik und die USA hohe Anteile der öffentlichen Hand am Volkseinkommen, obwohl in beiden Ländern Unternehmer und Regierungen besonders vehemente Ideologen der Marktwirtschaft waren.

Einmal vom Problem der Rüstung abgesehen — die Tatsache, daß die öffentlichen Haushalte, die staatlichen Unternehmungen und die bisherigen Instrumente der Planung nicht für antikapitalistische Zwecke und zur Zurückdrängung des Profitmotivs verwendet wurden, beweist noch nicht, daß dies nicht möglich sei. Allerdings sind die Bedingungen dazu in einer Wirtschaft, deren Produktion sich zum überwiegenden Teil in kapitalistischen Unternehmen vollzieht, relativ schlecht. Es wurde schon dargelegt, daß z. B. die französische Planung nicht zufällig auf die Mitwirkung von Großunternehmen angewiesen ist. Auch gilt es zu bedenken, daß nicht nur der Verfügungsbereich des Staates gewachsen ist, sondern auch — infolge der Konzentration — die koordinierte Aktionsfähigkeit der Unternehmer.

Die Möglichkeit, mit staatlichen oder staatlich beherrschten Unternehmen nichtprivatwirtschaftliche Zielsetzungen zu verwirklichen, ist gering. Öffentliche Unternehmen wie Post, Eisenbahnen, Elektrizitätswerke etc. können zwar durch ihre Tarife die Industrie mehr oder weniger begünstigen. Für die eigentlichen Zentren der gesellschaftlichen Produktion — Investitions-, Verbrauchs- und Konsumgüterproduktion — bedeuten sie lediglich Vorleistungen; mit ihnen kann man wenig Einfluß auf Art, Umfang und Ausrichtung dieser Produktion nehmen. Sofern staatliche Unternehmen in anderen Produktionssektoren arbeiten (Automobile, Stahl etc.), stehen sie in Konkurrenz mit kapitalistischen Konzernen, wodurch sie — bei Strafe des Ruins — zu einer Geschäftspolitik gezwungen sind, die Gewinne einbringt, welche ihnen eine den Privatunternehmen entsprechende technologische Entwicklung und Expansion erlauben. Es ist vermutlich kein Zufall, daß sich die großen staatlichen Konzerne in England, Frankreich, Italien und der Bundesrepublik kaum anders verhalten als private Unternehmen.

In der Konjunkturpolitik zeigt sich ganz besonders, in welchem Maße die staatliche Wirtschaftspolitik von der privatwirtschaftlichen Dynamik und den von ihr geschaffenen Bedingungen abhängig ist. Wir stellten bereits fest, wie wenig exakt die konjunkturelle Entwicklung prognostizierbar ist. Der Staat wird, wenn er die Konjunkturausschläge abschwächen will, notwendigerweise nur reaktiv tätig und muß sich Zeitpunkt, Art und Umfang seiner Tätigkeit von der „Eigengesetzlichkeit" des privatwirtschaftlichen Kreislaufes vorschreiben lassen. Diese Konjunkturpolitik ist nicht zuletzt aus sozialen Gründen erforderlich. Periodisch wiederkehrende Arbeitslosigkeit würde das kapitalistische System ständig an den Rand politisch-sozialer Krisen führen.

Mit der wachsenden internationalen kapitalistischen Verflechtung, von der oben bereits die Rede war, sind die Voraussetzungen und

Chancen für antikapitalistische Reformen durch entsprechenden Einsatz der Staatsgewalt nahezu endgültig geschwunden. Das Kapital hat sich aus seiner Bindung an nationale Märkte gelöst. Die internationale Verflechtung kapitalistischer Konzerne ist sehr weit fortgeschritten. Ihr folgte eine weitgehende Liberalisierung der Außenwirtschaftsbeziehungen: Zollabbau, Freizügigkeit des Kapitalverkehrs, Aufbau eines allgemeinen internationalen Währungssystems. Darüber hinaus haben sich Wirtschaftsblöcke von kapitalistischen Staaten gebildet, die einen tendenziell einheitlichen übernationalen Markt schufen. Wir stellten bereits fest, daß die Internationalisierung von Produktion, Absatz und Kapitalverkehr einerseits eine wesentliche Voraussetzung für das Entstehen immer neuer Anlagefelder für das Kapital und damit für die Wachstumsgeschwindigkeit und Stabilität des Kapitalismus nach dem Zweiten Weltkrieg war. Andererseits schränkt dies die Möglichkeiten eigenständiger nationalstaatlicher Wirtschaftspolitik generell ein, insbesondere aber die Chancen antikapitalistischer Reformen durch den Staat. Die Bedürfnisse der fortlaufenden kapitalistischen Akkumulation, der Behebung von Stockungen der Kapitalverwertung und damit des „Funktionierens der Wirtschaft" treten nun auch noch verstärkt als „Sachzwang" auf, der aus den Gesetzmäßigkeiten und der Mechanik des *Außenhandels* und des *internationalen Kapitalverkehrs* resultiert. Zum einen verschleiern diese Zusammenhänge noch mehr den eigentlichen sozialen, d. h. kapitalistischen Zweck der staatlichen Wirtschaftseingriffe und Förderungen. Wenn es um die Sicherung des internationalen Wertes „unserer Mark" und um die Exportfähigkeit „unserer Wirtschaft" geht, dann steht für einen großen Teil der Bevölkerung das nationale Prestige und Wohlergehen auf dem Spiel, während die daran gebundenen sozialen Interessenkonstellationen nicht mehr durchschaut werden. Daß z. B. die Zahlungs- und Handelsbilanzüberschüsse der Bundesrepublik und die aufgehäuften Devisenbestände, die Kredite zur Stützung des US-Dollars etc. die reale Kaufkraft der Massen in der Bundesrepublik einschränken und allein zur Steigerung und Absicherung hoher Gewinne der Exportindustrie beitragen, läßt sich hinter dem Schleier nationaler Demagogie allzuleicht verbergen.

Jedoch sieht sich auch eine Regierung oder eine Parlamentsmehrheit, die heute antikapitalistische Reformen und Eingriffe vornehmen *will*, vor noch größeren Schwierigkeiten als zu der Zeit, wo das Kapital noch überwiegend an den nationalen Rahmen gebunden war. Es wird für die betroffenen Unternehmer immer leichter, vor solchen Maßnahmen auf andere Märkte auszuweichen. Da aber eine antikapitalistische Regierung zunächst immer der großen Mehrheit prokapitalistischer Regierungen z. B. innerhalb der EWG, aber auch allgemein des internationalen kapitalistischen Systems gegenüberstehen wird, kann sie nicht hoffen, daß durch analoge Politik in anderen Staaten oder in den internationalen Organisationen und Institutionen dem nationalen Kapital der „Fluchtweg" verstellt wird. Man darf wohl mit einigem Recht sagen, daß die Kapitalisten ein Interesse daran haben, daß die internationalen

Institutionen, die die Vereinheitlichung des kapitalistischen Weltmarktes und der Märkte in den Wirtschaftsblöcken vorantreiben und sichern, erweitert und verbessert werden. Jedoch kann ihnen nicht daran liegen, daß die *politische* Zentralisierung vorangetrieben wird. Mangelnde parlamentarische Kontrolle der Tätigkeit der nationalen Regierungen in den Organen des internationalen wirtschaftlichen Systems des Kapitalismus (EWG-Ministerrat, GATT, Internationaler Währungsfonds etc.) und das Fehlen internationaler politischer Entscheidungszentren schaffen eine für das Kapitalinteresse sehr günstige Lage: die bestehende Ungleichzeitigkeit zwischen der *internationalen* „Organisierung" des Kapitals und der immer noch auf *nationaler* Ebene operierenden Staatsgewalt erhöht die Aktionsmöglichkeiten des Kapitals und schützt es weitgehend vor wirksamen politischen Einschränkungen durch den Staat.

Konkret tritt der „Sachzwang" der internationalen Wirtschaftsbeziehungen den Regierungen in Form der dringenderen Notwendigkeit von Inflationsbekämpfung und Währungs- bzw. Zahlungsbilanzpolitik gegenüber. Durch sie müssen die Bedingungen von Export und Import einigermaßen konstant gehalten werden, da die gesamte Wirtschaftsstruktur insbesondere der meisten kapitalistischen Länder Europas auf den Weltmarkt orientiert ist: ein großer Teil der Waren des industriellen und konsumtiven Verbrauchs wird im Inland nicht oder bei weitem nicht in ausreichender Menge produziert, während viele Industrien einen sehr erheblichen Teil ihrer Produkte nur im Ausland absetzen können — für den Bedarf des Binnenmarktes sind sie völlig überdimensioniert.

Die Abhängigkeit einer Volkswirtschaft vom Außenhandel läßt sich gut an der Importquote (Anteil der Importe am Bruttosozialprodukt) demonstrieren, aber auch an der Ausrichtung wichtiger Bereiche der Produktion auf den Absatz im Ausland.

Anteil der Importe am Bruttosozialprodukt (in %) im Jahr 1965		Exportquoten einiger Industriezweige in der BRD 1967 (Anteil des Auslandsumsatzes am Gesamtumsatz in %)	
Frankreich	13,7		
BRD	20,4		
Italien	15,0	Straßenfahrzeugbau	40,7
England	22,9	Maschinenbau	38,0
USA	4,7	Feinmechanische u.	
		optische Industrie	36,0
(*Quelle:* H. Weise: Die internationalen Währungsprobleme in einer veränderten Weltwirtschaft, Beihefte der Konjunkturpolitik, Heft 14, Berlin 1967, S. 16)		Eisenschaffende Ind.	30,3
		Chemische Industrie	29,0
		(*Quelle:* E. Altvater: Die Weltwährungskrise, Frankfurt/M, Wien 1969, S. 80)	

Auch die von der Wirtschaftspolitik zu lösenden Probleme sind vielfach durch internationale Vorgänge hervorgerufen: Währungszu- oder -abflüsse, Inflation, Boom-anheizende Kapitalzuflüsse etc. Dies alles verlangt die größte Konzentration der Wirtschaftspolitik und ihrer Mittel auf diese komplizierter werdenden kurz- und mittelfristigen Ausgleichsfunktionen. Es wurde bereits erwähnt, daß der Spielraum der französischen Planung für Wachstums- und Strukturpolitik seit Beginn der 1960er Jahre geschrumpft ist: seit die fortgeschrittene Verflechtung der kapitalistischen Ökonomien zur verstärkten Währungs- und Konjunkturpolitik sowie zur an internationalen Bewegungen orientierten Inflationsbekämpfung zwang.

Man braucht nur einmal zu überlegen, was geschehen würde, wenn eine antikapitalistisch ausgerichtete Regierung in einem westeuropäischen Staat (z. B. Frankreich 1968 oder Italien unter einer kommunistischen Regierung) zu Eingriffen in die Macht und Profite großer Konzerne übergehen würde. Die eintretende Kapitalflucht könnte man zwar durch rasche Beendigung der Freizügigkeit des Kapitalverkehrs unterbinden. Ganz abgesehen von den Boykottmaßnahmen des internationalen Kapitals hinsichtlich der notwendigen Importe (Rohstoffe etc.) wie auch des Absatzes der Exportwaren würde schon die dem Ende des freien Kapitalverkehrs und der Devisenkontrolle notwendig folgende erhebliche Beschränkung und Verringerung des Außenhandels zu einer schweren inneren Wirtschaftskrise führen. Selbst wenn man die Macht und die Möglichkeiten zur entsprechenden Umstrukturierung der nationalen Wirtschaft hätte: die Anpassungskrise würde immerhin so lange dauern, daß über einen erheblichen Zeitraum das Volkseinkommen und der Massenkonsum wesentlich zurückgehen würden. Schon aus diesen ökonomischen Gründen könnte die politisch-soziale Basis einer solchen „Reformpolitik" sehr rasch ins Wanken geraten.

Der Funktionsverlust der Parlamente

Mit den vorangegangenen Überlegungen sollte verdeutlicht werden, daß der ungeheuer angeschwollene Umfang staatlicher Tätigkeit im bzw. für den Wirtschaftsprozeß nicht einhergeht mit vergrößerten Möglichkeiten, mit Hilfe der Staatsmacht die Wirtschaft in einem vom kapitalistischen Interesse abweichenden Sinne zu steuern und zu lenken. In der *Binnenstruktur* der Staatsorganisationen haben sich jedoch erhebliche Veränderungen vollzogen. Auf jeden Fall war der Zuwachs insbesondere der wirtschaftlichen Funktionen des Staates nicht von einer entsprechenden Ausweitung der Macht der Parlamente begleitet. Wenn es zutrifft, daß die Staatstätigkeit im Kapitalismus wenig eigenen Entscheidungsspielraum hat, sondern in hohem Maße einem kapitalistischen „Sachzwang" unterworfen ist, dann muß aus Gründen der „Funktionalität" eine Versammlung von „Nichtspezialisten", wie sie ein Parlament darstellt, bei der Ausübung der Staatsaufgaben ausgeschaltet werden. So spielte z. B. das Parlament bei der französischen Planfeststellung lange Zeit fast überhaupt keine Rolle. Der 1. und der 3. Plan wurden lediglich per Dekret erlassen, der 2. wurde vom Parlament erst in seinem dritten Jahr genehmigt, der 4. vom Parlament ohne große Diskussion und Änderungen angenommen[41]. Wenn in der Bundesrepublik und einigen anderen Staaten seit neuestem eine mittelfristige Haushaltsplanung vorgenommen wird, so wird das Parlament naturgemäß abhängig von den Prognosen über die wirtschaftliche Entwicklung, nach denen das voraussichtliche Einnahmevolumen bestimmt wird. Auch die konjunkturpolitisch orientierten Ausgaben des Haushalts stehen unter dem Diktat der „Sachverständigen". Das gleiche gilt für die lohnpolitischen Orientierungsdaten der Regierungen. Diese zentrale Rolle der Experten vermehrt die Macht der Exekutive, in deren Auftrag und mit der zusammen die Prognosen erstellt werden. Erinnern wir uns an die geringen Möglichkeiten für realistische Prognose und an deren kaum objektivierbare theoretischen Prämissen, so bieten sich hier für die Regierungen Sphären unterschwelliger ökonomischer und politischer Vorentscheidungen, die als solche gar nicht in Erscheinung treten. Vielleicht liegt hier ein Schlüssel zur Erklärung des Aufwandes, den man gegenwärtig in sehr vielen Staaten mit „Wirtschaftsplänen" (meist handelt es sich dabei lediglich um Prognosen) treibt, trotz deren offenbarer Realitätsferne. In der Bundesrepublik ist die Regierung im Interesse der Bekämpfung der Konjunkturschwankungen durch das „Stabilitätsgesetz" in bezug auf Haushaltseinnahmen und -ausgaben in gewissem Umfang vom Parlament unabhängig geworden.

Es braucht hier nicht weiter erläutert zu werden, wie sehr angesichts der Vielfalt und Spezialisierung der Staatsinterventionen und angesichts der zumeist bereits formell institutionalisierten Verfilzung zwischen der diese Interventionen vorbereitenden Bürokratie und den Verbänden der Privatwirtschaft faktisch das Parlament ausgeschaltet wird: teils weil es das Problem scheinbar oder tatsächlich nicht überblicken kann, teils weil es vor vollendete Tatsachen gestellt wird. Ganz erheblich beschränken auch die Institutionen zur Regelung des internationalen kapitalistischen Wirtschaftsverkehrs die Rechte und Möglichkeiten der nationalen Parlamente. Wir sahen, in welchem Maße die Lage der nationalen Unternehmen, aber auch die Voraussetzungen und Bedingungen der nationalen Wirtschaftspolitik vom kapitalistischen Weltmarkt und seinen Strukturen abhängen. In den internationalen Wirtschaftsorganisationen (z. B. in den Organen des Internationalen Währungsfonds oder im Ministerrat der EWG) agieren Regierungsvertreter, die zwar alle im Prinzip nationalen Parlamenten verantwortlich sind. Aber die Organe als Ganze sind keinem Parlament unterworfen, so daß die einzelnen Regierungsvertreter ihre Entscheidungen durch Hinweis auf diplomatische Rücksichten und Kompromisse mit den übrigen Regierungen als unumgänglich ausgeben und sich dergestalt leicht der

Verantwortung entziehen können.

Dennoch trifft es nicht ganz den Kern des Problems, wenn man — im Vergleich zum früheren bürgerlichen Parlamentarismus — vom „Funktionsverlust" der Parlamente in den gegenwärtigen kapitalistischen Staaten spricht. Daß mit der außerordentlich gewachsenen Staatstätigkeit das Parlament nicht einen entsprechenden Machtzuwachs erfuhr, ist unbestreitbar. Jedoch: über den Bereich, in den der Staat zunehmend eingetreten ist, nämlich den Produktions-, Reproduktions- und Verteilungsprozeß, hat auch das „klassische" bürgerliche Parlament des 19. Jahrhunderts nicht verfügen können. Im Konkurrenzkapitalismus regelte sich der kapitalistische Wirtschaftsprozeß selbst entsprechend den ihm eigenen Gesetzlichkeiten, bzw. man überließ ihn dem „Selbstlauf". Das gilt — im Vergleich zum Monopolkapitalismus — auf jeden Fall der Tendenz nach. Regierung und Parlament standen zwar nicht ganz abseits: mit Entscheidungen über Schutzzölle oder Freihandel, Bürgerliches Recht, Handels- und Wirtschaftsrecht konnte das Parlament einige Bedingungen des Wirtschaftsverkehrs beeinflussen. Jedoch waren das letztlich in ihrer Wirkung beschränkte Aktionen. Sofern der Staat Subventionen an bestimmte Unternehmen und Wirtschaftszweige vergab, lag das zumeist im Entscheidungsbereich der Regierungen, nicht der Parlamente. Wenn man also „Machtverlust" der Parlamente konstatieren kann, dann nur insofern, als sich mit der Ausweitung der Staatstätigkeit nicht eine entsprechende Ausweitung der Macht und Entscheidungsmöglichkeiten der Parlamente verbunden hat. Um es einmal etwas formal auszudrücken: Das Volumen der Staatstätigkeit hat sich enorm vergrößert; die Bereiche, in denen das Parlament wirklich entscheiden kann und nicht nur ratifizieren muß, machen einen relativ immer kleineren Anteil an der gesamten Staatstätigkeit aus, ohne daß ihr absoluter Umfang deswegen abgenommen haben muß. Wenn der Staat heute eine so große Rolle im Reproduktionsprozeß spielt, so muß man bedenken, daß die bürgerlichen Parlamente des 19. Jahrhunderts über diesen Bereich überhaupt nicht verfügt haben bzw. nicht verfügen konnten. Daher handelt es sich um einen relativen Verlust des Parlaments im Blick auf die Gewaltenverteilung in der Staatsorganisation, aber nicht um einen Verlust an Verfügung über bestimmte Bereiche des gesellschaftlichen Lebens.

Im übrigen wird beim Urteil über den Wandel des bürgerlichen Parlamentarismus allzuhäufig die gegenwärtige parlamentarische *Realität* mit der bürgerlichen *Ideologie* des Parlamentarismus verglichen, anstatt mit der realen Situation im 19. Jahrhundert, der „klassischen" Zeit des bürgerlichen Staates. Lediglich in England bestanden tendenziell seit der Wahlrechtsreform der 1830er Jahre Formen des bürgerlichen Parlamentarismus. Das Präsidialsystem der Vereinigten Staaten wird man kaum parlamentarisch nennen dürfen. Über mehr als 50 Jahre bestanden in Frankreich im 19. Jahrhundert absolut unparlamentarische Zustände. Deutschland hat in diesem Jahrhundert niemals ein bürgerlich-parlamentarisches System besessen. So wenig reale Macht und Entscheidungsfreiheit hinter der enormen gesetzgeberischen Geschäftigkeit der Parlamente in den gegenwärtigen kapitalistischen Staaten steht, so wenig besteht Anlaß dazu, den „wahren" und „funktionsfähigen" bürgerlichen Parlamentarismus des 19. Jahrhunderts zu idealisieren.

Bedingungen und Voraussetzungen für eine antikapitalistische Bewegung im gegenwärtigen Kapitalismus

Stabilität und Wachstum des Kapitalismus nach dem Zweiten Weltkrieg haben zwar die Bedingungen der arbeitenden Bevölkerung in mancher Beziehung gegenüber früheren Stadien des Kapitalismus verbessert, so z. B. hinsichtlich ihres Lebensstandards und der Tatsache, daß die Arbeitslosigkeit wenigstens nicht den Umfang angenommen hat wie zwischen den Kriegen. Jedoch haben sich, trotz hohen Entwicklungsstands der Produktivkräfte und außerordentlicher Möglichkeiten zur Humanisierung der Arbeits- und Lebensbedingungen, die Ausbeutungsverhältnisse intensiviert. Die Verschwendung der Produktivkräfte, nicht allein, aber insbesondere durch die riesige Rüstungsproduktion, wird in wachsendem Maße zur Existenzbedingung des Systems. Die wesentlich durch die Rüstungshaushalte erreichte ökonomische Stabilität ist zwangsläufig verbunden mit erhöhter weltpolitischer Labilität und universaler Kriegsgefahr. Diese politischen Spannungen verschärfen sich dadurch, daß revolutionäre Bewegungen in der Dritten Welt darum kämpfen, ihre Völker von der ökonomischen Ausbeutung durch die kapitalistischen Länder und von der diese absichernden politischen Unterdrückung zu befreien. Im übrigen erweist sich der Kapitalismus zunehmend als unfähig, vitale Bedürfnisse der Gesellschaft, wie z. B. Bildung und Ausbildung, gesundheitliche Versorgung und Vorsorge, „Umweltschutz" etc., zu befriedigen. Wir sahen oben bereits, daß sich innerhalb der kapitalistischen Länder wachsende ökonomische Schwierigkeiten abzeichnen. Wachstum und Stabilität der Wirtschaft sind gefährdet, andererseits muß das kapitalistische System alles daransetzen, auf dem Gebiet des Lebensstandards breiter Bevölkerungsmassen seine Position gegenüber den sozialistischen Gesellschaften zu behaupten.

Angesichts der historischen Erfahrungen mit der Entwicklung des Kapitalismus im 20. Jahrhundert wäre es unbegründet, aus den gegenwärtig wachsenden Widersprüchen und Schwierigkeiten des Kapitalismus auf dessen baldigen Zusammenbruch zu schließen. Allerdings vergrößern sich mit den Widersprüchen und Konflikten auch die Ansätze für antikapitalistische Bewegungen. Eine sozialdemokratische Reformstrategie „von oben", allein durch Einsatz der Staatsgewalt, kann jedoch, wie wir sahen, eine wirkliche soziale Reform des Kapitalismus nicht leisten: die Bedürfnisse des Kapitalismus treten für die staatliche Politik als nationaler und internationaler ökonomischer „Sachzwang" auf, den sie nur bei Strafe schwerer ökonomischer Krisen mißachten darf. Eine so handelnde Regierung stürzt spätestens über die nächste Wahl. Das ist insbesondere das Schicksal sozialdemokratischer Regierungen, die, fixiert an das Ziel sozialer Reformen „von oben", d. h. durch den Staat, eine wirkliche politische Beziehung zu den Massen der Arbeiterschaft längst verloren haben. Die Sozialdemokraten werden bzw. wurden auf diesem Wege bestenfalls zu Experten in der Handhabung technokratischer Lenkungsmechanismen, insbesondere in der Wirtschaftspolitik. Die „Kompliziertheit" der zu handhabenden Vorgänge verlangt nach dieser Ideologie Experten, die sich von den die „Sachgesetzlichkeiten" ignorierenden politischen Forderungen „von unten" frei machen müssen. Signifikant drückt die keynesianische Orientierung der wirtschaftspolitischen Konzepte der europäischen Sozialdemokraten diese Position aus.

Gesellschaftliche und ökonomische Alternativen lassen sich nur dann realisieren, wenn sich eine politische Organisation entwickelt, die nicht nur über eine aktionsfähige Spitze verfügt, sondern in der diese Spitze in einem politischen Wechselverhältnis zu ihren an der „Basis" arbeitenden Mitgliedern steht. Nur eine solche Organisation mit einer aktiven, ihr nicht nur unmittelbar ökonomisch-interessenmäßig, sondern politisch verbundenen Anhängerschaft wäre in der Lage, die zentrale Staatsgewalt nicht nur formal zu „besitzen", d. h. zu verwalten. Nur sie verfügte über eine gesellschaftliche *Gegen*macht, die der gesellschaftlichen Macht des Kapitals, die ihr politisch und im institutionalisierten wirtschaftlichen System als „Sachzwang" gegenübertritt, wirksam in den kapitalistischen Entscheidungszentren selbst entgegentreten könnte.

Es wurde bereits erwähnt, daß die gewandelten Bedingungen des Kapitalismus die Lohnauseinandersetzungen konkreter gemacht haben, indem diese sich immer weiter der Basis nähern. Das damit einhergehende gesteigerte Bewußtsein von der eigenen Macht auch kleinerer Gruppen von Unselbständigen hat bereits zu wachsenden Konflikten mit den etablierten zentralistischen Gewerkschaften geführt. Dies hat die Gewerkschaften gezwungen, ihre Rolle als „Ordnungsfaktor", als „Transmissionsriemen" staatlicher Lohnregulierung zurückhaltender zu spielen.

Dennoch bleiben Ausmaß und Wirkung von Mechanismen der Integration der Arbeiterschaft in dem kapitalistischen System sehr groß: Konsumzwang, Bewußtseinsmanipulation über Schule, Ausbildungswesen, Presse, Fernsehen, Sozialleistungen etc. Diese Mechanismen haben insbesondere den Effekt, die Forderungen der Unselbständigen auf das Quantitative, den Lohn, zu lenken. Allerdings könnte dies durchbrochen werden, wenn die Verteilungskämpfe bei sinkenden Wachstumsraten schärfer werden und die Erfolge im Nominallohn geringer und seltener. Schon heute weiten sich die Klassenkonflikte, die nicht von zentralen Organisationen, sondern von aktiven Gruppen der „Basis" ausgehen und getragen werden, in einigen Ländern mehr und mehr aus: Forderungen und Konflikte um konkrete Mitwirkung bei der Gestaltung der Arbeitsbedingungen, um Abschaffung inhumaner Produktionstechniken (Fließband), um Verbesserung der Wohnungsverhältnisse und des Verkehrs etc.

Daneben entstanden Gruppen mit konkreten gesellschaftlichen Alternativen auch außerhalb der Produktion in verschiedenen Bereichen der Gesellschaft: in den Institutionen des Bildungs- und Ausbildungssektors, des Gesundheitswesens usw. Dies alles ist bisher noch disparat, es fehlt an einer Koordinierung der verschiedenen Ansätze, sowohl organisatorisch als auch theoretisch-strategisch. Jedoch zeigen diese Entwicklungen, daß sich der kapitalistische „Sachzwang" weder ökonomisch noch ideologisch so fest institutionalisieren kann, daß die dem Kapitalismus immanenten Widersprüche und Konflikte keine Ansatzpunkte und Möglichkeiten mehr böten für antikapitalistische Bewegungen in den kapitalistischen Gesellschaften selbst. Im Gegenteil: nicht nur die Verschärfung der Verteilungskämpfe, sondern auch die zunehmende und sichtbare Verschwendung, die erhöhte Gefahr militärischer Vernichtung und ihr Korrelat: die wachsende Verelendung der Massen in der Dritten Welt sowie die Gegenwart des sozialistischen Systems erweitern die Voraussetzungen für das Entstehen antikapitalistischen Bewußtseins und antikapitalistischer Aktionen.

Arno Klönne
Sozialdemokratie — eine Agentur kapitalistischer Interessen?

Wo immer heute von der Konkurrenz gesellschaftspolitischer Systeme oder Systemkonzepte die Rede ist, ob in der wissenschaftlichen oder der populär politischen Diskussion, da wird fast durchweg von der Sozialdemokratie geschwiegen. Anders als zu Zeiten der Zweiten Internationale sind die sozialdemokratischen Parteien der Gegenwart in eine Art Grauzone der weltpolitischen Debatte gerückt; neben der Rivalität kapitalistischer und kommunistischer Systeme und neben der zusätzlichen Rivalität unterschiedlicher kommunistischer Richtungen erscheint die Sozialdemokratie als eine nahezu wesenlose Größe.

Als Faktor in der Aufrechnung weltpolitischer Kräfteverhältnisse freilich ist sie nicht zu übersehen; die in der „Sozialistischen Internationale" lose zusammengeschlossenen sozialdemokratischen Parteien bilden quantitativ eine der wichtigsten Gruppierungen im Feld internationaler Parteiungen.

Woher rührt dieser Abstand zwischen (immerhin gegebener) zahlenmäßiger Stärke und dem (kaum erwähnenswerten) Anteil sozialdemokratischer Konzeptionen an der internationalen Systemdiskussion? Liegt der Grund dafür in einem — gewiß zu konstatierenden — „Theorieverzicht" sozialdemokratischer Parteien, den diese sozusagen willkürlich vollzogen hätten und den sie infolgedessen auch wieder auf voluntaristische Weise rückgängig machen könnten? Oder ist die eigentümliche theoretische Sprachlosigkeit der Sozialdemokratie heute Folge einer realen Funktion, die als pure Hilfsdienst-Rolle für kapitalistische Herrschaftsausübung zu definieren wäre? Es mag an dieser Stelle nützlich sein, einmal — etwas abgekürzt und insofern schematisierend — die verschiedenen Einschätzungen der Funktion der Sozialdemokratie Revue passieren zu lassen, so wie sie heute bei Anhängern und bei Gegnern sozialdemokratischer Parteien anzutreffen sind.

1. Theorien über die Funktion der Sozialdemokratie

Ein erheblicher Teil der sich selbst als „antirevisionistisch" verstehenden, neben den traditionellen kommunistischen Parteien existierenden sozialistischen oder kommunistischen Organisationen, Parteien und Gruppen, die in Westeuropa und Nordamerika die Nachfolge der antiautoritären Neuen Linken angetreten haben, interpretiert die Sozialdemokratie als Inkarnation eines Verrats von welthistorischem Ausmaß. Die alte Arbeiterbewegung und die jetzige Arbeiterklasse der kapitalistischen Industriestaaten erscheinen hier als revolutionäre oder zumindest revolutionswillige Kräfte, die durch verräterische Manöver

sozialdemokratischer Führungsgruppen von der Möglichkeit gesellschaftlicher Umwälzungen abgelenkt wurden. Von dieser Position aus
wird auch die gegenwärtige Politik der meisten traditionellen kommunistischen Parteien Westeuropas disqualifiziert: diese betreiben nach
der eben angedeuteten Version unter anderem Firmenschild das gleiche
Geschäft des Klassenverrats. Sozialdemokratische und „reformistisch"
gewordene kommunistische Parteien sind nach dieser Theorie bloße
Instrumente der herrschenden Klasse in den kapitalistischen Ländern —
Agenturen, die den Sonderauftrag der ideologischen Integration der
Arbeiter in das System wahrzunehmen haben.

Dieser Version benachbart und im gleichen Milieu verbreitet ist die
Neuauflage jener Theorie vom „Sozialfaschismus", die zuerst innerhalb der Kommunistischen Internationale gegen Ende der 20er Jahre
entwickelt wurde und etwa folgendes besagt: Die sozialdemokratischen
Parteien sind die eigentlich gefährlichen Träger des Wandels der hochentwickelten kapitalistischen Systeme von liberalen zu faschistischen
Herrschaftsformen. Die Sozialdemokratie trägt faschistische Herrschaft effektiver als alle unter faschistischem Titel auftretenden Parteien oder Organisationen, weil sie in weitaus größerem Umfange über
proletarische Gefolgschaft verfügen kann und diese zum Träger der
Konterrevolution statt zum Potential der Revolution umzufunktio-
nieren versteht. Nach dieser Theorie muß der Kampf der Linken folge-
richtig in erster Linie gegen die Sozialdemokratie gerichtet sein.

Die traditionellen kommunistischen Parteien hingegen verspüren
nach den Erfahrungen mit dem realen Faschismus und angesichts der
gegebenen politischen Kräfteverhältnisse in den kapitalistischen Ländern kaum noch Neigungen zu dieser einst von ihnen entwickelten
Theorie. Im Gegenteil, seit Mitte der 30er Jahre gehört das Werben um
eine Aktionseinheit mit Sozialdemokraten zu den Konstanten ihrer
Strategie. Dort wo sozialdemokratische Parteien die Möglichkeit der
Koalition mit Kommunisten strikt verneinen, bringt die kommunistische Theorie die Differenzierung zwischen „Apparat" und Mitglied-
schaft bzw. zwischen rechten und linken „Flügeln" der sozialdemokratischen Parteien ins Spiel, dies allerdings in einer weniger mytholo-
gischen Weise, als wir sie in der Version vom „großen Verrat" antref-
fen. Auch hier bleibt aber weitgehend unklar, auf welchen politisch-
ökonomischen und historischen Bedingungszusammenhang denn
eigentlich die Variationsbreite und Diffusität politischer Positionen in
der Sozialdemokratie zurückzuführen ist.

Innerhalb der sozialdemokratischen Parteien selbst findet man unterschiedliche Auffassungen von der eigenen Funktion: Auf der einen
Seite verstehen sich Sozialdemokraten als liberale und wohlfahrtsstaatliche Moderatoren eines in seinen Regelungsprinzipien nicht mehr
in Frage gestellten kapitalistischen Systems. Auf der anderen Seite
sehen manche Sozialdemokraten in ihrer Partei eine „dritte Kraft",
die sich sowohl gegenüber den kapitalistischen Systemen wie auch
gegenüber den kommunistischen Parteien und Staaten prinzipiell ab-

grenzen müsse — eine Auffassung, die zumeist im Formelhaften verbleibt, die angesichts der nicht akzeptierten einen oder anderen gesellschaftlichen Systemrealität im reinen *Begriff* einer „dritten" Möglichkeit Zuflucht findet. In vielen sozialdemokratischen Parteien befinden sich die beiden skizzierten Erscheinungsweisen sozialdemokratischen Selbstverständnisses in ständigem Konflikt miteinander.

Charakteristisch für *alle* hier vorgeführten Einschätzungen der systematischen Funktion der Sozialdemokratie ist nun, daß sie auf eine Anwendung historisch-materialistischer Methoden mehr oder weniger weitgehend verzichten. Es dürfte sich lohnen, den Gründen für diese Enthaltsamkeit nachzugehen.

Die aus der Neuen Linken hervorgegangenen „antirevisionistischen" Organisationen kämen im Hinblick auf ihre eigene Strategie in Verlegenheiten, würden sie die gewiß nicht revolutionäre Rolle der sozialdemokratischen Parteien anders als durch die These vom „großen Verrat" erklären wollen. Nimmt man nämlich einmal an, daß sozialdemokratische Führungsgruppen Anpassungen an das kapitalistische System zwar forciert, aber keineswegs *gegen* den geklärten Willen der Masse der Parteimitglieder durchgesetzt haben (was analog auch für die „reformistischen" Tendenzen in einigen traditionellen kommunistischen Parteien kapitalistischer Staaten gilt), so wird die Frage unabwendbar, ob denn die bisher entwickelten Vorstellungen von Systemalternativen und Möglichkeiten ihrer Durchsetzung den sozialistischen Bewegungen in industriell hochentwickelten kapitalistischen Staaten überhaupt schon eine Mehrheitschance geben können. Der anklägerische Hinweis auf den „sozialdemokratischen Verrat" verdeckt also im eigenen Bewußtsein das Defizit an Konkretisierung systemoppositioneller Vorstellungen; die Mystifizierung der klassischen Arbeiterbewegungen vor dem „Sündenfall" des Sozialdemokratismus bewahrt vor der strapazierenden Notwendigkeit, marxistische Theorie nicht nach-, sondern fortzuschreiben.

Die Abneigung auch der traditionellen kommunistischen Parteien, das Phänomen des heutigen Sozialdemokratismus analytisch anzugehen, hat kompliziertere Ursachen. Diese Parteien entstammen ja selbst der klassischen Sozialdemokratie, und die Spaltung der einheitlichen Arbeiterbewegung in kommunistische und sozialdemokratische Linien, wie sie sich nach dem Ersten Weltkrieg ergab, war nicht allein in der unterschiedlichen Stellung zum Imperialismus und schon gar nicht im Ja oder Nein zum Parlamentarismus begründet. Die Auseinandersetzung verschiedener Fraktionen in der Arbeiterbewegung war um 1920 fast durchweg noch sehr vielschichtig; die hin und her laufenden Konflikte waren zu dieser Zeit noch nicht auf die Formel vom „Kampf zweier Linien" zu bringen. Erst die vorbehaltlose Identifikation der meisten kommunistischen Gruppen mit dem Entwicklungsmodell des ersten sozialistischen Staates, der Sowjetunion, und die dann folgende Bindung der anderen kommunistischen Parteien an die spezifischen Bedürfnisse der sowjetischen Partei lassen aus einem Fraktionskampf innerhalb der Arbeiterbewegung den Kampf zwischen zwei Linien werden, und erst damit wird die Spaltung der Arbeiterbewegung zu einem derart folgenreichen historischen Faktum.

Mit diesem Hinweis soll nicht der Kommunistischen Partei der Sowjetunion so etwas wie eine „Schuld" an dem Zerfall der Arbeiterbewegung in den kapitalistischen Staaten zugeschoben werden. Der Entstehungszusammenhang für die Deformation sozialistischer Hoffnungen, die unter dem Stichwort „Stalinismus" begriffen wird, liegt wesentlich gerade in der Passivität und Konzeptionslosigkeit der Mehrheit jener Partei, die vor 1914 das Zentrum der internationalen Arbeiterbewegung bildete und die seit Ende des Ersten Weltkrieges wie kaum eine andere sozialdemokratische Partei dem Kapitalismus Beihilfe leistete, also der SPD.

Die historische Verantwortung der kommunistischen Parteien liegt demgegenüber in folgendem: Nach der marxistischen Theorie hatte eine Revolution in einem Staat, wie ihn 1917 Rußland darstellte (mit relativ zurückgebliebener Entwicklung der Produktivkräfte und mit einem erst schwach vertretenen, wenngleich regional konzentrierten Industrieproletariat), nur dann Aussichten, den Weg in eine sozialistische Gesellschaft auf absehbare Frist freizulegen, wenn diese Revolution *ein* Akt einer internationalen, die Zentren der kapitalistischen Entwicklung einbeziehenden gesellschaftlichen Umwälzung wäre. Auch die Leninsche Variante des Marxismus ging von dieser Auffassung keineswegs ab, sondern erklärte lediglich, warum ein internationaler revolutionärer Vorgang gerade bei einem schwächeren Glied der Kette kapitalistischer Staaten einsetzen könnte. Insofern mußte von einem marxistischen Theorieansatz her klar sein, daß die Sowjetunion, nachdem sie vorerst keine Ergänzung durch erfolgreiche Revolutionen in den höher entwickelten Industriestaaten fand, nur eine nicht-kapitalistische Entwicklungsdiktatur mit sozialistischer Fernperspektive, nicht aber den Modellfall einer sozialistischen Gesellschaft darstellen konnte. Eben diese materialistische Bestimmung der begrenzten Möglichkeiten des sowjetischen Experiments wurde aber nach Lenins Tod innerhalb der KPdSU und dann auch innerhalb der kommunistischen Parteien außerhalb der Sowjetunion verdrängt und statt dessen die spezifische Entwicklung der UdSSR, mitsamt ihren Fehlern, zum Dogma der internationalen kommunistischen Bewegung gemacht. Wichtiger als dieser oder jener falsche oder richtige strategische Schritt der kommunistischen Parteien, der sich aus dieser Identifikation ergab, war der Struktureffekt für Theorie und Programmatik kommunistischer Parteien, die nun in der Tat für lange Zeit den historischen Materialismus gegen eine theologische Denkform vertauschten. Diese Entwicklung der kommunistischen Parteien hat historisch erst jenes Phänomen ermöglicht, das man heute mit dem Begriff des „Sozialdemokratismus" meint.

Die ideologische Konsistenz des „Sozialdemokratismus", der nun an die Stelle der Sozialdemokratie als der politischen Koalitionsform der verschiedenen Fraktionen der Arbeiterbewegung trat, war nämlich im wesentlichen nur einer Negation zuzuschreiben, d. h. der Ablehnung des Modellanspruchs der Sowjetunion für den internationalen Sozialismus. Und je mehr die kommunistischen Parteien der höher entwickelten kapitalistischen Länder die Identifikation mit der Sowjetunion zu ihrem einzigen Fixpunkt machten und auf die Entwicklung spezifischer revolutionärer Konzepte und Strategien für die eigene Gesellschaft verzichteten, desto leichter fiel es den sozialdemokratischen Parteien, ihr politisches Selbstbewußtsein aus der bloßen Abgrenzung gegenüber dem Kommunismus zu gewinnen. Die — für die hochentwickelten Industriestaaten durchaus fiktive — Frage nach dem Pro oder Contra zur „Diktatur der Partei über das Proletariat" verdrängte die Frage nach Weg und Ziel der „Diktatur des Proletariats", also der demokratischen Eroberung der Staatsmacht und des Gebrauchs dieser Macht unter den Bedingungen höchstentwickelter Produktivkräfte und einer längst zur übergroßen Majorität gewordenen Klasse der abhängig Arbeitenden. Die positive oder negative Fixierung auf das Bild eines Staates, der die Verwaltung des gesellschaftlichen Mangels und die Organisation der Entwicklung gesellschaftlichen Reichtums zu leisten hatte, lenkte ab von der für Westeuropa und die USA aktuellen Frage, wie die Macht des Vergeudungskapitalismus gebrochen werden könnte.

Nach dem Zweiten Weltkrieg ist der „Sozialdemokratismus" als defensive Ideologie (und damit als „Anleitung zum Nicht-Handeln" und zur faktischen Integration in das bestehende kapitalistische System) wiederum durch ideologische Entwicklungen in den kommunistischen Parteien bestärkt worden. Die Einbeziehung der osteuropäischen Randstaaten und später Ostdeutschlands in die Machtsphäre der UdSSR und damit zugleich die Steuerung der gesellschaftspolitischen Binnenentwicklung dieser Länder durch sowjetische Vorstellungen hat unter den weltpolitischen Bedingungen der Nachkriegszeit sicherlich weitgehend Zwangsläufigkeit gehabt, ebenso wie die Ausschaltung selbständiger politischer Willensregungen der Sozialdemokraten (und übrigens in vielen Fällen auch der Kommunisten) dieser Länder. Die kommunistischen Parteien außerhalb des sowjetischen Blocks waren aber nicht imstande, diese Entwicklung als das zu erläutern, was sie war, nämlich als durch die weltpolitische Konstellation erzwungene, in vielem durchaus bittere Realität, sondern sie verklärten machtpolitische Glacisverschiebungen und Eingriffe der Sowjetunion zu autochthonen Revolutionen in diesen Ländern.

Begreift man kommunistische und sozialdemokratische Parteien und Ideologien als Faktoren, die trotz aller Kontroversen in einem objektiv engen Wirkungszusammenhang stehen, so wird verständlich, daß der Verfall gesellschaftlicher Theorie in der linken (kommunistischen) Linie der Arbeiterbewegung den Theorieverzicht in der rechten (sozialdemokratischen) Linie derselben Bewegung nur noch bestärkte. (Um die These vom funktionalen Zusammenhang der kommunistischen und der sozialdemokratischen Parteien zu erläutern, an dieser Stelle nur ein

Hinweis: In der Mehrzahl der kapitalistischen Länder treffen sich kommunistische und sozialdemokratische Richtungen im Schnittpunkt der Gewerkschaftsbewegung und kommen hier formell oder informell zu momentaner oder beständiger Kooperation.)

Wollten nun aber die traditionellen kommunistischen Parteien das Phänomen des „Sozialdemokratismus" wirklich analytisch erörtern, so würden damit notwendigerweise auch die Probleme ihrer eigenen „unbewältigten Vergangenheit" (und Gegenwart...) ins Bewußtsein treten. Es ist deshalb kein Zufall, daß theoretische Beiträge zur Kritik der Sozialdemokratie auf seiten der kommunistischen Parteien derzeit am ehesten in Italien zu finden sind, dort also, wo die Kritik auch an der eigenen ideologischen Entwicklung bisher am meisten Raum gewonnen hat. Das gilt für Teile der KPI ebenso wie für die von der KPI abgespaltene Gruppierung um „Il Manifesto".

Wenn in Frankreich die Bemühungen um eine Aktionseinheit der Sozialistischen Partei (SFIO) und der KPF immer wieder Rückschläge erleiden, obwohl ein solches Bündnis dort durch die aktuelle politische Situation sehr begünstigt wird, dann ist der Grund für solche Verzögerungen nicht nur in den kleinbürgerlichen, dem Klassenkampfgedanken abgeneigten Beimischungen der französischen Sozialdemokratie zu suchen, sondern ebensosehr in der geheimen Furcht der KPF vor den Konsequenzen eines solchen Bündnisses für die Diskussionsthematik in der eigenen Partei.

Einen exemplarischen Fall für wechselseitige Zementierung des Theorieverzichts (und damit des Verzichts auf Selbstkritik) bietet das aus vielerlei Gründen extrem abgeschottete Verhältnis zwischen Kommunisten und Sozialdemokraten in der Bundesrepublik. Das „Berührungsverbot" zwischen DKP und SPD, was die Theoriedebatte angeht, erleichtert es den jeweiligen Führungsapparaten ungemein, in der Diskussion der eigenen Partei die gewohnten Tabus aufrechtzuerhalten; die außergewöhnlich dogmatische Bindung der DKP an die jeweilige Linie der UdSSR wird damit übrigens zementiert.

Es bleibt schließlich noch die Frage nach dem theoretisch-analytischen Gehalt von in der Sozialdemokratie selbst vorfindbaren Versionen von der Funktion sozialdemokratischer Parteien.

Was die Vorstellung von der Sozialdemokratie als dem „dritten Weg" betrifft, so hatten wir schon auf das erkenntnistheoretische Kuriosum dieses Konzepts hingewiesen. Eine zahlenmythologische Lösung wird hier unterderhand zum scheinbar realen Konzept. Da die Realität Nr. 1 (der Kapitalismus) als ebenso unbefriedigend empfunden wird wie die Realität Nr. 2 (die etablierten sozialistischen Staaten), erscheint die Zahl „3" als rettender Ausweg – ohne daß die Chiffre von der „dritten" Möglichkeit eine Konkretion erfährt. Die Negation nach der einen wie der anderen Seite der Realität hin führt hier zu größter konzeptioneller Selbstgenügsamkeit. Derartige politische Zahlenspielerei verstellt methodisch die eigentlich notwendigen Fragestellungen, so die Frage nach dem Bedingungszusammenhang von kapitalistischer

Entwicklung und Deformation sozialistischer Versuche, ferner die differenzierende Frage nach Anknüpfungspunkten, die sozialistische Alternativvorstellungen in concreto in den durchaus vielschichtigen Wirklichkeiten sowohl der kapitalistischen als auch der etablierten sozialistischen Staaten finden könnten, schließlich die Frage nach den je unterschiedlichen Ausgangspositionen, von denen Veränderungen in Richtung auf den Sozialismus in dieser oder jener Gesellschaft oder Weltregion auszugehen haben. Will man im Bild bleiben, so würde dies heißen: Den „dritten Weg" gibt es nicht, wohl aber gibt es ein weitverzweigtes, querverbundenes Straßennetz gesellschaftlicher Entwicklungsmöglichkeiten, darin übrigens relativ wenig Einbahnstraßen. . .

Eine andere Erscheinungsform sozialdemokratischen Selbstverständnisses, die Vorstellung von der Sozialdemokratie als einer Kraft, die den Kapitalismus so lange moderiert, bis er seine Substanz verliert, hat gegenüber der Version vom „dritten Weg" den Vorteil, daß sie sich auf Empirie beruft — und infolgedessen auch empirisch überprüft werden kann[1]. Dazu später mehr.

2. Programmatische und strategische Leitlinien der Sozialdemokratie heute

Die in der Sozialistischen Internationale zusammengeschlossenen sozialdemokratischen Parteien sind weit entfernt von jenem Grad der programmatischen und strategischen Vereinheitlichung, wie ihn etwa die Kommunistische Internationale aufwies. Auch der Stellenwert der sozialdemokratischen Parteien im politischen Kräftefeld ist je nach Nation höchst unterschiedlich. Dennoch lassen sich einige Merkmale ausmachen, die zumindest dem größten Teil der sozialdemokratischen Parteien heute gemeinsam sind.

Da ist zunächst eine weitgehende Übereinstimmung im Hinblick auf historische Herkunft und Tradition: Die meisten sozialdemokratischen Parteien haben ihre Ursprünge sowohl in der klassischen Arbeiterbewegung als auch in kleinbürgerlich-radikaldemokratischen Gruppierungen. Den damit zustande gekommenen Prägungen können sie sich auch heute nicht ohne weiteres entziehen; keine sozialdemokratische Partei kann sich, wenn sie ihre Identität nicht verlieren will, des Bekenntnisses zur Demokratie im Sinne von Volkssouveränität entledigen, und wohl kaum eine sozialdemokratische Partei wird auf den Anspruch verzichten, die Interessen der abhängig Arbeitenden politisch zum Zuge zu bringen, also „wohlfahrtsstaatliche" Tendenzen zu vertreten.

Zum zweiten knüpfen die sozialdemokratischen Parteien zumindest programmatisch fast ohne Ausnahme an das Konzept der sozialen Egalisierung, also an die Forderung nach gleichen Chancen für jedermann an.

Drittens ist fast allen sozialdemokratischen Parteien gemeinsam, daß sie am Konzept liberaler Freiheitsrechte, d. h. an den vom Bürgertum historisch erkämpften Defensivrechten des Individuums gegenüber dem Staat festhalten.

Viertens sehen die sozialdemokratischen Parteien fast ausnahmslos den Parlamentarismus als die geeignete Form des politischen Entscheidungssystems an.

Fünftens ist den sozialdemokratischen Parteien die mehr oder minder polemische Rivalität mit kommunistischen Parteien gemeinsam.

Die Schwierigkeiten bei dem Versuch, die politische Position und die sozial-ökonomische Basis der sozialdemokratischen Parteien zu bestimmen, treten nun allerdings sofort wieder zutage, wenn man die eben skizzierten Gemeinsamkeiten im Detail betrachtet. Das Konkurrenzverhältnis gegenüber den kommunistischen Parteien z. B. nimmt sehr divergierende Ausformungen an; diese reichen von der — gewiß nicht konfliktfreien, aber punktuelle Übereinstimmungen enthaltenden — institutionalisierten oder informellen Regierungskoalition zwischen Sozialdemokraten und Kommunisten, wie sie etwa in skandinavischen Ländern auftritt, bis zum tiefeingewurzelten Freund-Feind-Verhältnis in Westdeutschland. Oder nehmen wir die Frage der Vertretung sozialer Interessen: Die Skala reicht hier von sozialdemokratischen Parteien, die ihre ganz spezifische Basis in alten und neuen Mittelschichten (also Resten des Kleinbürgertums und arrivierten Teilen der Lohn- und Gehaltsabhängigen) haben (wie etwa die kleine italienische Sozialdemokratie), bis hin zu solchen, die zur Zeit fast sicher mit der Gefolgschaft der Masse des Proletariats (im Sinne der Marxschen Definition) rechnen können (wie etwa der britischen Labour Party und der SPD). Oder fragen wir schließlich nach der Interpretation des sozialdemokratischen Bekenntnisses zur Liberalität; die Auslegungsmöglichkeiten schwanken in diesem Punkt zwischen einer Anerkennung der USA-Politik als „Garant der Weltfreiheit" (wie sie in der SPD überwiegt) und der Mitwirkung in einer Volksfrontregierung, die eine Politik der legalen Revolution gegen die USA versucht (wie in Chile).

Methodisch kommt man angesichts dessen wohl nicht umhin, das Feld der Analyse sozialdemokratischer Politik zumindest unter einigen Aspekten einzugrenzen. Wir beschränken die folgenden Überlegungen deshalb auf eine bestimmte Erscheinungsform der Sozialdemokratie, nämlich auf die sozialdemokratischen Parteien, die innerhalb hochentwickelter kapitalistischer Staaten wirken und die von ihrem Wählerpotential her die Möglichkeit oder Aussicht hatten oder haben, parlamentarische Mehrheiten zu bilden oder doch wenigstens den dominierenden Partner in Regierungskoalitionen darzustellen. Diese Voraussetzungen sind vor allem bei den britischen, den skandinavischen und den westdeutschen Sozialdemokraten gegeben. Diese Parteien verschaffen am ehesten Gelegenheit, der Frage nachzugehen, ob es eine spezifisch sozialdemokratische Linie innergesellschaftlicher Entwicklungspolitik gibt und wie die Ergebnisse dieser Politik sich bisher ausnehmen.

In den sozialdemokratischen Parteien Skandinaviens, Großbritanniens und Westdeutschlands dominiert seit einiger Zeit eine gesellschaftspolitische Strategie, der etwa folgende Hypothesen zugrunde liegen: Die Leitvorstellungen sozialdemokratischer Politik lassen sich durch parlamentarische Mehrheiten und ohne prinzipielle Eingriffe in die bestehende kapitalistische Eigentumsordnung realisieren. Privatwirtschaftliche Verfügungsmacht läßt sich, ohne den politischen Konflikt mit den Konzernen zu riskieren, durch stetige Ausweitung sozial und wohlfahrtsstaatlicher Garantien und durch Ausbau des indirekten wirtschaftspolitischen Einflusses staatlicher Politik so weit „aufweichen", daß Prioritäten gesamtwirtschaftlicher Entwicklung gegebenenfalls auch gegen den Willen des privaten Großkapitals gesetzt und volkswirtschaftliche Verteilungsverhältnisse zugunsten der Unterschichten verändert werden können.

Die Festlegung auf diese Strategie ist übrigens für die hier gemeinten Parteien nicht selbstverständlich. Die Entwicklung verläuft in diesem Punkt widersprüchlich: Die britische Labour Party, deren klassische Programmatik einer solchen Strategie zuneigte, korrigierte nach dem Zweiten Weltkrieg ihren Kurs zeitweise leicht und experimentierte mit Sozialisierungskonzepten, ist aber zumindest in ihrer Führungsmehrheit inzwischen wieder von der Machtprobe mit den Konzernen abgekommen. Die skandinavischen sozialdemokratischen Parteien zeigen, entgegen ihrer traditionellen Linie, zur Zeit eine gewisse Neigung, die Strategie nach links hin zu verändern, d. h. innerhalb dieser Parteien verbreitet sich die Meinung, daß die wohlfahrtsstaatliche Politik auf Dauer nicht ohne Eingriffe in die Souveränität der privaten Konzerne vorangetrieben werden kann. Die deutsche Sozialdemokratie hingegen, die ihrer Ideologiegeschichte nach am stärksten mit marxistischen Vorstellungen in Berührung gekommen und die seit ihrer Entstehung bis zu den Zeiten Kurt Schumachers von der Forderung nach Überführung der Schlüsselindustrien in Gemeinwirtschaft programmatisch nie abgegangen war, hat seit den späten 50er Jahren Sozialisierungsforderungen nach und nach beiseite geschoben.

Zur Zeit jedenfalls gibt die oben wiedergegebene strategische Hypothese noch den gemeinsamen mittleren Stand der Konzeptionen regierender oder regierungsträchtiger sozialdemokratischer Parteien in Westeuropa an.

Die Ergebnisse dieser Strategie sollen im folgenden am Fall der Regierungspolitik westdeutscher Sozialdemokraten überprüft werden. Stellvertretend für eine Reihe strukturell ähnlicher Probleme werden dabei zwei Themen ausgewählt: erstens das Verhältnis von sozialdemokratischer Politik und industriell-militärischem Komplex, zweitens Fragen der Vermögenspolitik bzw. Vermögensumverteilung.

3. Sozialdemokratische Reformpolitik —
   am Beispiel des industriell-militärischen Komplexes

Die sozialdemokratisch geführte Regierungskoalition in der Bundesrepublik verdankte ihr Zustandekommen einer Tendenz unter den
westdeutschen Wählern, die seit einigen Jahren stetig an Gewicht gewonnen hatte und die im Wechsel der Wahlparolen ihren Ausdruck
fand: an die Stelle des Slogans „Keine Experimente" trat die Forderung „Reformen!" Diese „Reform"-Parole, so vage sie auch war, signalisierte immerhin die sich ausbreitende Einsicht, daß die gesellschaftlichen Probleme beim Übergang in das vielzitierte „Jahr 2000" nicht
mit den überkommenen politischen Vorstellungen und Instrumentarien
der Restaurationsphase der Bundesrepublik gelöst werden könnten.
Dem Schlagwort „Reform" in der populären Diskussion entsprach das
Postulat „Innovation" auf der Ebene der wissenschaftlich interessier-
ten Debatte, und auch dieses Schlagwort, wiederum vage genug, deu-
tete doch immerhin die Erkenntnis an, daß gleichermaßen gesellschaftliche wie technologische Neuerungen notwendig sind, wenn die Gesellschaft der Bundesrepublik sich auf die Zukunft hin als reproduktions-
fähig erweisen soll.

Soweit es um jene Gruppen und Schichten geht, die Hoffnungen in
die neue Regierung und die von ihr angekündigte „Politik der inneren
Reformen" setzten, so lagen offensichtlich insbesondere auch Erwartungen im Hinblick auf neue Prioritäten vor, die der „öffentlichen
Unterversorgung" ein Ende machen, die also vor allem das Bildungssystem, den Gesundheitsdienst, die soziale Sicherung, die Raum- und
Verkehrsordnung und andere infrastrukturelle Sektoren energisch und
langfristig konzipiert aus einer katastrophenträchtigen Vernachlässigung herausholen sollten.

Man kann davon ausgehen, daß ein Politiker wie Brandt sich über
das strukturelle Defizit auf diesen Gebieten durchaus im klaren ist und
ernsthafte Anstrengungen machen möchte, die Erwartungen der Majorität seiner Wähler zu erfüllen. Die Frage ist freilich, inwieweit das
herrschende politisch-ökonomische System, das ja durch einen Regie-
rungswechsel nicht ohne weiteres verändert wird, Reformabsichten
dieser Art Spielraum gibt; anders ausgedrückt: gerade unter der SPD-
FDP-Regierung zeigt sich, ob Reformen an Systemgrenzen stoßen, die
in politisch-ökonomischen Machtverhältnissen begründet sind, die
allein auf dem Wege des Wechsels von Regierungskoalitionen nicht einmal angetastet werden können.

Eine dieser Grenzen ist inzwischen nur zu deutlich geworden: die
Wehrpolitik der Regierung Brandt hebt sich auf bemerkenswerte Weise
von anderen Zügen der Regierungspolitik ab. Während in manchen
anderen politischen Fragen „Kontinuität" (also Fortsetzung jener Leit-
linien, wie sie in der Politik der CDU/CSU ihren Ausdruck fanden) und
„Erneuerung" in den Verhaltensweisen der Regierung selbst miteinander in Streit liegen, ist im Ressort der durch Helmut Schmidt ver-

tretenen Wehrpolitik die unter den früheren Regierungen entwickelte Linie eher verschärft als revidiert worden. Die unter den Mitgliedern und Wählern der SPD und der FDP vor der Bundestagswahl 1969 geweckten Erwartungen, daß eine SPD-FDP-Koalition den Rüstungsetat einfrieren und allmählich senken, die militärische Konzeption zum Defensiven hin verändern, auf atomare Trägerwaffen verzichten und Vereinbarungen über Rüstungsbeschränkungen in Mitteleuropa anbahnen werde, haben sich in keinem Punkt realisiert. Die Schmidt-schen Pläne zur schrittweisen Umstellung der Bundeswehr auf eine Berufsarmee ändern hieran nichts.

Es wäre falsch, die Person des Bundesverteidigungsministers außer Betracht zu lassen, wenn man den Gründen für diesen Widerspruch nachgeht. Offensichtlich repräsentiert Helmut Schmidt die politischen Ambitionen rechter Gruppen innerhalb der SPD und militärpolitisch-gesellschaftspolitischer Interessenten außerhalb der SPD; gerade über das Wehrressort realisieren sich bestimmte Korrektivabsichten gegenüber dem Kurs Brandt/Wehner. Solche Differenzen innerhalb der führenden Regierungspartei können freilich nicht personalisierend erklärt werden. Helmut Schmidt kann die Politik, an der ihm persönlich gelegen ist, nur deshalb in die Regierungspolitik einbringen, weil diese Politik mächtige Bastionen in der Gesellschaft der Bundesrepublik hat, deren Dominanz nicht durch Koalitionswechsel erschüttert werden kann.

Die Jungsozialisten in der SPD haben in einer Entschließung ihres Bundeskongresses (München, Dezember 1969) den hier gemeinten Zusammenhang wie folgt angedeutet: „Die Machtzusammenballung beim militärisch-industriellen Komplex, der Einfluß der Rüstungsindustrie auf die Verteidigungspolitik und den ständig steigenden Rüstungsetat sind in den USA zu einem stark kritisierten Problem geworden. Die Berufung des Thyssen-Generaldirektors Mommsen zum Staatssekretär im Verteidigungsministerium macht den zunehmenden Einfluß der Rüstungsindustrie auch in der Bundesrepublik deutlich. Die Förderung dieser Entwicklung durch Helmut Schmidt bedeutet eine Aufgabe sozialdemokratischer Prinzipien." (Am Rande sei vermerkt, daß die Staatstätigkeit Mommsens in mehrfacher Hinsicht symptomatisch ist; Mommsen „dient" dem Staat unbezahlt, sein Gehalt kommt weiterhin von Thyssen, und er bringt rüstungswirtschaftliche Erfahrungen aus seiner Arbeit im NS-Ministerium Speer mit. . .)

Das von den Jungsozialisten skizzierte Problem ist nicht einmal den Freien Demokraten, die wohl kaum im Verdacht marxistischer Analyse stehen, entgangen. Auf einer wehrpolitischen Tagung der FDP in der Theodor-Heuss-Akademie in Gummersbach im Januar 1970 wurde formuliert, es gelte, die „Gefahrengrenze" zu markieren, wo „ständig anwachsende Rüstungspotentiale eine Schwelle überschreiten, jenseits derer sie die politische Kontrolle erschweren". So zurückhaltend diese Formulierung auch sein mag, sie beschreibt als Frage exakt die Situation, in der sich „gutwillige" SPD- und FDP-Politiker zu ihrer eigenen

Überraschung befinden. Niemand konnte von der neuen Regierung erwarten, daß sie spektakuläre Maßnahmen unilateraler Abrüstung durchführen werde. Es hat jedoch unter den Anhängern der gegenwärtigen Bonner Regierungskoalition Erstaunen ausgelöst, daß im Staatshaushalt der Rüstungsetat nicht nur nicht leicht gesenkt oder storniert, sondern sogar laufend erhöht wird. Der SPD-Bundestagsabgeordnete Bußmann z. B. hat befriedigt festgestellt, die Steigerungsrate des Wehretats in der BRD könne sich „im internationalen Vergleich sehen lassen" (*Die Zeit*, 10.7.71).

Es ist nicht zu sehen, wie innerhalb der staatsfinanzierten „Gemeinschaftsaufgaben" neue Prioritäten zugunsten der Bildungs- und Sozialinvestitionen gesetzt werden können, wenn der Rüstungsetat tabu bleibt oder sogar weiterhin gesteigert wird. Selbst Bundeswissenschaftsminister Leussink, dem man gewiß alles andere als antimilitaristische Neigungen nachsagen kann, hat resignierend auf das Mißverhältnis (im Bundesetat 1972 24,2 Milliarden für die Rüstung, dagegen nur 5,2 Milliarden für Erziehung und Bildung) hingewiesen, wobei wiederum offen bleibt, welcher Prozentsatz der Bildungsaufwendungen indirekt militärischen Zwecken zugute kommt.

Geht man den Gründen für die Ausweglosigkeit nach, in die sich in dieser Sache die von der SPD geführte Regierung der BRD verstrickt hat, so ist zunächst ein kurzes Resümee der rüstungswirtschaftlichen Entwicklung in der Bundesrepublik nützlich.

Der Beginn und die erste Phase der Aufrüstung der Bundesrepublik scheinen ohne Zusammenhang mit ökonomischen Interessen. Die restaurierte wirtschaftliche Machtelite Westdeutschlands trat keineswegs etwa als Verfechterin eines möglichst hohen Rüstungsetats auf; Unternehmerverbände und Unternehmerpresse in der Bundesrepublik äußerten sich damals eher skeptisch oder warnend gegenüber rüstungswirtschaftlicher Produktion. Dieses vordergründige Bild, dessen ursächlicher Zusammenhang mit der damaligen wirtschaftskonjunkturellen Lage und der mißtrauischen Einstellung westlicher Staaten gegenüber einer westdeutschen Rüstungsindustrie leicht zu erkennen ist, darf nicht darüber hinwegtäuschen, daß die politische Führung der Bundesrepublik gerade mit der Aufrüstung und ihren Konsequenzen in entscheidender Weise langfristige und strukturelle „gesamtkapitalistische" Interessen realisierte.

Seit etwa 1955 und massiv seit dem konjunkturellen Einbruch im Jahre 1966 setzte sich ein solches langfristiges gesamtkapitalistisches Interesse auch in energische kurzfristige Einzelinteressen wichtiger Unternehmergruppen um. Der Berichterstatter des Verteidigungsausschusses des Deutschen Bundestages erklärte am 13. Juni 1967: „Schließlich ist in der gegenwärtigen Konjunkturlage darauf hinzuweisen, daß der Verteidigungshaushalt eine große binnenwirtschaftliche Bedeutung hat. Von den gut 4 Milliarden DM für Rüstungsbeschaffung bleiben immerhin 2,5 Milliarden im Inland und kommen notleidenden Industriezweigen zugute." Die zu dieser Zeit klar hervortretende Tendenz, auch auf dem lange Zeit „vernachlässigten" Sektor der Rüstungsindustrie eine gewisse Autonomie gegenüber der Wirtschaft der USA zu gewinnen, wurde auch im Jahresbericht des Deutschen Industrie- und Handelstages 1966 deutlich, wo gefordert wurde, die Bundesregierung müsse dafür sorgen, daß „im Rahmen eines atlantischen Bündnisses die europäischen Staaten ihr Territorium nach einer Übergangszeit aus eigenen militärischen, finanziellen und wirtschaftlichen Kräften verteidigen können. Die europäische Rüstungswirtschaft muß sich zu diesem Zweck auf allen Gebieten moderner Rüstung betätigen. . ."

In den Jahresberichten des Bundesverbandes der Deutschen Industrie (BDI) läßt sich die Steigerung der Argumentation in Sachen Rüstungswirtschaft exakt ablesen. Während 1967 moniert wurde, „daß eine der größten Industrienationen sich den Hauptteil des Großgeräts für ihre Streitkräfte in anderen Ländern beschaffen muß", wurde 1968 bereits eine „Unterstützung der Wehrtechnik" gefordert, die „nicht nur von fiskalischen Gesichtspunkten ausgehen sollte", d. h. die Argumentation verlagerte sich nun auf die höhere Ebene der technologisch-strukturellen Konkurrenzfähigkeit der Volkswirtschaft durch staatlich finanzierten Ausbau des privatwirtschaftlichen Rüstungssektors.

Die Militärpolitik der Minister Strauß, von Hassel und Schröder kam diesen industriellen Interessen eifrig entgegen. Von der Öffentlichkeit zunächst kaum bemerkt, entwickelte sich in den Jahren ab 1966 in enger Kooperation von staatlicher Militäradministration und privatwirtschaftlichen Rüstungsplanern ein neues rüstungsindustrielles Engagement in der Bundesrepublik, wobei sich die rüstungswirtschaftliche „Pause" nach 1945 technologisch zum Teil durchaus vorteilhaft auswirkte. Heeresinspekteur Schnez lobte (anläßlich der Vorstellung des von der Rheinstahl-Henschel AG gebauten neuen Schützenpanzers) im Mai 1969 den raschen technischen Aufschwung der eigenen Rüstungsfertigung in der Bundesrepublik und fügte hinzu: „Die deutsche Industrie knüpft an eine große Tradition an." Der Rüstungsindustrielle Bölkow, der „Senkrechtstarter" im westdeutschen Rüstungsgeschäft, hatte bereits Ende 1968 verlangt, daß man in der westdeutschen Luft- und Raumfahrtindustrie zu „amerikanischen Größenordnungen" kommen müsse, eine Forderung, die nach Bölkows Verständnis nur auf rüstungswirtschaftlichem Wege realisierbar ist. Inzwischen sind Firmen wie Siemens, AEG, Flick, BASF, Rheinmetall, Krupp, Messerschmitt-Bölkow-Blohm, Rheinische Stahlwerke, Thyssen, Quandt, Klöckner, MAN, VFW-Fokker, Dornier, Diehl u. a. in großem Umfange in die Rüstungsproduktion eingestiegen. Insbesondere die technologisch fortschrittlichen Industriezweige (Elektronik, Chemie, Raketentechnik, Luft- und Raumfahrt, Fahrzeugbau, Schiffbau, Atomenergie) setzen ihre Hoffnungen ins Rüstungsgeschäft und in dessen „technologischen Abfall". Langfristig spielt dabei offensichtlich auch die Kalkulation mit, über die zunehmende Integration zu westdeutsch dominierten westeuropäischen Produktionseinheiten zu kommen, um auf dem Sektor der militärisch verwendbaren Kernenergie die jetzt der Bundesrepublik auferlegten Beschränkungen überspielen zu können, eine politisch-ökonomische Linie, die gerade Strauß seit Jahren unbeirrbar verfolgt.

Die Bundeswehr bezieht ihre Rüstungsgüter inzwischen zu mehr als 70 % von inländischen Unternehmen. Die personelle Verflechtung zwischen (ehemaligen) Militärs und privater Industrie oder Repräsentanten der Privatwirtschaft und dem Verteidigungsministerium wird immer enger.

In diesem Zusammenhang ist es bemerkenswert, daß der Anteil der Rüstungsinvestitionen im Rüstungsetat der Bundesrepublik immer mehr ansteigt (er liegt heute bei etwa 25 %). Damit werden Kapazitäten geschaffen, die schon aus den Zwangsläufigkeiten der privatwirtschaftlichen Kapitalverwertung heraus nach zunehmender Beanspruchung durch Produktionsaufträge verlangen und damit eine Eigengesetzlichkeit erhalten, die bei einer bestimmten Größenordnung innerhalb des gegebenen ökonomischen Systems die Rüstungssteigerung irreversibel zu machen droht.

Die strukturellen Vorteile, die in einer kapitalistisch organisierten Wirtschaft bestimmte Unternehmungsgruppen aus einem starken Rüstungssektor, wie er sich nun auch in der Bundesrepublik entwickelt, zu ziehen vermögen, sind längst auch nicht-marxistischen Politikern und Ökonomen als gesellschaftliches Problem bewußt. J.K. Galbraith hat diese Vorteile folgendermaßen skizziert (dabei freilich den Kapitalismus neutralisierend als „Industriesystem" oder „Technostruktur" bezeichnet): „Der Staat sorgt für langfristige Verträge... Es gibt kein Risiko der Preisfluktuation. Gegenüber jeder Veränderung in der Nachfrage wird voller Schutz gewährt. Sollte ein Vertrag gekündigt werden, so wird das Unternehmen in voller Höhe seiner Investitionen entschädigt. Keine anderen Produkte als Rüstungsgüter lassen sich von der Technostruktur mit ähnlicher Gewißheit vorausplanen. Da Planung unvermeidlich ist, haben natürlich Umstände besonderen Reiz, wo man sie lückenlos durchführen kann."[2]

Galbraith, hier stellvertretend für viele andere zitiert, hat sehr wohl erkannt, daß solche Mechanismen speziell des Rüstungsgeschäfts einen Grundwiderspruch des staatlich verschränkten Hochkapitalismus überdecken: „Dies . . . verleiht ferner der für die Autonomie der Technostruktur so wichtigen Überzeugung Glaubwürdigkeit, daß eine tiefe Kluft staatliches und privates Wirtschaften trenne. Würde man zugeben, daß die Funktion des Staates in einer Anpassung an die Erfordernisse des Industriesystems besteht, so könnte man dieses Industriesystem nicht länger als eine unabhängige Ganzheit betrachten. Tatsächlich hat sich aber ... die moderne Beschaffungspolitik für militärische und ähnliche Zwecke weitgehend den Erfordernissen des Industriesystems angepaßt. . ."[3]

Die Vorzüge, die das Rüstungsgeschäft privatwirtschaftlichen Unternehmern bietet, liegen längst nicht mehr nur in den günstigen Möglichkeiten der Preis- und Kostenkalkulation, der Ausschaltung partieller Marktmechanismen und den daraus resultierenden Begünstigungen in der Kapitalverwertung, die sich ja gerade in diesem Fall auf eindeutige, noch dazu von der Gesamtheit der Bürger über den Staatsetat finanzierte Verschleißproduktion unter dem Anschein gesamtgesellschaftlicher Legitimation („Sicherheitskosten") mit Extraprofiten einstellen kann.

Vorteilhaft ist darüber hinaus die Tatsache, daß speziell im Rüstungsgeschäft — und in diesem Ausmaß nur hier — ein Problem überbrückt werden kann, das ansonsten leicht an die Grenzen des Hochkapitalismus führen könnte. Im Zuge der technologischen Entwicklung, des Fortschritts der Automation und des damit verbundenen enormen Anwachsens der wissenschaftlichen Vorleistungen für die Produktion (Forschungs- und Entwicklungskosten) hat private Kapitalverwertung, mag sie auch in immer stärker konzentrierten Kapitaleinheiten sich vollziehen, staatliche Finanzierung solcher Vorleistungen zur Bedingung. Je mehr aber diese „Sozialisierung" der Vorkosten und auch der Folgelasten privater Produktion und privater Kapitalvermehrung ins Bewußtsein der Majorität der Bevölkerung tritt, desto stärker ist die Legitimationsbasis der Privatwirtschaft und damit des gegenwärtigen politisch-ökonomischen Systems gefährdet. Genau dieses Risiko für den staatlich verschränkten Hochkapitalismus wird im Rüstungssektor umgangen, indem hier unter dem Anschein militärischer Notwendigkeiten und in der damit verbundenen Geheimhaltung generell verwertbare wissenschaftlich-technische Vorleistungen der privaten Unternehmen durch den Steuerzahler finanziert werden. Öffentliche Subventionierung des Forschungs- und Entwicklungsaufwandes privater Produktion läßt sich im Rüstungsgeschäft wie in keinem anderen Produktionszweig realisieren und zugleich ideologisch kaschieren.

Die rüstungswirtschaftliche Ausrichtung der Forschung gerade in technologisch fortgeschrittenen Produktionssektoren hat dabei langfristige Struktureffekte für die Prioritäten der Forschung und Entwicklung überhaupt.

Nicht von ungefähr legen die Interessenten an der Aufrechterhaltung der gegenwärtigen Form der Kapitalverwertung äußerstes Gewicht auf das Argument, daß technologischer Fortschritt heute nur über die von Franz Josef Strauß proklamierte „Ehe zwischen Wehrwesen und Naturwissenschaft" zu erreichen sei. In der Formulierung von Strauß: „Die weitgesteckten Forderungen, die eine Armee an ihre Geräte und Waffen stellt, treiben die Industrie vorwärts, geben ihr den Anstoß, in Neuland einzudringen und die Grenzen ihres Könnens immer weiter hinauszuschieben."[4] Konsequenterweise wird daher auch ein wachsender Anteil öffentlicher Wissenschaftsausgaben direkt oder indirekt für militärische Forschung eingesetzt. Nach einer Berechnung von Rainer Rilling[5] ist in der Bundesrepublik innerhalb weniger Jahre der Anteil der Aufwendungen für direkte militärische Forschung im Etat des Bundes auf rund ein Drittel der gesamten Wissenschaftsausgaben angestiegen. Diese Zahl trifft allerdings noch kaum die wirklichen Verhältnisse; im Bundesforschungsbericht selbst wird auf die „weitgehende Überlagerung der Forschungsarbeiten für militärische und zivile Zwecke" hingewiesen. In immer stärkerem Maße sind auch die Hochschulen für wehrtechnische Forschungen eingespannt worden.

Die Behauptung, über die Rüstungsproduktion erst ließe sich die „technologische Lücke" in der Entwicklung der Bundesrepublik schließen und internationale industrietechnische Konkurrenzfähigkeit herstellen und halten, gehört zum offiziellen Argumentationsarsenal der Wehrpolitik (und der Rüstungsindustrie) der Bundesrepublik. In einer Antwort des Bundesverteidigungsministeriums auf eine Anfrage im Bundestag hieß es: „In allen hochindustrialisierten Staaten kommt der durch Forschung auf dem Gebiet der Wehrtechnik eingeleitete technische Fortschritt der Wissenschaft im besonderen und der Volkswirtschaft im allgemeinen zugute. Die extremen Forderungen, die sich der Wehrtechnik im Interesse der Landesverteidigung stellen, haben zur Folge, daß Wissenschaft und Industrie zu Höchstleistungen herausgefordert werden." (18.11.1966)

Nicht anders argumentieren die „*Weißbücher*" des sozialdemokratischen Bundesverteidigungsministers. Auch hier wird auf den „positiven Einfluß auf den technischen Fortschritt" und die „Hebung des technologischen Standes" hingewiesen, die von den „extremen Anforderungen" der Wehrtechnik ausgingen. Wehrtechnisch „anfallende Erkenntnisse" werden nach diesen „*Weißbüchern*" „der deutschen Wissenschaft und Wirtschaft" zugänglich gemacht. Mythologisierungen künftiger „Innovationsfähigkeit", wenn schon nicht des Krieges selbst, so doch wenigstens der Kriegsvorbereitung, dienen der ideologisch-propagandistischen Rechtfertigung einer ganz spezifischen „Innovation", nämlich der weiteren Reproduktionsfähigkeit eines bestimmten politisch-ökonomischen Systems, das an eine seiner Schranken stoßen würde, wenn nicht speziell im Mechanismus der Rüstungsaufträge durch sozialisierte Vorkosten (und Risiken) private Besitz- und Profitstrukturen lebensfähig gehalten würden.

Die volkswirtschaftlich durchaus denkbare Umleitung derart umfangreicher Staatsinvestitionen in andere, produktivere Aufträge und Aufgaben würde die verborgenen „gemeinwirtschaftlichen" Komponenten speziell in der Rüstungsproduktion, darüber hinaus aber im Hochkapitalismus überhaupt offenbar machen und damit die gegenwärtige Legitimationsbasis der privaten Wirtschaftsmacht sprengen.

Der volkswirtschaftliche Stellenwert des Militärs und der Rüstungswirtschaft hat längst auch in der Bundesrepublik (mit rund einem Drittel des Staatsetats) einen Grad erreicht, der nicht einmal in der Vorbereitungszeit auf die nationalsozialistische Expansion gegeben war. Gleichwohl hat die Zahl der direkt oder indirekt für militärische Leistungen eingesetzten Arbeitskräfte in der Bundesrepublik nicht die Relation erreicht, die etwa in den USA seit Jahren vorliegt; die Tatsache, daß in der Bundesrepublik, abgesehen von den rund 650 000 im militärischen Sektor des öffentlichen Dienstes Beschäftigten, nicht mehr als etwa 500 000 Arbeitnehmer direkt oder indirekt rüstungswirtschaftlich beschäftigt sind, wird mitunter als beruhigend angesehen gegenüber den Warnungen vor der übermächtigen volkswirtschaftlichen Potenz des Rüstungssektors.

Auch innerhalb der Linken in der Bundesrepublik wird teilweise die Meinung vertreten, die „rüstungswirtschaftlich orientierte Fraktion des westdeutschen Machtkartells" sei infolge der „Arbeitsteilung" im System der NATO und des technologischen Vorsprungs ausländischer Rüstungskonzerne in ihrem Einfluß außerordentlich beschränkt. Diese Argumentation übersieht zunächst die zunehmende Bedeutung internationaler Rüstungsproduktion als Teil internationaler Kapitalverflechtung und Konzernierung; hier ergeben sich rüstungswirtschaftliche Einflüsse westdeutschen Kapitals, die sich nicht unmittelbar als Eigenproduktion ausweisen. Hinzu kommt, daß in der BRD — vor allem in der Luft- und Raumfahrtindustrie — zivile privatwirtschaftliche Projekte unter Hinweis auf die rüstungsbezogene Teilproduktion der entsprechenden Unternehmen vom Staat gefördert werden, d. h. Rüstungswirtschaft bildet in diesen Unternehmen der Legitimation und der Realität nach die Basis einer staatlich subventionierten Tätigkeit auch in anderen Sektoren der Produktion. In den „Weißbüchern" des Bundesverteidigungsministeriums wird dieser Zusammenhang offen angesprochen. Die vom Staat finanzierte private Rüstungsproduktion setze, so heißt es im „Weißbuch 1970", wirtschaftliche „Impulse" weit über ihren Anteil an der Gesamtproduktion hinaus frei.

An dieser Stelle ist ein Blick auf strukturelle Veränderungen innerhalb der Rüstung notwendig. Das Schwergewicht der Rüstungswirtschaft verschiebt sich kontinuierlich von der „quantitativen" zur „qualitativen" Rüstung, d. h. auch die Rüstungsproduktion wird weniger arbeitskräfteintensiv, dafür um so mehr forschungs- und entwicklungsintensiv. Dies hat auch Zusammenhänge in der Kapitalverwertung; gerade in der Rüstungsproduktion verspricht nicht etwa „Massenabsatz", sondern vielmehr Intensität des technischen Fortschritts der Produktion den größten Gewinn. Die Rüstungswirtschaft in der Bundesrepublik, die relativ spät in Gang kam, stellte sich rasch auf diese neue Struktur der Rüstung ein. „Qualitative" Rüstung bedeutet aber auch, daß die Auswirkungen der Rüstungswirtschaft auf das Beschäftigungsniveau und damit auf die Konsumsphäre künftig relativ beschränkt bleiben können, eben auf Grund der in der Rüstung besonders hochgradigen Verwissenschaftlichung und Automatisierung. Der vielgepriesene „Stabilisierungseffekt" der kapitalistischen Rüstungswirtschaft wird damit geringer, die volkswirtschaftliche Bedeutung der Rüstung jedoch keineswegs reduziert. Im Gegenteil, bei zunehmendem Stellenwert der wirtschaftlichen Leistungen des Staates für die gesamtwirtschaftliche Reproduktion im Hochkapitalismus und bei zunehmender Relevanz von Forschung und Entwicklung (die wiederum nicht ohne Staatsfinanzierung auskommen), erhält eine Rüstungswirtschaft, die speziell im Staatsetat und speziell im Sektor „Forschung und Entwicklung" dominiert, geradezu eine Schlüsselposition, von der aus die gesellschaftlichen Entwicklungslinien, also die Innovationsrichtungen, entscheidend gesteuert werden können.

Die Möglichkeit, auf die Richtung von Innovationsentscheidungen Einfluß zu nehmen und über beträchtliche Teile der „Produktivkraft Wissenschaft" zu verfügen, bedeutet unter den heutigen technisch-ökonomischen Bedingungen, gesellschaftliche Macht in ihrem Kern zu besitzen. Indem die Rüstungswirtschaft die Hauptrichtungen des „primären" technischen Fortschritts bestimmt, fällt sie auch Entscheidungen für einen Teil des „sekundären" Fortschritts in den nicht-militärischen Sektoren. Da die Rücksichten, die innerhalb des kapitalistischen Systems im zivilen, insbesondere konsumorientierten Wirtschaftssektor bei Forschungs- und Entwicklungskosten auf Preis- und Marktkonstellationen genommen werden müssen, bei der staatlich finanzierten Rüstungswirtschaft entfallen, kann hier das Tempo des technischen Fortschritts ungleich höher, die Planung ungleich langfristiger sein. Gerade die Rüstungswirtschaft bietet angesichts dessen die Chance, technische Innovationspotentiale aufzubauen und doch zugleich das gesamtkapitalistische Interesse zu wahren; der gesellschaftliche Preis, der dafür gezahlt werden muß, ist die Überfremdung der Innovationsrichtung durch Interessen, die den Interessen der Majorität der Gesellschaft nicht entsprechen.

Die stereotyp vorgebrachte Formel, nur als „Abfall" der Rüstungsproduktion und der Rüstungsforschung ließe sich technologischer Fortschritt in zureichendem Maße in Gang halten, erweist sich bei näherer Analyse als interessengesteuerte Unfähigkeit, aus dem Status quo der kapitalistischen Verhältnisse zunächst einmal denkerisch herauszuspringen; zugleich täuscht diese Formel über die Alternativen hinweg, die im Begriff des technologischen Fortschritts liegen, indem sie diesem eine Naturwüchsigkeit verleiht, die im Widerspruch zur realen, jeweils erst gesellschaftlich zustande gekommenen Inhaltsbestimmung des „Fortschritts" steht.

Kritik hieran melden inzwischen auch Wissenschaftler und Politiker an, die dem kapitalistischen System zunächst eher mit Sympathien gegenüberstehen. „Westliche" Naturwissenschaftler schätzen, daß man die zivil nutzbaren wissenschaftlichen Erkenntnisse der militärischen Forschung und Entwicklung bereits für weniger als ein Viertel jener Investitionen gewinnen könnte, die in der Rüstungswirtschaft angelegt sind, wenn man die Forschungsvorhaben direkt auf zivile Zwecke ausrichten würde.

Es bleibt nur der Schluß, daß die vorgeblich so nützliche Innovation der Technologie und der Industrie durch Ergebnisse der Rüstungsforschung die gesellschaftlichen Prioritäten des technischen Fortschritts falsch setzt und daß die Überwucherung des Staatsetats und der Forschung und Entwicklung durch rüstungswirtschaftliche Interessen die humane Zukunft der eigenen Gesellschaft verstellt. Die politisch-ökonomischen Widersprüche des Hochkapitalismus aber, die durch den Mechanismus der Rüstungswirtschaft überbrückt scheinen, sind in Wahrheit nur aufgeschoben und zugleich langfristig verschärft[6].

Die sozialdemokratischen Parteien Westeuropas verfügen zur Zeit weder programmatisch noch praktisch über Ansätze zur Lösung dieser strukturellen Problematik des „industriell-militärischen Komplexes". In den skandinavischen Staaten mag infolge der dort gegebenen „Windschattenlage" diese Problematik zweitrangig sein — in der Bundesrepublik und in Großbritannien ist sie von zentraler Bedeutung für die Ohnmacht sozialdemokratischer Regierungspolitik.

4. Sozialdemokratische Reformpolitik — am Beispiel der Vermögensbildung

Zum Anstieg sozialdemokratischer Wählerstimmen und damit zur Regierungsfähigkeit der Sozialdemokraten in der Bundesrepublik hat nicht zuletzt die zunehmende Unzufriedenheit mit der in Westdeutschland gegebenen Vermögensverteilung beigetragen. Die SPD hat dieser Motivation Rechnung getragen, indem sie das Thema „Vermögensumverteilung" in den Mittelpunkt der gesellschaftspolitischen Seite ihres Reformanspruchs rückte (Sonderparteitag der SPD November 1971).

Erneut angeheizt wurde die Diskussion über dieses Thema durch die im Sommer 1971 veröffentlichten Ergebnisse einer Studie zur „Vermögensbildung der privaten Haushalte in der BRD", die der Bonner Wirtschaftswissenschaftler J. Siebke als Fortschreibung des Krelle-Gutachtens anfertigte. Siebke weist nach, daß die Konzentration des Produktivvermögens in der Bundesrepublik weiter vorangeschritten ist: Während die kapitalkräftige Spitzengruppe von 1,7 % der Haushalte in der BRD im Jahre 1960 über 70 % des Produktivvermögens verfügte, war im Jahr 1966 ihr Anteil bereits auf rund 74 % angewachsen. Man kann davon ausgehen, daß diese Tendenz zur Konzentration in den Jahren seit 1966 (für die im Siebke-Gutachten keine Daten mehr erfaßt werden konnten) sich weiter fortgesetzt hat.

Die Studie Siebkes enthält weitere aufschlußreiche Zahlen: Die durchschnittliche private Vermögensbildung in der BRD im Zeitraum 1950—1969 betrug bei den Rentnern und Arbeitern 6 000 DM, bei den Angestellten 13 000 DM, bei den Beamten 19 000 DM, bei den Selbständigen 121 000 DM. Diese Zahlen geben allerdings insofern noch ein schönfärberisches Bild, als sie (ganz abgesehen von dem bei den Selbständigen im Jahre 1950 bereits vorhandenen Vermögen) den Vermögenszuwachs auf Grund der Wertsteigerung eines schon vorhandenen Besitzes nicht enthalten. Hinzu kommt, daß die Vermögensstatistik, die ja nicht von ungefähr in der Bundesrepublik bisher kaum entwickelt ist, die wirklichen Klassenverhältnisse nicht in den Griff bekommt; als „Selbständige" treten in der Statistik auch kleine Landwirte und Kleingewerbetreibende auf, während hochbezahlte, dem Großkapital engstens verbundene Spitzenmanager unter „Angestellte" rubrizieren. Dadurch werden Vermögensunterschiede sozialer Klassen, die sonst noch weitaus krasser in Erscheinung treten würden, statistisch abgeflacht. Immerhin macht auch diese Statistik die extreme Ungleichheit der Vermögensbildung deutlich genug.

Zusätzliche Informationen ergeben sich aus Untersuchungen des Bundesarbeitsministeriums und des Wirtschaftswissenschaftlichen Instituts der Gewerkschaften: Das Nettoeinkommen von 25 % aller Arbeiterhaushalte in der BRD liegt 1971 unter 800 DM pro Monat. Nicht gestiegen, sondern gesunken ist der Anteil der Lohn- und Gehaltsabhängigen am Volkseinkommen seit 1950. Zwar hat sich die Lohn- und Gehaltsquote innerhalb des Volkseinkommens zwischen 1950 und 1970 von 58,6 auf 67,5 % erhöht, gleichzeitig ist aber der Anteil der Unselbständigen an der Gesamtzahl der Erwerbstätigen von 68,6 auf 82 % gestiegen.

Entgegen den üblichen Beteuerungen, der Autor des „*Kapitals*" sei durch die Entwicklung widerlegt, bestätigen sich also in der westdeutschen Gesellschaft zwei zentrale Marxsche Prognosen: Die übergroße Majorität der Bevölkerung gerät in den Status des Lohn- und Gehaltsabhängigen; Besitz und Verfügungsmacht über Produktivvermögen konzentrieren sich bei einer immer kleineren Schicht.

Schon seit Jahren bieten nun die großen Parteien und gesellschaftliche Gruppen von den Gewerkschaften bis zu Unternehmervereinigungen die unterschiedlichsten Modelle dafür an, wie man diese Vermögenskonzentration „rückläufig" machen und zu einer „gerechteren Vermögensverteilung" kommen könne. Die Vorlage und Diskussion solcher Vermögensbildungspläne, speziell der sogenannten „Vermögensbildung in Arbeitnehmerhand", hat geradezu inflationären Charakter; was von solchen Plänen bisher realisiert wurde, steht freilich in einem bemerkenswerten Mißverhältnis zum publizistisch-propagandistischen Aufwand, der mit diesem Thema getrieben wird.

Versucht man, die Absichten, Ansprüche, realen Möglichkeiten und gesellschaftlichen Wirkungszusammenhänge dieser vielfältigen Varianten der „Politik der Vermögensstreuung" zu analysieren, so dürfte zunächst ein historischer Hinweis nützlich sein: Die in der Bundesrepublik gegenwärtig praktizierten oder diskutierten Modelle der „Vermögensbildung in Arbeitnehmerhand" sind ihrem ideologischen Entstehungszusammenhang nach an einer ganz bestimmten Stelle zu lokalisieren, nämlich bei den christlichen Sozialausschüssen bzw. dem Arbeitnehmerflügel der CDU der Jahre 1948/50. Diesen Gruppen boten sie damals offensichtlich eine Art ideologischer Kompensation für den Verzicht auf jene Sozialisierungsforderungen, wie sie in der CDU der ersten Jahre nach 1945 noch gestellt worden waren und auch im Ahlener Programm dieser Partei noch Eingang gefunden hatten. In dem Maße, in dem die zunächst antikapitalistische Programmatik des Arbeitnehmerflügels in der CDU sich dem in dieser Partei herrschenden

Interesse des privaten Großbesitzes unterwarf und die Arnold, Katzer usw. ihren Frieden mit der Restauration kapitalistischer Besitzverhältnisse machten, entwickelten sie zur Verschleierung dieser Verhältnisse gegenüber den „Arbeitnehmer"-Wählern der CDU und gewiß auch zur Beruhigung des eigenen schlechten Gewissens das Konzept des Volkskapitalismus, konkret: zahlreiche Pläne und Vorschläge für betriebliche Gewinnbeteiligung von „Arbeitnehmern", für Investivlöhne, für Volksaktien, für vermögenswirksame Leistungen an „Arbeitnehmer" usw.

Die Übernahme solcher Pläne durch die Sozialdemokratie folgte, mit einer gewissen Phasenverschiebung, dem gleichen politisch-ideologischen Bewegungsgesetz in der Bundesrepublik.

Systematisches Kennzeichen der seit den 50er Jahren diskutierten und in bescheidenen Ansätzen auch praktizierten Modelle der „Vermögensbildung in Arbeitnehmerhand" ist, daß eine Veränderung der Verteilungsverhältnisse des Volksvermögens nicht mittels der direkten Lohnpolitik einerseits, der Steuerpolitik andererseits versucht werden soll, sondern daß man den Lohn- und Gehaltsabhängigen einen Abbau der Vermögenskonzentration auf drei anderen Wegen verspricht: 1. durch Sparförderung, 2. durch Investivlohn, 3. durch investive Gewinnbeteiligung. Isoliert oder kombiniert finden sich diese drei Grundkonzepte in allen gegenwärtig vorliegenden oder bereits experimentierten Plänen zur Vermögensbildung.

Sparförderung für breitere Teile der Lohn- und Gehaltsabhängigen ist in der Bundesrepublik bisher im wesentlichen durch jene Vermögensbildungsgesetze betrieben worden, die unter dem Begriff „312-" bzw. „624-DM-Gesetz" populär geworden sind. Nach einer Analyse des Bundesarbeitsministeriums wird im Jahre 1971 von den rund 14 Millionen „Arbeitnehmern", die vermögenswirksame Leistungen nach dem 624-DM-Gesetz erhalten, nur jeder zehnte ein „Vermögen" von mehr als 312 DM bilden. Rund ein Drittel der beteiligten „Arbeitnehmer" bildet nur ein „Vermögen" von weniger als 156 DM im Jahr. Dieser minimale Effekt der Vermögensbildungsgesetze ist nicht weiter verwunderlich, wenn man an die oben bereits angedeuteten bescheidenen Einkommensverhältnisse eines erheblichen Teils der „Arbeitnehmer"haushalte denkt. Sparförderungsmaßnahmen setzen nun einmal voraus, daß das Haushaltseinkommen überhaupt Spielraum zum Sparen läßt, was nur bei einem Teil der „Arbeitnehmer" der Fall ist.

Recht sonderbar mutet in diesem Zusammenhang ein Satz an, der sich in dem als besonders progressiv geltenden Vermögensbildungsplan des SPD-Bezirks Hessen-Süd findet. Dort heißt es: „Die Schwierigkeit einer breiteren Vermögensbildung für Arbeitnehmer geht letztlich auf die in diesen Kreisen (!) vorhandene hohe Verbrauchsneigung zurück." Angesichts der faktischen Verteilung der Haushaltseinkommen in der Bundesrepublik fällt es schwer, solche Sätze nicht für baren Zynismus zu halten.

Es ist mit Sicherheit anzunehmen, daß die vermögenswirksamen Leistungen nach dem 624-DM-Gesetz am ehesten jener Gruppe innerhalb der „Arbeitnehmer" zugute gekommen sind, die durch ihre Lohn- und Gehaltshöhe ohnehin schon etwas besser gestellt ist. Auch für diese Gruppe ist allerdings so nicht das zu erreichen, was man — wenn dieser Begriff einen Sinn haben soll — unter „Vermögen" verstehen kann. In der Regel bringt die Sparförderung nach diesem Modell nicht mehr zustande als einen Verfügungsfonds von etlichen tausend Mark, der in der privaten Haushaltsrechnung höchstens als Guthaben für Notfälle oder für gelegentliche aufwendigere Anschaffungen eine Rolle spielen kann; zumal der Geldwertschwund ein solches Sparguthaben real fast zinslos macht.

Insofern kann man bei solchen Regelungen zwar von Sparförderung, nicht aber von Vermögensbildung reden, und die Makrostruktur der Verteilungsverhältnisse wird auf diese Weise nicht einmal angetastet, geschweige denn entscheidend verändert.

Auch solcherart Sparförderung hat freilich ihre problematischen Seiten. Ein erheblicher Teil der Kosten dieser angeblich „vermögenswirksamen" Leistungen wird einerseits auf den Staatshaushalt abgewälzt — und damit auf die Masse der Steuerzahler — auf direktem Wege durch die Staatszuschüsse, auf indirektem Wege durch den Ausfall an Steuern. Andererseits wälzen die Unternehmer Kosten solcher „vermögenswirksamen" Leistungen auf die Preise und damit wiederum auf die „Arbeitnehmer" ab. „Vermögensumverteilung" dieser Art läuft also, auf die Gesamtheit der Lohn- und Gehaltsabhängigen hin betrachtet, im Grunde darauf hinaus, daß der Arbeiter oder Angestellte seine Einkünfte aus der einen Tasche in die andere schiebt — und dabei die Illusion bekommt, auf Kosten der Unternehmer an der Vermögensbildung beteiligt zu werden. Die Unternehmer allerdings erhalten durch die Sparbeträge der „Arbeitnehmer" auf dem Wege über die Banken, Sparkassen usw. zusätzliches, für ihre Interessen aufs angenehmste gestreutes und daher leicht steuerbares Investitionskapital.

Ein Verteilungseffekt wohnt dieser Sparförderung unter dem Anschein der Vermögensbildung höchstens innerhalb der Klasse der Lohn- und Gehaltsabhängigen inne — dies allerdings nicht gerade zugunsten der einkommensschwächeren Schichten in dieser Klasse.

Die Investivlohnpläne sollen nach der Argumentation ihrer Befürworter gegenüber der Sparförderung den volkswirtschaftlichen Vorteil haben, daß sie nicht so leicht die Konsumquote anheben und — da die hier gebildeten „Vermögen" mit längeren Sperrfristen festgelegt werden — die Investitionen nicht schmälern. Die Größenordnung der „Vermögensbildung", um die es bei diesen Konzepten geht, läßt aber ebenfalls jede Hoffnung auf eine mit diesem Wege zu erreichende individuelle Vermögensbildung als unsinnig erscheinen. Praktisch kämen solche Pläne auf eine Politik des Zwangssparens hinaus, die an der Vermögenskonzentration nichts ändert und deren Kosten entweder wiederum auf die Preise abgewälzt oder dem konsumtiven Lohn abgezwackt werden. Dieses Konzept hilft den „Arbeitnehmern" noch weniger als die Sparförderung nach dem zuerst beschriebenen Modell. Außerdem würden durch dieses Konzept zwar die arbeitsintensiven, aber nicht so sehr die kapitalintensiven Unternehmen erfaßt. Und schließlich bietet dieses Modell den „Arbeitnehmern", die so oder so mit einer Minderung ihres real verfügbaren Einkommens die „Vermögensbildung" selbst bezahlen müssen, dafür nicht einmal den Ansatz einer volkswirtschaftlichen Verfügungsmacht, wie sie im konzentrierten Besitz an Produktivvermögen begründet liegt; die großen Banken und Unternehmen würden über das Streukapital dieser Art nicht weniger souverän verfügen als schon bisher über das Kapital der Kleinaktionäre.

Die investive Gewinnbeteiligung, soweit sie an den Rahmen des Betriebs oder des Unternehmens gebunden ist, hat demgegenüber lediglich den Vorteil, daß sie nicht nur arbeits-, sondern auch kapitalintensive Unternehmen erfaßt; im übrigen weist sie alle Nachteile des eben geschilderten Modells auf. Wo die Unternehmer solche Pläne betrieblicher Gewinnbeteiligung, die dann wieder im Betrieb investiert werden soll, propagieren, betonen sie in aller Eindeutigkeit, daß die „Arbeitnehmer" nur als „stille Gesellschafter" erwünscht sind, d. h. als unternehmenspolitisch machtlose Kleinkapitalgeber.

Bieten demgegenüber die Vorschläge für eine überbetriebliche investive Gewinnbeteiligung Möglichkeiten einer wirklichen vermögenspolitischen Strukturreform? Pläne dieser Art sind seit längerem in der SPD diskutiert worden. Sie zielen darauf ab, daß die Unternehmen von einer bestimmten Größenordnung an einen Teil ihrer Gewinne an Fonds oder Stiftungen abführen sollen, über die dann die „Arbeitnehmer" — mit oder ohne eigene Einzahlungen — per Anteilschein bzw. Beteiligungspapier verfügen, wobei — in diesem Punkt wieder variierend — die Beteiligungen mittelfristig oder sogar langfristig investiv festgelegt sind, also nicht in persönlichen Verbrauch umgesetzt werden können. Das Kapital dieser Fonds soll dabei vorwiegend Investitionen im Bereich der „Gemeinschaftsaufgaben" (Infrastruktur usw.) zugute kommen, in denen die Profitspanne niedrig ist...

In diese Richtung gehen auch die Vorschläge des SPD-Bezirks Hessen-Süd und der Jungsozialisten in der SPD, wobei die letzteren solche Fonds als ersten Schritt zur Ablösung kapitalistischer Eigentums- und Verfügungsmacht betrachten. In der Realität hat dieses Modell aber nur dann eine Chance, wenn es auf das Gegenteil antikapitalistischer Effekte hinauskommt. Gewinnabgaben in einer Größenordnung, die die Beteiligungsfonds der „Arbeitnehmer" zu einer wirklichen ökonomischen Gegenmacht aufbauen könnten, würden für die Unternehmer den gesellschaftspolitischen Konfliktfall bedeuten. Da kann man also ebensogut gleich die Überführung großunternehmerischer Entscheidungen in ein gemeinwirtschaftliches Entscheidungssystem fordern — die eine wie die andere Forderung ist nur auf dem Wege über eine zur Majorität gewordene sozialistische Massenbewegung durchsetzbar.

Halten sich aber die Pläne für Gewinnabgaben und überbetriebliche Beteiligungsfonds unterhalb dieser Größenordnung und unterhalb gesellschaftspolitischer Systemreformabsichten, so wird der Effekt nicht anders sein als bei Investivlöhnen oder betrieblichen Gewinnbeteiligungen, d. h. die Unternehmer werden die abgetretenen Gewinnteile entweder auf die Preise oder aber per Steuererleichterungen abwälzen. Die scheinbar begünstigten „Arbeitnehmer" würden diese Begünstigungen dann über erhöhte Preise, über zusätzliche Steuern oder über verminderte soziale Leistungen des Staates bezahlen müssen. Diesem Modell entsprechen auch die Vermögensbildungspläne der sozial-liberalen Rerierung (Gewinnabgaben der Großunternehmen höchstens 10 % des steuerpflichtigen Jahresgewinns). Sie sind weder verteilungs- noch mitbestimmungsrelevant. *Die Welt* als Sprachrohr unternehmerischer Interessen hat zu den Vorschlägen für Gewinnabgaben in dankenswerter Klarheit festgestellt: „Entweder wird die Abgabe über den Preis abgewälzt, oder sie schmälert den Gewinn, was wiederum negative Folgen für die Investitionen haben kann." Hier ist man sich der wahren Machtverhältnisse in der Bundesrepublik bewußt: die sozial-liberale Regierung wird und kann einen Investitionsstreik der Großunternehmen nicht riskieren. . .

Das Resümee einer kritischen Durchsicht der vielfältigen Konzepte für eine „Vermögensbildung in Arbeitnehmerhand" sieht demnach so aus: Soweit diese Konzepte irgendeine Aussicht auf Realisierung haben, sind sie weder in der Lage, dem beteiligten „Arbeitnehmer" wirtschaftliche „Unabhängigkeit" oder „Sicherheit" durch Vermögen zu verschaffen, noch können sie die Konzentration des Produktivvermögens und die damit verbundene gesellschaftspolitische Verfügungsmacht antasten oder auflösen. Selbst als Maßnahmen der Sparförderung bleiben die sogenannten Vermögensbildungskonzepte problematisch.

Dennoch sind die diskutierten und auch die praktizierten „Vermögensbildungs"-Pläne nicht ohne Effekt für die gesellschaftliche Situation der Lohn- und Gehaltsabhängigen. Dieser Effekt ist in einer Richtung zu suchen, die der durchaus bürgerliche Volkswirtschaftler Carl Föhl folgendermaßen angedeutet hat: „Hauptsächliche Urheber der Erfindungsflut in Sachen Vermögensbildung sind neben den Politikern aller Richtungen, denen die ‚gerechte Verteilung der Vermögen' ein willkommener Werbeslogan ist, gerade die Begüterten, denen etwas genommen werden soll. Sie sind beim Pläneschmieden die eifrigsten — um Schlimmeres zu verhüten. Wir dürfen uns deshalb nicht wundern, wenn die meisten ‚Umverteilungspläne' so konzipiert sind, daß sie zu bloßen Scheinerfolgen führen, jedoch letzten Endes verteilungsunwirksam bleiben. Den Politikern genügt das, und den Blitzableiterstrategen ist es gerade recht."[7] Was hier als Blitzableiterstrategie beschrieben ist, wurde auf dem Wirtschaftstag der CDU/CSU im Jahre 1969 so ausgedrückt: „Der Interessengegensatz zwischen Kapital und Arbeit soll in die Brust jedes einzelnen gelegt und dadurch als sozialer Konflikt beseitigt werden." Oder, in der Diktion der *Welt am Sonntag* (und in Untertreibung der wirklichen Differenz): „Wenn jeder Bundesbürger eines Tages ein selbst gebildeteş Vermögen von über 100 000 DM hat, wird er vielleicht leichter verschmerzen, daß einige wenige 100 mal 100 000 DM haben. . ." (*Welt am Sonntag*, 25.7.1971)

Die derzeit führenden Wirtschaftspolitiker der SPD haben sich solchen Zwecksetzungen der Vermögensbildungspläne längst angeschlossen. Der heutige SPD-Politiker Philipp Rosenthal hatte bereits 1966 im *Handelsblatt* (10.11.1966) geschrieben: „Die Eigentumsbildung in der Hand der Arbeiter kann nicht . . . den Politikern überlassen bleiben, wenn das Unternehmertum seinen Führungsanspruch behaupten will." Bundesminister Schiller schlußfolgerte: „Gerade der Arbeitnehmer mit einem gewissen Vermögen wird . . . allergischer auf Pläne zur Verstaatlichung und Vergesellschaftung reagieren."[8] Konsequenterweise definiert denn auch der Regierungsbericht 1971 über die Vermögensbildung diese als ein Instrument zur „Stabilisierung einer Wirtschafts- und Gesellschaftsordnung, die maßgeblich auf dem Privateigentum auch an Produktionsmitteln beruht".

Selbst in den Gewerkschaften werden solche Auffassungen über die Funktion der Vermögensbildungspläne vertreten. In einer Gewerkschaftszeitung fand sich gar dieser nun wirklich groteske Appell an die vermögensbildnerische Geduld der Arbeitnehmer: „Auch die Krupps sind nicht von heute auf morgen zu Multimillionären geworden."[9] Georg Leber, einer der eifrigsten Befürworter des Investivlohnes, hat zu Zeiten seiner gewerkschaftlichen Tätigkeit immer wieder beteuert, die Bildung von Kleinstvermögen werde die Arbeiter vom Wunsch nach einer strukturellen Änderung des Wirtschaftssystems abhalten können.

In der Tat führt die propagierte oder praktizierte Art der „Vermögensbildung in Arbeitnehmerhand" sozialpsychologisch leicht zu einer Partikularisierung der Lohn- und Gehaltsabhängigen gegenüber der konzentrierten Macht der privaten Konzerne, wodurch die ohnehin schwache Position der „Arbeitnehmer" noch weiter geschwächt wird. Werden vermögenspolitische Maßnahmen über Tarifverträge abgewickelt, so hat dies einen weiteren strategischen Vorteil für den Großbesitz: Der Investivlohn wird dann propagandistisch gegen weitere Konsumlohnforderungen ausgespielt, die Gewerkschaften werden in die Defensive gedrängt. Schon jetzt deutet sich an, daß „vermögenswirksame Leistungen" oder Gewinnbeteiligungen für Arbeitnehmer propagandistisch auch gegen die gewerkschaftliche Forderung nach Ausweitung der Mitbestimmung ausgespielt werden. Im Kern geht es, vom Großunternehmerinteresse her gesehen, darum, durch abgestufte Beteiligung der Lohn- und Gehaltsabhängigen an einer von den „Geförderten" weitgehend selbst finanzierten Sparförderung, die dann fälschlich als „Vermögensbildung" ausgegeben wird, ein „Eigentumserlebnis" zu bewirken, das sozialpsychologisch mit dem bestehenden Wirtschaftssystem versöhnt. Die Illusion des „Volkskapitalismus" soll an die Realität des Monopolkapitalismus binden. Die ständige Diskussion über Möglichkeiten der „Vermögensstreuung" soll darüber hinwegtäuschen, daß unter den in unserer Gesellschaft gegebenen Bedingungen der Trend zur weiteren Konzentration des Produktivvermögens unaufhaltsam ist und über Kleinvermögen weder wirtschaftliche Unabhängigkeit und Sicherheit noch gesellschaftliche Mitentscheidung zu erreichen sind.

Alle vorliegenden oder bereits praktizierten Vermögensbildungspläne lenken das Bewußtsein der „Arbeitnehmer" auf ein Feld der wirtschaftspolitischen Aktivität ab, das längst nichts mehr mit dem eigentlichen Schauplatz sozial-ökonomischer Auseinandersetzungen und gesamtwirtschaftlicher Entscheidungen zu tun hat. Das soziale und wirtschaftliche Schicksal der Lohn- und Gehaltsabhängigen hängt nicht an dieser oder jener Umverteilung der Kleinstvermögen unterhalb des Produktivkapitals, sondern es wird bestimmt durch gesamtwirtschaftlich relevante Investitionsentscheidungen, die heute in der Souveränität der großen Konzerne liegen. Konzentration des Produktivvermögens bedeutet heute Konzentration gesellschaftlicher Verfügungsmacht.

Wer Politik im Interesse der überwiegenden gesellschaftlichen Majorität, also der Lohn- und Gehaltsabhängigen machen will, der müßte durch eine energische Lohn- und eine progressive Steuerpolitik die aktuellen Bedürfnisse dieser Majorität realisieren, auf eine Angleichung der Einkommensverhältnisse innerhalb dieser Majorität hinarbeiten und zugleich das Bewußtsein dafür wecken, daß langfristig im Interesse dieser Majorität die demokratisch nicht legitimierte Souveränität und Macht der privaten Großwirtschaft gebrochen werden muß.

Die Sozialdemokratie Westdeutschlands ist heute von einer solchen politischen Linie weit entfernt. Den Widerspruch zwischen den Erwartungen weiter Teile der Lohn- und Gehaltsabhängigen, eine SPD-geführte Regierung werde der Konzentration des Produktivvermögens in immer weniger Händen entgegenarbeiten, und den Handlungsmöglichkeiten einer Regierung, die es auf Konflikte mit der wirtschaftlichen Besitz- und Machtelite nicht ankommen lassen will — dieses Dilemma versucht die SPD-Führung zu verdrängen, indem sie kräftig an der Verbreitung von Illusionen über „Volkskapitalismus durch Vermögensbildung in Arbeitnehmerhand" mitwirkt. Damit wiederum fundiert sie ideologisch die Machtposition der privaten Konzerne.

5. Sozialdemokratische Mehrheiten und die Souveränität der Konzerne

Würde man der Untersuchung des industriell-militärischen Komplexes oder der Vermögenspolitik die Analyse anderer Probleme gegenwärtiger sozialdemokratischer Politik (wie etwa der Umweltgefährdung, der Bildungsreform, der Betriebsverfassung, der Städteplanung oder des Verkehrswesens) anfügen, so wäre das Ergebnis dasselbe: Die derzeit dominierende sozialdemokratische Strategie ist nicht ohne diesen oder jenen Erfolg im Detail, aber sie stößt strukturell immer wieder an eine harte Grenze ihrer Möglichkeiten. Sozialdemokratische Reformpolitik bleibt überall dort ohne Effekt, wo sie den Interessen der privaten

Großindustrie und des privaten Großkapitals massiv zuwiderläuft, wo sie dem politischen Willen einer gesellschaftlichen Gruppe widerspricht, die auf außerordentlich nachhaltige Weise auch in aktuelle Entscheidungsprozesse der formellen politischen Entscheidungsinstanzen eingreifen kann und deren Einflußnahme überwiegend gerade dort zu finden ist, wo sie sich keineswegs naiv-öffentlich darstellt. Abgekürzt gesagt: Auch bei der Entscheidung über gesellschaftliche Teilprobleme verfügen die privatwirtschaftlichen Machteliten unserer Gesellschaft im Zweifelsfall über eine höhere Souveränität, als eine parlamentarische Majorität oder eine Regierung sie in Anspruch zu nehmen wagen kann. Diese extrakonstitutionelle Souveränität privatwirtschaftlicher Machteliten gegenüber den legalen oder konstitutionellen Entscheidungsinstanzen realisiert sich nur zum geringsten Teil über so konventionelle Einflußmechanismen wie etwa Lobbyismus, Parteienalimentierung oder ähnliches, sie liegt vielmehr darin begründet, daß unter den gegenwärtigen Umständen jede Regierung um ihren Rückhalt in Bevölkerung und Wählerschaft gebracht werden kann, wenn sie dem Willen jener ökonomisch herrschenden Gruppen zuwiderhandelt.

Der sozialdemokratische Bundesminister Schiller hat in der Schilderung des Tatbestandes durchaus recht: Unter den gegebenen Bedingungen lebt eine Regierung nur so lange, als sie die dominierenden Kapital- und Industriegruppen bei Laune halten kann. Schon die Androhung, das Kapital könne die Lust an Investitionen verlieren oder eine Neigung zu Kapital- oder Produktionsverlagerungen in andere Länder verspüren, genügt im allgemeinen, um eine Regierung folgsam zu stimmen. Mit einem Satz: Unter den gegenwärtigen Umständen kann keine sozialdemokratische oder sozialdemokratisch geführte Regierung in der Bundesrepublik (und in ähnlich strukturierten Staaten) jenem Grundgesetz zuwiderhandeln, das zwar nicht in der Verfassung steht, das aber die politische Ökonomie dieser Gesellschaft beherrscht, nämlich dem Gesetz der Kapitalverwertung und Gewinnmaximierung in privater Hand. Dieser Herrschaftsmechanismus funktioniert um so eindeutiger, je stärker sich Kapitalverfügung konzentriert und je intensiver die multinationale Koordination der Konzerne sich entwickelt. Nationalstaatlich organisierte Parlamentsdemokratie wird demgegenüber immer mehr zur Farce.

Der beschriebene Herrschaftsmechanismus hat freilich seine Achillesferse: er läuft nur dann reibungslos ab, wenn die Mehrheit der Bevölkerung keine Einsicht in eben diesen Mechanismus hat (und demzufolge z. B. einer Regierung oder einer Partei die negativen Folgen der Konterstrategien privatwirtschaftlicher Machteliten anlastet).

Hier wird die eigentliche Misere gegenwärtiger sozialdemokratischer Strategie sichtbar. Den in Westeuropa regierenden oder an der Regierung beteiligten sozialdemokratischen Parteien zum Vorwurf zu machen, daß sie „den Kapitalismus nicht stürzen", wäre lächerlich; für einen solchen Versuch, die „Machtfrage zu stellen", sind zur Zeit nicht die mindesten Voraussetzungen gegeben. Weder verfügt die sozialistische Bewegung in Westeuropa über eine hinreichende Majorität (schon gar nicht in der Bundesrepublik); noch ist die internationale Solidarität der Linken so weit entwickelt, daß sie der multinationalen Macht der Militärs und der Monopole Paroli bieten könnte; noch sind die Umrisse einer sozialistischen Systemalternative zu hochentwickelten kapitalistischen Gesellschaften und die Kalkulation der Strategie und der „sozialen Kosten" eines Systemwechsels auch nur annähernd exakt genug durchdacht, um die Massen gewinnen zu können. (Dies trifft übrigens auf die „anti-revisionistische" Linke ebenso zu wie auf die Kommunisten oder Sozialdemokraten.)

Das Versagen der gegenwärtig dominierenden sozialdemokratischen Politik liegt vielmehr darin, daß sie nicht sagen will oder nicht mehr zu sagen weiß, *weshalb* ihre Reformabsichten an Grenzen stoßen und *wo* jene Souveränität zu finden ist, die demokratische Entscheidungsinstanzen mühelos zu überspielen imstande ist. Nur eine Partei, die in diesem Punkt Klarheit verbreitet, hat längerfristig eine Chance, der Volkssouveränität gegen kapitalistische Interessen Geltung zu verschaffen.

Die Sozialdemokratische Partei Deutschlands hat in den letzten Jahren eine programmatische Entwicklung durchgemacht, die nun, nachdem erste Enttäuschungen über ihre Gesellschaftspolitik sich unter den Wählern ausbreiten, dem eigenen Interesse an Aufklärung im Wege steht. Während in den sozialdemokratischen Programmäußerungen bis 1945 die illegitime politische Macht der privaten Großwirtschaft deutlich beschrieben wurde, während selbst im Godesberger Programm von 1959 noch gesagt wird, daß konzentrierte wirtschaftliche Macht die Staatsgewalt usurpiert, verfahren die jüngeren programmatischen Verlautbarungen des Parteivorstandes der SPD nach der bekannten Devise, daß nicht sein kann, was nicht sein darf, und verschweigen die Existenz der Konzerne und die Konzentration der Verfügung über Produktivvermögen. (Siehe etwa die Stellungnahmen des SPD-Parteivorstandes zum Verhältnis von Sozialdemokratie und Kommunismus sowie zu den Beschlüssen der Jungsozialisten, Frühjahr 1971.)

6. Die Sozialdemokratie als Grenzträger kapitalistischer Herrschaft

Ist demnach die SPD, sind die großen sozialdemokratischen Parteien überhaupt nichts weiter mehr als objektive Agenturen kapitalistischer Interessen? Haben diese Parteien nur noch die Funktion, sozialreformerische oder gar sozialistische Hoffnungen an das bestehende Herrschaftssystem zu binden, also Konfliktpotential zu neutralisieren? Sind sozialdemokratische Regierungen oder parlamentarische Mehrheiten problemlose, vielleicht gar besonders effektive Formen bourgeoiser Herrschaft?

Wer die politischen Vorgänge etwa in Großbritannien oder in der Bundesrepublik näher analysiert, wird zu der Feststellung kommen, daß es hier immer wieder Phasen der ökonomisch-politischen Entwicklung gibt, in denen bei knapper Verteilung der Mehrheiten zwischen sozialdemokratischen und konservativen Parteien führende Gruppen des Kapitals bzw. der Industrie einer sozialdemokratischen Regierung den Vorzug geben — daß aber andererseits dieselben privatwirtschaftlichen Machteliten bei nächster Gelegenheit eben diese sozialdemokratische Regierung wieder aus dem Sattel zu heben trachten, dies bisher meistens mit Erfolg.

Entspringt diese Taktik dem puren Bedürfnis nach Kulissenwechsel, vielleicht auch dem Interesse an der Bestätigung formaldemokratischer Ideologie? Oder resultiert diese wechselnde Vorliebe des Kapitals aus Zwangslagen, in die das Kapital selbst geraten ist und wieder gerät? Wir meinen, daß die zweite Erklärung eher den Sachverhalt trifft. Sowenig die kapitalistischen Systeme Westeuropas knapp vor dem Zusammenbruch stehen (was der unglückliche Begriff vom „Spätkapitalismus" nahelegt), sowenig stellt andererseits dieser hochentwickelte, immer stärker in die Konkurrenz weniger Monopole konzentrierte, immer mehr mit dem Staat verschränkte Kapitalismus ein in sich widerspruchsfreies und von innerer Brisanz gereinigtes Herrschaftssystem dar.

Solange privatwirtschaftliche Machteliten nicht die Lösung ihrer Probleme im Übergang zum Faschismus suchen (und dieser Ausweg steht weder unter allen Umständen zur Verfügung, noch ist er für die Interessen dieser Gruppen selbst gefahrlos), solange müssen sie unter bestimmten Bedingungen einen „Modernisierungsschub", also eine Wahrnehmung längerfristiger gesamtkapitalistischer Entwicklungsinteressen gegen aktuelle kapitalistische Teilinteressen, von einer sozialreformerischen Regierung (und das heißt zumeist: von der Sozialdemokratie) erhoffen. Reformen unter der Regie einer sozialdemokratischen Partei sind aber, vom kapitalistischen Interesse her betrachtet, fast immer mit einem Ambivalenzrisiko beladen. Dieses Risiko liegt nicht einmal so sehr in der — gegenwärtig recht unwahrscheinlichen — Möglichkeit „systemüberschreitender" Reformen, sondern in der Qualifizierung des gesellschaftlichen Anspruchsniveaus und darin, daß sozialdemokratische Regierungspolitik gegenwärtig die Erwartungen der Klasse der Lohn- und Gehaltsabhängigen, die sie als Massenbasis braucht, in bestimmten Fragen eben *nicht* erfüllt — und damit den Blick auf illegitime gesellschaftliche Machtpositionen freilegt.

Andererseits braucht kapitalistische Herrschaft, gerade wenn sie in Legitimationsschwierigkeiten gerät (und dabei die Flucht in die faschistische Lösung nicht wählen kann oder will), eine Erneuerung der Massenloyalität, die am ehesten auf dem Wege über die Sozialdemokratie denkbar ist. Die Stärkung der Sozialdemokratie und machtpolitische Konzessionen an diese können wiederum an einen für das Kapital riskanten Punkt führen, wo die Erörterung sozialstruktureller Alternativen eine Massenbasis erhält.

Insofern kann die Funktion der sozialdemokratischen Parteien in

Großbritannien, der Bundesrepublik, Skandinavien und Frankreich nicht als die eines fixierten, stabilen Integrationsinstruments, sondern sie muß als die eines „Grenzträgers" kapitalistischer Herrschaft definiert werden. Nach Lage der Dinge können in diesen Staaten nur die sozialdemokratischen Parteien den herrschenden Kapitalinteressen eine Massenlegitimation geben — diese Funktion können sie aber wiederum nur dann wahrnehmen, wenn sie sich auf eine soziale Basis stützen, deren Interessen objektiv der kapitalistischen Herrschaft entgegengesetzt sind. Aus dieser paradoxen Situation resultiert die „Doppelgesichtigkeit" der Sozialdemokratie[10]. In einer Formulierung von Wolfgang Abendroth: „Einerseits wird die Sozialdemokratie partiell zur Institution der Stabilisierung des Systems, wie es ist, gerichtet gegen die gleiche Klasse, auf die sie sich stützt. Andererseits bleibt sie auf diese Klasse gestützt, bekommt von da immer wieder Impulse in anderer Richtung und bewegt sich insofern widerspruchsvoll fort."[11]

Die großen sozialdemokratischen Parteien (und in mancher Beziehung parallel zu ihnen einige „reformistisch" operierende traditionell kommunistische Parteien, wie etwa die Kommunistische Partei Italiens, die Kommunistische Partei Spaniens, die schwedische Linkspartei-Kommunisten, teilweise auch die Französische Kommunistische Partei), deren gegenwärtige Politik von „nicht-revisionistischen" Linken in vielen Punkten durchaus zutreffend kritisiert wird, repräsentieren doch andererseits berechtigte soziale und politische Ansprüche der Massen, die von den „nicht-revisionistischen" Gruppen und Parteien oder — auf andere Weise — von den bedingungslos an den Kurs der UdSSR gebundenen kommunistischen Parteien im Wege der Selbsttäuschung als Problem unterschlagen werden.

Weder die eher geschichtsmythologische als historisch-materialistische Beschwörung der „Revolution" als Erlösung von der kapitalistischen Misere noch die Identifikation mit sozialistischen Entwicklungsmodellen, die unter völlig anderen Bedingungen praktiziert wurden oder werden, kann den lohnabhängigen Massen Antworten auf Fragen geben, die sie legitimerweise stellen, nämlich: Wie denn gesellschaftliche Strukturveränderungen so zuwege gebracht werden können, daß die *aktuellen* wirtschaftlichen und sozialen Bedürfnisse des Proletariats nicht etwa im Namen einer historischen Mission desselben übergangen werden, — und auf welche Weise der bürgerliche Parlamentarismus als Verhüllungsform konzentrierter kapitalistischer Herrschaft zugunsten eines demokratischen Entscheidungssystems auch der Ökonomie abgelöst werden kann, ohne daß dabei die positiven Züge des liberalen Systems verlorengehen.

Die Zukunft der Linken in den hochkapitalistischen Gesellschaften wird davon abhängen, ob sie auf diese — wenn man so will: „sozialdemokratischen" — Fragen eine befriedigende Antwort zu entwickeln imstande ist[12].

*Fast die Hälfte
der erwachsenen Weltbevölkerung kann nicht lesen ...*

...dafür liest die andere Hälfte, wie es scheint, um so eifriger. So wuchs die Buchproduktion:

15. Jahrhundert – 40 000 Werke (Inkunabeln)
16. Jahrhundert – 520 000 Titel
17. Jahrhundert – 1,25 Millionen Titel
18. Jahrhundert – 2 Millionen Titel
19. Jahrhundert – 8 Millionen Titel

Heute werden allein in der Bundesrepublik in einem einzigen Jahrzehnt etwa 200 000 Titel aufgelegt.

Während im 16. Jahrhundert, einer englischen Quelle zufolge, neben dem Klerus nur Gelehrte und Ärzte in geringer Zahl Bücher besaßen, sind die Bücherwürmer heute kaum noch zu klassifizieren. Das Taschenbuch hat das Bücherlesen endgültig «demokratisiert». Zum ersten Male kann man Bücher vom Taschengeld kaufen. Der günstige Preis der Taschenbücher ist zu einem Teil der Werbung zu verdanken – der Werbung für das Taschenbuch und der Werbung im Taschenbuch, wie beispielsweise dieser Anzeige, die Ihre Aufmerksamkeit auf eine vorteilhafte Sparform lenken möchte.

Gerhard Stuby
Bürgerliche Demokratietheorien in der Bundesrepublik

In den politisch-ideologischen Auseinandersetzungen auf der Ebene der Massenkommunikationsmittel (Fernsehen, Rundfunk, Presse, politisches Sachbuch usw.) wie auf der sogenannten „wissenschaftlichen" Ebene der Fachdiskussion gemäß den Spezialisierungen der bürgerlichen Wissenschaft (Ökonomie, Soziologie, Politik, Recht usw.), kann keine Gruppe heute auf den Begriff der Demokratie verzichten. Wenn auch nach wie vor in den bürgerlichen Auseinandersetzungen Demokratie als ein Staatsformenbegriff im Vordergrund steht (z. B. die Diskussion über die effizientere Gestaltung der parlamentarischen Institutionen oder der Vergleich mit den „demokratieärmeren" sozialistischen Demokratien), so läßt sich die verstärkte Diskussion über die Ausdehnung der Demokratie auf andere oder alle Bereiche der Gesellschaft nicht übersehen. Dem korrespondiert eine zunehmende Diskussion um die Planungstätigkeit des Staates, die oft den Demokratieausdehnungsforderungen entgegengestellt wird (Schlagwort: Verwissenschaftlichung der Politik). Beiden Seiten der Diskussion entsprechen Veränderungen in der gesellschaftlichen Wirklichkeit: Die Programmierungsnotwendigkeiten des spätkapitalistischen Systems nehmen zu, der Demokratieanspruch wird größer.

1. Freiheitlich-demokratische Grundordnung und sozialstaatliche Demokratie des Grundgesetzes

Bei den Beratungen des Parlamentarischen Rates zum Grundgesetz der Bundesrepublik Deutschland in den Jahren 1948/49 kritisierte der KPD-Abgeordnete Heinz Renner die Beschränkung auf die sogenannten klassischen Grundrechte. In Wirklichkeit sei man nicht über den Stand hinausgekommen, den „das fortschrittliche Bürgertum sich im Zuge der letzten zweihundert Jahre nach und nach erkämpft hat, also vor allem die Grundrechte, die das Bürgertum in der großen Französischen Revolution sich errungen hat. Ich lege Wert darauf, auf das Alter dieser Grundrechte hinzuweisen, auf die Tatsache, daß in Ihrem Grundgesetz kein einziger neuer Gedanke enthalten ist."[1]

Angesichts der Bezeichnung der Bundesrepublik in Art. 20 GG als demokratischer und sozialer Bundesstaat und in Art 28. Abs. 1 GG als republikanischer, demokratischer und sozialer Rechtsstaat mag diese Einschätzung Renners zunächst erstaunen. Denn immerhin könnte man auf den Gedanken kommen, daß die sozialstaatliche Demokratie einen qualitativen Unterschied gegenüber der bürgerlichen Demokratie früherer Zeiten darstelle und somit einen normativen Anspruch erhebe, „an dem die Massen des werktätigen Volkes besonders interessiert sind"[2].

Vergegenwärtigt man sich aber, daß gegenüber der präzisen Formulierung des Art. 14 Abs. 1 GG: Das Eigentum und das Erbrecht werden gewährleistet, in Art. 14 Abs. 2 GG nur eine sehr vage Gemeinwohlverpflichtetheit des Eigentümers und in Art. 15 GG eine den Gesetzgeber nach herrschender Auslegung nicht verpflichtende Sozialisierungsmöglichkeit gegen Entschädigung besteht und soziale Grundrechte, wie sie immerhin die Weimarer Verfassung enthielt, völlig fehlen, so scheint die Einschätzung Renners real gewesen zu sein[3]. Die in Art. 18 GG gebrauchte Formel von der „freiheitlich-demokratischen Grundordnung" dürfte daher eher die gemeinte Verfassungswirklichkeit treffen als die Formulierung *sozialstaatliche Demokratie*, die insofern mißverständlich ist, als sie in Richtung *demokratischer Sozialismus* oder gar *sozialistische Demokratie* ausgelegt werden könnte. Es verwundert daher nicht weiter, daß die rechtsstaatlichen Elemente der freiheitlich-demokratischen Grundordnung im Grundgesetz besonders ausgebaut sind. Das gilt zunächst für die schon erwähnten klassischen Grundrechte. Sie sind Individualrechte, die lediglich Einzelpersonen gegen andere Einzelpersonen oder gegen den Eingriff des Staates oder der Gesellschaft in ihre isolierte Privatsphäre schützen. Hinsichtlich derartiger Absicherungen konnte schon der junge Marx feststellen: „Keines der sogenannten Menschenrechte geht also über den egoistischen Menschen hinaus, über den Menschen, wie er Mitglied der bürgerlichen Gesellschaft, nämlich auf sich, auf sein Privatinteresse und seine Privatwillkür zurückgezogenes und vom Gemeinwesen abgesondertes Individuum ist."[4]

Im Grundrechtskatalog macht das Grundgesetz beim abstrakten Staatsbürger halt, legt man nur die Lektüre des Textes zugrunde. Nur in Art. 9 Abs. 3 GG, der das Recht einräumt, zur Wahrung und Förderung der Arbeits- und Wirtschaftsbedingungen Vereinigungen zu bilden, spiegelt sich andeutungsweise der reale gesellschaftliche Arbeitsprozeß wider. Auch das dem Bürger gewährte Wahlrecht abstrahiert von den realen gesellschaftlichen Verflechtungen des Individuums im Produktionsprozeß. Der Wahlakt hat noch nicht einmal andeutungsweise mit dem gesellschaftlichen Reproduktionsprozeß zu tun, denn seine politische Effektivität ist vielmals gebrochen und vermittelt (z. B. durch die in Art. 38 GG verwirklichte Repräsentationsidee oder durch die ideologische und partiell reale Trennung von politischer und ökonomischer Ebene, die vor allem auf der privaten Verfügung über die Produktionsmittel beruht, Art. 14 GG)[5].

Demgegenüber rückt die Aufnahme gesellschaftlicher Elemente, etwa die konstitutionell verbürgte Mitwirkung der Parteien bei der politischen Willensbildung (Art. 21 GG) ganz in den Hintergrund, zumal die Funktion der Parteien im parlamentarischen System fein säuberlich von den produktiven Funktionen der Anhänger getrennt ist[6]. Selbst wenn jedoch die genannten Punkte noch nicht ausreichen würden, das Grundgesetz als eine Verfassung zu betrachten, der eine bürgerliche Demokratietheorie zugrunde liegt, spätestens die in Art. 20 Abs. 3 GG festgestellte Teilung der Gewalten würde die Bezeichnung *bürgerliche Verfassung* rechtfertigen[7]. Ihre Abwehrfunktion gegenüber dem absolutistischen Staat in der historischen Genese der bürgerlichen Gesellschaft, die auch heute noch als ihre Legitimierung angeführt wird, vermag schon längst nicht mehr ihre eigentliche Funktion zu verdecken, nämlich durch die Forderung nach Stabilität und Unabhängigkeit der Exekutive und der Justiz die eigentlichen Machtpositionen der Bourgeoisie in der entwickelten bürgerlichen Gesellschaft auch ideologisch unantastbar zu machen und Demokratisierungsimpulse abzuwehren, die über den Inhalt der parlamentarischen Demokratie hinausdrängen. Die Gefahr, daß derartige Impulse nach dem Einzug von Arbeiterparteien in die Parlamente von dort ausgehen können, wird zudem noch zusätzlich durch das konstruktive Mißtrauensvotum des Art. 67 GG abgeblockt. Die bezeichnete Gefahr besteht jedoch im Augenblick in der Bundesrepublik nur latent. Dennoch ist sie ein nicht unwesentlicher Faktor des Abbaues des ohnehin schon per se eingeengten Herrschaftsraumes des bürgerlichen Parlamentes.

Mit Recht werden daher von Fülberth-Knüppel als Grundmerkmal bürgerlichen Demokratieverständnisses auch von heute angegeben:

„1. die Forderung nach einem Höchstmaß an individuellen Freiheits- und Selbstbestimmungsrechten außerhalb des Bereiches der materiellen Produktion;

 2. die Realisierung von politischen Mitwirkungsrechten lediglich als Rechte von summierten Individuen und als Abstraktion von den realen Beziehungen innerhalb der Bewerkstelligung der materiellen Produktion: als Wahlakt zur Entsendung von Repräsentanten, die von ihren Wählern während der Legislaturperiode unabhängig sind;

 3. die stillschweigende Anerkennung fundamentaler Ungleichheit und der Abwesenheit von Selbstbestimmung innerhalb des Bereiches der materiellen Produktion für die Nichtbesitzer von Produktionsmitteln. Voraussetzung dieser Ungleichheit ist das Fortbestehen des Klassengegensatzes zwischen den Besitzern der Produktionsmittel und denen, die lediglich ihre Arbeitskraft zu verkaufen haben. Diese Voraussetzung soll ihrerseits wieder durch die Gewaltenteilung, die dem Demokratisierungsimpuls des parlamentarischen Regimes durch die Stabilität der beiden anderen Gewalten — Exekutive und Judikative — eine Grenze setzt, garantiert werden."[8]

Eine in einem bestimmten Sinne ideologiekritische Untersuchung moderner bürgerlicher Demokratietheorien, nämlich ihre Beurteilung unter dem Gesichtspunkt der möglichen Veränderung der Verhältnisse, die sie widerspiegeln (und zwar nicht nur von der Systemkonkurrenz her), kann bei diesem idealtypischen Ergebnis nicht stehenbleiben.

Zwar ist die Gegenüberstellung von Verfassungsnormativität, nämlich das System der parlamentarischen Demokratie, das innerhalb kapitalistischer Produktionsverhältnisse ein überhaupt denkbares „Höchstmaß an individuellen Freiheits-, Schutz- und Mitwirkungsrechten bietet"[9], und die diesem Konzept zunehmend entgegenstehende Verfassungswirklichkeit notwendiger Teil einer solchen Untersuchung. Darüber hinaus müssen aber die sozialökonomischen Gründe für die auftretenden Diskrepanzen von Verfassungsnorm und Verfassungswirklichkeit aufgezeigt werden. Die Anpassung des Verfassungstextes an die neue Verfassungswirklichkeit (z. B. durch die Notstandsgesetzgebung) sind hierbei nur ein anderer Ausdruck dieser Diskrepanz. Hinzu kommt, daß nicht nur der bloße Verfassungstext des Grundgesetzes die Verfassungsnorm darstellt, wie sie über das Bewußtsein der Betroffenen auf die Verfassungswirklichkeit zurückwirkt, sondern ebenso das in seiner Interpretation zutage tretende Demokratieverständnis bürgerlicher Staatsrechtslehrer, seien sie nun juristisch, politologisch, soziologisch oder ökonomisch in den bestehenden Wissenschaftsinstitutionen spezialisiert. Eine so verstandene Verfassungsnorm spiegelt in ihrer historischen Entwicklung die Realität des modernen Kapitalismus in der Bundesrepublik wider, der auf wachsende Widersprüche in der sozialökonomischen Sphäre zunehmend politisch reagiert. Die unter dem Druck der wissenschaftlich-technischen Revolution erfolgende staatliche, immer stärker in den gesellschaftlichen Reproduktionsprozeß eingreifende Programmierungstätigkeit enthält jedoch Elemente, die über das staatsmonopolkapitalistische System hinausweisen[10].

Das gilt auch für die diese Tätigkeit widerspiegelnden Ideologien, die bürgerlichen Demokratietheorien. Die Darstellung ihrer Entwicklung auf dem Hintergrund der sozialökonomischen und politischen Veränderungen in den Westzonen und der späteren BRD gibt daher zugleich Aufschluß über den Stand der Klassenauseinandersetzungen in den Köpfen der Betroffenen. Die Kenntnis der Theorien der Herrschenden wie die Umsetzung dieser Theorien im Bewußtsein der Beherrschten durch Entwicklung von Gegenideologien, deren Entsprechung mit der Wirklichkeit wiederum vom Stand der Klassenkämpfe abhängt, ist für die ideologische Auseinandersetzung, selbst ein Teil des Klassenkampfes, äußerst wichtig, denn: „Die Menschen machen (zwar) ihre eigene Geschichte, aber sie machen sie nicht aus freien Stücken, nicht unter selbstgewählten, sondern unter unmittelbar vorgefundenen gegebenen und überlieferten Umständen. Die Tradition aller toten Geschlechter lastet wie ein Alp auf dem Gehirne der Lebenden."[11]

Dieser Alp läßt sich nur auf der von Marx und Engels und ihren Nachfolgern entwickelten Basis einer kritischen Wissenschaft beseitigen, eine Gesellschaftstheorie also, die sich selbst als ein Teil des Klassenkampfes begreift, dessen Notwendigkeit sie aus der Analyse der kapitalistischen Verhältnisse her entwickelt.

Die in dieser kritischen Absicht erfolgende Analyse bürgerlicher Demokratietheorien in der Bundesrepublik beschränkt sich im folgenden auf bestimmte Problembereiche. In einem ersten Teil soll nach einer Skizzierung der gesellschaftlichen Entwicklung in den Westzonen nach 1945 und in der BRD bis 1961 der ideologische Ausdruck der ökonomischen Restauration des staatsmonopolkapitalistischen Systems in der

staatsrechtlichen Diskussion zu dem Begriff des Sozialstaates dargestellt werden. In einem zweiten Teil werden verschiedene Varianten
der Theorie der modernen Industriegesellschaft, die die durch die Einwirkung der wissenschaftlich-technischen Revolution qualitativ veränderte Staatätigkeit reflektiert, behandelt. Bestimmte Elemente eines
demokratischen Sozialismus leiten zu einem dritten Schlußteil über, in
dem Ansätze einer sozialistischen Alternative aus einer marxistischen
Kritik am bürgerlichen Technikbegriff abgeleitet werden.

2. Die Verhinderung der antifaschistisch-demokratischen Umwälzung und die Restauration in der BRD von 1945—1961

Durch den Sieg der Alliierten über den deutschen Faschismus schienen
nach dem Krieg zunächst günstige Ausgangspositionen für die Einrichtung des Sozialismus in ganz Deutschland gegeben. Bis tief in das Bürgertum Deutschlands und der westlichen Länder hatte sich die Erkenntnis durchgesetzt, daß eine Wiederholung des Faschismus nur zu
verhindern sei, wenn man seine ökonomischen Voraussetzungen be-
seitige[12]. Vor allen Dingen führende Kreise der deutschen Großindustrie sah man als kompromittiert durch ihre Zusammenarbeit mit der
Nazi-Administration an. Schon während des Krieges hatte ein beson-
derer Ausschuß des amerikanischen Senats unter Vorsitz des Senators
Kilgor eine Liste von 42 deutschen Großindustriellen aufgestellt, die
nach sorgfältigen Untersuchungen als Hauptschuldige am Krieg ange-
klagt werden sollten[13].

Das Potsdamer Abkommen vom 2. August 1945 verpflichtete die
Besatzungsmächte zu einer ganzen Reihe von Maßnahmen, die dem
Ziel der Demokratisierung dienen sollten. Durch die Beseitigung aller
aktiven Nationalsozialisten aus öffentlichen und halböffentlichen
Ämtern und aus ihren verantwortlichen Stellen in wichtigen Privat-
unternehmungen, durch eine antifaschistische und antimilitaristische
Kontrolle über das deutsche Unterrichtswesen, durch eine Demokratisierung der Justiz sowie durch die Entflechtung der Großindustrie
sollte ein Wiederaufbau des deutschen politischen Lebens auf demokratischer Grundlage ermöglicht werden[14].

Daß diese antikapitalistische Grundstimmung bis tief in bürgerliche
Bevölkerungsschichten reichte, zeigen allein schon die verschiedenen
Parteiprogramme bis hin zum Ahlener Programm der CDU, das nicht
umhinkam, diese Stimmungen zu berücksichtigen[15].

Ein dritter, zunächst günstiger Faktor für die grundsätzliche Um-
wandlung der gesellschaftlichen Verhältnisse in Deutschland in Richtung auf eine Demokratisierung war das zu dieser Zeit gegensätzliche
Verhältnis der Alliierten zum deutschen Imperialismus, das die Anti-
Hitler-Koalition mit der Sowjetunion ermöglicht hatte. Wenn es auch
nie Kriegsziel für Länder mit kapitalistischen Gesellschaftsstrukturen
sein konnte, diese Gesellschaftsstruktur in einem anderen Lande zu be-

seitigen, vor allem nicht als Voraussetzung für die Einführung des Sozialismus, so bestand durchaus ein Interesse der westlichen Alliierten, das deutsche Großkapital entscheidend zu schwächen, um seine bedrohende Konkurrenz auf dem Weltmarkt mit allen politischen Implikationen zu beseitigen. Eine Rückführung auf die Stufe des Konkurrenzkapitalismus, dem ein Kleinstaatensystem entsprach, lag also ganz auf dieser Linie, nachdem man sich von weitergehenden Liquidierungsplänen getrennt hatte[16].

Diese günstigen Ausgangspositionen enthielten aber gleichzeitig entgegenwirkende Ursachen. Die Angst der Westalliierten vor dem Erstarken des Sozialismus, die nur zeitweilig zurückgedrängt wurde und nur zögernd und fast widerwillig zur Anti-Hitler-Koalition mit der Sowjetunion geführt hatte[17], mußte über kurz oder lang zu einer Revision der in Potsdam eingeschlagenen Deutschlandpolitik führen. Diese Revision konnte allerdings zunächst wegen des Widerstandes demokratischer Kräfte sowohl in den westlichen Ländern als auch in Deutschland selbst nur zögernd durchgesetzt werden. In der ersten Phase des grundsätzlichen Wandels der Politik wurden daher nur indirekte Mittel angewandt. Es sollten solche Maßnahmen vermieden werden, die einer späteren Restauration im Wege standen (z. B. Enteignungen). Das nur zögernde Zulassen von Parteien und Gewerkschaften in den drei Westzonen lag auf dieser Linie der Politik. Nachdem die Zulassungen nicht mehr zu umgehen waren, versuchten die Militärbehörden durch Förderung sogenannter besonnenerer sozialdemokratischer Elemente die Schwäche der Arbeiterbewegung auszunutzen, um vor allen Dingen den Einfluß sozialistischer Kräfte aus der Widerstandsbewegung zurückzudrängen[18]. Scheinkonzessionen hinsichtlich der Mitbestimmung sollten weitergehende Sozialisierungsforderungen der Arbeiterschaft auffangen, zumindest hinauszögern[19]. Auch in dieser Phase wurde das Potsdamer Abkommen von den Alliierten nur zögernd und in den entscheidenden Punkten letztlich nur scheinbar verwirklicht: Entnazifizierung, Entflechtung der Großindustrie etc.[20]

Bereits mit der Rede des amerikanischen Außenministers James F. Byrnes vom 6. September 1946 kündigte sich die zweite Phase der offenen Restauration an. Die Intervention der Besatzungsmächte, um die Verwirklichung der 1946 und 1947 in Hessen und Nordrhein-Westfalen durch die Verfassungen beschlossenen Sozialisierungen wichtiger Industrien zu verhindern, zeigten die Verschärfung sehr deutlich. Weitere folgenschwere Schritte in dieser Richtung waren der am 1. Januar 1947 erfolgte Zusammenschluß der amerikanischen und der britischen Besatzungszone zur Bi-Zone, die Einführung einer separaten Währung im Juni 1948 im Tri-Zonen-Gebiet. Die der wirtschaftlichen Spaltung folgende politische (23. Mai 1949: Inkrafttreten der vom Parlamentarischen Rat gemeinsam mit den Besatzungsmächten ausgearbeiteten Verfassung des westdeutschen Staates) lag in der Konsequenz dieser Politik.

Die Entwicklung der Bundesrepublik von 1949 bis 1955/56 ist von

Anfang an durch eine starke Kooperation zwischen Großindustrie und Staatsbürokratie gekennzeichnet. Die Einbeziehung des Staates in den gesellschaftlichen Reproduktionsprozeß in dieser Periode ist vor allem auf die Ausnutzung mehrerer günstiger Umstände für einen schnellen konjunkturellen Aufschwung gerichtet. Zwei Besonderheiten kennzeichnen die Entwicklung. Im Unterschied zur Lage nach dem Ersten Weltkrieg kann nur auf der Hälfte des früheren deutschen Staatsgebietes der Kapitalismus restauriert werden. Wenn auch durch das Vordringen des Sozialismus im Weltmaßstab die Einschränkung der privaten Kapitalverwertung eine allgemeine Erscheinung ist, so wurde dennoch das deutsche Großkapital mit diesem Problem durch die Entstehung der DDR am unmittelbarsten konfrontiert. Im Rahmen der ökonomischen und politischen Interessen der westlichen Alliierten erhielt es daher eine besondere politische Stoßkeilfunktion gegenüber dem sozialistischen Block. Diese politische Funktion ausnutzend, wurde der ökonomische Wiederaufbau vor allem mit Hilfe der USA betrieben, zu deren Hauptverbündeten die Bundesrepublik in den folgenden Jahren avancierte.

Um die eigene Stellung auf dem Weltmarkt zurückzuerobern, war eine schnelle Kapitalkumulation notwendig. Die ersten Maßnahmen des Bonner Staates waren daher auf eine forcierte Konzentration von Kapital und Profiten gerichtet. Durch die Währungsreform wurden die Kriegslasten auf die Lohnabhängigen und die kleineren und mittleren Unternehmer abgewälzt. Der nur teilweise zerstörte Produktionsapparat bot gute Profitchancen, die durch einen Lohnstop bei gleichzeitiger Aufhebung des Preisstops begünstigt wurden[21]. Hatte die Währungsreform die sachlichen Vorrats- und Anlagevermögen der kapitalistischen Unternehmen weitgehend unberührt gelassen, während die breiten Schichten der Bevölkerung fast alle ihre Ersparnisse einbüßen mußten, so gewährte das D-Mark-Eröffnungsbilanzgesetz zudem noch die Möglichkeit, die Sachanlagevermögen auf- und überzubewerten[22].

Marshallplan-Hilfe, staatlich erzwungene Umverteilung von Profit (vor allem durch das Investitionshilfegesetz von 1952 und den Lastenausgleichsfonds), besondere Steuermaßnahmen, die eine hohe Selbstfinanzierung der Unternehmen begünstigten, stellen weitere Maßnahmen staatsmonopolistischer Regulierung zur Beeinflussung des Akkumulationsprozesses in dieser Periode dar.

Der staatlich forcierte Konzentrationsprozeß zugunsten des Monopolkapitals führte auch zu einer verstärkten Exportexpansion, die vor allem Anfang der 50er Jahre durch den sogenannten Korea-Boom eine der Hauptstützen der ökonomischen Entwicklung der Bundesrepublik wurde. Der Anteil der BRD am Export des kapitalistischen Wirtschaftsgebietes stieg von 3,6 % im Jahre 1950 auf fast 8 % im Jahre 1956[23]. Ein besonderes staatliches Exportförderungsprogramm ermöglichte und unterstützte diese Entwicklung[24].

Der Beitritt der Bundesrepublik zur Montanunion verschaffte gewissen Zweigen der Schwerindustrie nicht nur günstige internationale Positionen, sondern beseitigte für sie auch die noch aus der Besatzungszeit stammenden Produktionsbeschränkungen.

Die ökonomische Restauration machte sich auch in den politischen Auseinandersetzungen bemerkbar. Auf dem Gebiet der Mitbestimmung mußte die Arbeiterbewegung verschiedene Rückschläge hinnehmen. Zwar konnten die in den Auseinandersetzungen über die Entflechtung der Konzerne erlangten Mitbestimmungsrechte in der Montanindustrie nach Androhung von Kampfmaßnahmen 1951 gesetzlich fixiert werden, als Gegenleistung mußte aber die Integration der Montanbetriebe in die Montanunion hingenommen werden[25]. Eine schwere Niederlage für die Gewerkschaften brachten die Auseinandersetzungen um das Betriebsverfassungsgesetz von 1952. Hier gelang es noch nicht einmal, die Mitbestimmung der Montanunionsbetriebe auf die übrige Industrie auszudehnen. Der Betriebsrat erlangte lediglich ein Mitspracherecht bei personellen und sozialen Entscheidungen, wobei er sich nach § 49 Betriebsverfassungsgesetz am Wohl des Betriebes und am Gemeinwohl zu orientieren hat und an die Friedenspflicht gebunden ist.

Einen gewissen Höhepunkt auf dem Gebiet der politischen Reaktion stellt das KPD-Verbot durch das Bundesverfassungsgericht im Jahre 1956 dar.

Die ökonomische Entwicklung in der Zeit von 1956 bis 1961 unterschied sich von der vorhergehenden Periode besonders dadurch, daß das jährliche Wachstumstempo der Industrieproduktion wesentlich nachließ. Hatte es in der Zeit von 1949 bis 1955 im Durchschnitt rund 20 % betragen, so waren es von 1956 bis 1961 durchschnittlich nur noch rund 7 %. Zum erstenmal zeigten sich in dieser Zeit auch gewisse Krisenerscheinungen in der Wirtschaft[26]. Die zunehmenden ökonomischen Schwierigkeiten führten wohl auch zur Forcierung der zunächst hauptsächlich aus politischen Gründen basierenden Wiederaufrüstung der BRD[27]. Das zeigt sich im Ansteigen der Rüstungsausgaben: Von 3,4 Mrd. DM im Haushaltsjahr 1956/1957 auf 12,4 Mrd. DM im Jahre 1961 für die Bundeswehr. Nimmt man die gesamten direkten Rüstungsausgaben und die indirekten Kosten für die Besatzungs- und Besatzungsfolgekosten, Ausgaben für zivile Verteidigung, Westberlin-Zuschüsse usw. hinzu, so ergibt sich ein Betrag von 60 Mrd. DM, das sind 27,5 % des Bundeshaushaltes[28].

In dieser Zeit machen sich auch die ersten Vorboten der wissenschaftlich-technischen Revolution bemerkbar, die sich allerdings erst nach 1965 voll auswirken sollten. Erste Anzeichen für das neue Phänomen waren tiefgreifende Strukturwandlungen in der Wirtschaft, von denen vor allem der Kohlenbergbau und die Eisen- und Stahlindustrie betroffen waren. Veränderungen in der Energiebasis und in der Rohstoffgrundlage der chemischen Industrie (Ersetzung von Kohle durch Öl), der Einsatz von Plasten und Kunststoffen ließen die genannten Bereiche im Rahmen der Volkswirtschaft an Gewicht verlieren. Neue Zweige nahmen ihren Platz ein, wie die Erdölgewinnung und -verarbeitung, Petrolchemie, bestimmte Teilbereiche der Elektrotechnik und des Maschinenbaues, vor allem der steuer-, meß- und regeltechnische

Apparatebau, die Atomwirtschaft und andere, die einen großen Aufwand an wissenschaftlicher Forschung sowie umfangreiche und im Anfangsstadium oft auch wenig rentable Investitionen erforderten. Diese Entwicklung hat soziale Auswirkungen: Arbeitskräfte werden freigesetzt, der Bedarf an qualifizierten technischen und wissenschaftlichen Kräften wächst.

Durch verschiedene staatliche Maßnahmen (u. a. Forcierung der staatsmonopolistischen Integration auf internationaler Basis: EWG; Ausdehnung des Kapitalexportes durch Entwicklungshilfe; weitere Militarisierung der Wirtschaft etc.) konnten zunächst allzu große negative Auswirkungen vermieden werden. Eine nicht zu unterschätzende Rolle spielt dabei das qualifizierte Arbeitskräftereservoir der DDR, das erst endgültig nach dem Mauerbau im Jahre 1961 versiegte.

3. Rechtsstaat, Sozialstaat, Sozialismus

Die skizzierte sozialökonomische und politische Entwicklung nach 1945 in den Westzonen, ab 1949 in der Bundesrepublik fand ihren ideologischen Niederschlag in verschiedenen Demokratietheorien. Wenn sich die ideologischen Veränderungen im gesellschaftlichen Bewußtsein auch nicht so streng periodisieren lassen wie die sozialökonomischen in der Basis und die politischen im Überbau — wenn zwischen Basis und Überbau im wesentlichen auch Übereinstimmung herrscht, so schließt dies Widersprüche und time lags nicht aus —, so ist dennoch eine gewisse Strukturierung gemäß der Entwicklung in der Basis nicht zu verkennen. Die politische Funktion der Ideologie: Absicherung des staatsmonopolistischen Systems, verlangt eine, wenn auch klassenmäßig verzerrte Wiedergabe der Wirklichkeit.

Im folgenden beschränke ich mich in erster Linie auf juristische, im engeren Sinne verfassungsrechtliche Theorien. Die juristische Betrachtungsweise ist für die genannte Periode ab 1949 spezifisch. Soziologische und politologische Betrachtungsweisen selbst bei Fachpolitologen sind stark zurückgedrängt[28a]. Das korrespondiert mit dem nach wie vor zu dieser Zeit noch ungebrochenen Juristenmonopol in der Verwaltung wie auch in den Führungskadern der Wirtschaft nach Abschluß der Restaurationsperiode[29]. Insofern ist es bezeichnend, daß für den zunächst zu behandelnden Zeitabschnitt zwischen 1945 bis 1949, in dem auch in den Westzonen die Tendenz zur Säuberung des Staatsapparates von Anhängern des Nationalsozialismus noch nicht ganz erloschen war, an der unmittelbaren Geschichte des besiegten Faschismus ausgerichtete politische Demokratietheorien im Vordergrund standen. Erst ab Beginn des Jahres 1947 ist eine zunehmende Enthistorisierung des gesellschaftlichen Bewußtseins zu verzeichnen und damit eine Hinwendung zu juristischen Demokratietheorien.

Es ist schon erwähnt worden, daß nach der militärischen Niederlage des deutschen Faschismus trotz verschiedener Schwierigkeiten zunächst günstige Ausgangspositionen für die grundsätzliche Beseitigung des staatsmonopolkapitalistischen Systems wie für die Einleitung eines Weges zum Sozialismus bestanden[30]. Arbeiter, Angestellte, kleine und mittlere Beamte, große Teile der Intelligenz, aber auch unter dem Monopolkapital leidende Teile der Klein- und Mittelbourgeoisie und der Bauern hatten eine wenn auch wegen der Nachwirkungen nationalsozialistischer Propaganda und tiefsitzender, vor allem durch das Bildungssystem vermittelter bürgerlicher Vorstellungen nur vage Ahnung vom Zusammenhang zwischen Nationalsozialismus und Kapitalismus. Sie waren daher grundsätzlich antifaschistisch und antikapitalistisch eingestellt. Gegen Ende des Krieges war es den angesichts der bevorstehenden militärischen Niederlage in Widerspruch zur nationalsozialistischen Führung geratenen reaktionären Kräften, die in bekannter Zusammensetzung von Monopolkreisen über Vertreter mittel- und kleinbourgeoiser Schichten bis zu Teilen opportunistischer Gewerkschaftsführung reichten, nicht gelungen, einen handlungsfähigen Widerstand zu formieren und die unausweichliche Niederlage in einen zweiten antisowjetischen Feldzug umzuwandeln. Die tonangebende politische Initiative nach dem Zusammenbruch lag daher zunächst bei den der Vernichtung entgangenen Gruppen des wirklich antifaschistischen Widerstandes. Betriebsausschüsse der Arbeiter organisierten vielerorts die Aufnahme der Produktion, Ausschüsse vor allem aus Gewerkschaftlern und Arbeiterparteifunktionären des Widerstandes kümmerten sich um die Versorgung der Bevölkerung. Aktionseinheiten zwischen SPD und KPD, der geplante Zusammenschluß beider Parteien zu einer Arbeiterpartei, Gründung einer Einheitsgewerkschaft, Forderungen nach Entmachtung und Enteignung der Monopolherren, der sich auch CDU-Kreise nicht entziehen konnten, kennzeichnen das politische Klima dieser Zeit[31].

Auf Initiative der KPD reichten am 28.12.1945 KPD, SPD und CDU eine gemeinsame Eingabe bei der Britischen Militärregierung ein, in der es hieß: „Die Generaldirektoren und Hauptaktionäre des Ruhrkohlenbergbaues und der Ruhrschwerindustrie haben nicht nur die Nazi-Partei finanziert, sondern ihr 1933 zur politischen Macht verholfen. Sie sind voll verantwortlich für den Kriegsausbruch, sie gehören zu den schlimmsten deutschen Imperialisten und Kriegsverbrechern."[32]

Die relativ geschlossene antifaschistisch-demokratische Zielsetzung der sich formierenden Arbeiterparteien — Unterschiede gab es zunächst nur über die Strategie des revolutionären Sozialismus als Tagesaufgabe, ein Unterschied, der zunächst gemeinsame Aktionen nicht ausschloß — beeinflußte auch die Gründung und Programmierung der CDU als Partei des Klein- und Mittelbürgertums und der christlichen Arbeiter- und Angestelltenschaft. Am klarsten kommt dieser Einfluß im Kölner

Gründungsaufruf von 1945 zum Ausdruck. Dort heißt es: „Mit dem Größenwahnsinn des Nationalsozialismus verband sich die ehrgeizige Herrschsucht des Militarismus und der großkapitalistischen Rüstungsmagnaten... Das Gemeineigentum darf so erweitert werden, wie das Allgemeinwohl es erfordert. Post und Eisenbahn, Kohlenbergbau und Energieerzeugung sind grundsätzlich Angelegenheiten des öffentlichen Dienstes. Das Bank- und Versicherungswesen unterliegt der staatlichen Kontrolle... Das Ziel der Wirtschaft ist die Bedarfsdeckung des Volkes auf der Grundlage einer freien körperlichen Selbstverwaltung. Die Vorherrschaft des Großkapitals der privaten Monopole und Konzerne wird gebrochen. Privatinitiative und Eigenverantwortlichkeit werden erhalten. Mittel- und Kleinbetriebe werden gefördert und vermehrt."[33]

Daß damit aber keine weitergehende sozialistische Zielsetzung verbunden war, kommt in der theoretischen Begründung dieses Programmes zum Ausdruck, das vom christlichen Naturrecht ausgeht. Zwar ist keine direkte antikommunistische Stoßrichtung vorhanden, jedoch läßt die Betonung der „abendländischen Kultur" wie die Verdammung des „habgierigen Materialismus" eine solche Interpretation zu. In Absetzung vom Klassenkampf-Konzept wird von christlicher Politik als Volksgemeinschaftspolitik gesprochen.

Daß mit „wahrem christlichem Sozialismus" nicht Sozialismus im marxistischen Sinn gemeint war, kommt noch deutlicher in der Staatsfrage zum Ausdruck. Föderalismus, bundesstaatliche Ordnung anstatt demokratischer Einheitsstaat, Prinzip des Rechtsstaates, bürgerliche Gewaltenteilung und Parlamentarismus anstatt Prinzip der Volkssouveränität (Produzentensouveränität), also Staatsformen, die dem Konkurrenzkapitalismus entsprechen und gegenüber dem feudalen Obrigkeitsstaat eine gewisse Progressivität besitzen, gegenüber dem politischen System des Monopolkapitalismus, sozialökonomische Grundlage faschistischer Herrschaftsmethoden, aber machtlos sind.

Dieses widersprüchliche, grundsätzlich, wenn auch nicht in allen Zielsetzungen, nach rückwärts gewandte Programm entsprach dem Bewußtseinsstand breiter bürgerlicher Kreise, aber auch Teilen nicht nur der christlichen Arbeiterschaft. Eine sozialistische Strategie mußte an diesem Bewußtseinsstand ansetzen, wenn sie nicht den Kontakt mit den Massen verlieren sollte. Die Zielsetzung in zwei Etappen, 1. Etappe: antifaschistische Demokratie zur Beseitigung der Monopolmacht, 2. Etappe: Überführung in eine sozialistische Demokratie, wie sie von der KPD verfochten wurde, entsprach dieser objektiven und subjektiven Lage in Deutschland.

Demgegenüber mußte das Programm des demokratischen Sozialismus, wie er von der sich seit Ende 1945 in der SPD allmählich durchsetzenden Schumacher-Gruppe vertreten wurde, von vornherein zum Scheitern verurteilt sein. Vor allem zwei Fehleinschätzungen sollten für die weitere Entwicklung in Deutschland unheilvolle Auswirkungen haben: die zunehmend antikommunistische Ausrichtung der SPD[34], die Fehleinschätzung der politischen Machtfrage.

Rechtsoppositionelle Kreise der SPD in der Weimarer Zeit hatten stets antisowjetische Vorbehalte. Theoretisch beruhten sie auf revisionistischen Anschauungen, die ihre ökonomische Begründung in Veränderungen des Konkurrenzkapitalismus zum staatsmonopolistischen Kapitalismus finden. Gewisse bürokratische Versteinerungen in der Sowjetunion konnten nicht mehr aus ökonomischen Aufbauschwierigkeiten des Sozialismus abgeleitet, sondern nur noch in abstrakte Herrschaftsmechanismustheorien eingebaut werden. Die administrativen Herrschaftsmethoden der Stalin-Ära, bedingt durch vom Westen nicht ungern gesehene ökonomische, durch die Kriegsvorbereitung verstärkte Schwierigkeiten der Sowjetunion, wie das angesichts des erlittenen faschistischen Terrors verständliche, wenn auch nicht zu legitimierende Verhalten mancher sowjetischer Besatzungstruppen gegenüber der deutschen Bevölkerung, hatte die sowieso schon vorhandene antisowjetische Stimmung vor allem in Exil-SPD-Kreisen verstärkt. Hieran konnte Schumacher in seiner scharfen Absetzung von der Sowjetunion im theoretischen Programm der SPD ansetzen. In Verkennung der historischen Leistung der Sowjetunion bei der Niederringung des Faschismus subsumierte er nationalsozialistisches Herrschaftssystem und administrativen Kriegs- und Aufbausozialismus unter den Begriff eines antieuropäischen Totalitarismus, dem er einen an die Tradition der westeuropäischen bürgerlichen Revolution anknüpfenden demokratischen Sozialismus gegenüberstellte. Dieses Demokratiemodell zielte auf einen bestimmten gesellschaftlichen Bewußtseinsstand in der Arbeiterschaft, wie auch in klein- und mittelbürgerlichen Kreisen zu dieser Zeit, der nicht nur antifaschistisch und antikapitalistisch war, sondern eine darüber hinausgehende sozialistische Zielrichtung hatte. Diese wurde auf eine sublime Weise in einen Antikommunismus umgebogen. Daß mit einem solchen Modell latent auch die sozialistische Zielrichtung aufgegeben wurde, sollte sich spätestens beim Godesberger Programm von 1959 zeigen.

Damit war von vornherein ein Aktionsbündnis mit den Kommunisten, geschweige denn eine Vereinigung von SPD und KPD, theoretisch ausgeschlossen. Anstatt die von der faschistischen Propaganda eingebleuten antikommunistischen Vorbehalte in der Bevölkerung abzubauen und damit auch im allgemeinen Bewußtsein einen wirksamen Damm gegen eine mögliche Restauration zu schaffen, wurde so, sicherlich unbewußt, der Grundstein für eine entgegengesetzte Entwicklung gelegt. Zwar erkannte Schumacher im Sommer 1945 richtig, daß „das Monopolkapital Hitler zur Macht verholfen und in seinem Auftrag den großen Raubkrieg gegen Europa vorbereitet und geführt" hat. Der Großbesitz habe damit seine Unfähigkeit erwiesen, Deutschland zu regieren. Hieraus zog er auch die richtige Schlußfolgerung: „Verstaatlichung der Großindustrie, der Großfinanz" und die Aufgliederung des Grundbesitzes[35].

Er ging davon aus, daß der Kapitalismus in Deutschland bereits zusammengebrochen sei und nur noch Restpositionen zu beseitigen seien. Auf dieser Fehleinschätzung dürfte auch seine Verabsolutierung der parlamentarischen Demokratie beruhen. In der Anerkennung demokratischer Spielregeln unterscheide sich der demokratische Sozialismus von der bolschewistischen Diktatur. Eine Linie des Massenkampfes, ausgehend von einer Aktionseinheit der Arbeiterklasse in den Betrieben und Kommunen zu demokratischen Kundgebungen und Aktionen, zu denen durchaus neben anderen Formen nach einer gewissen Anlaufzeit Wahlen im parlamentarischen Rahmen gehören konnten, trat daher nicht oder nur negativ in sein Blickfeld.

Von diesen Prämissen her waren andere, vor allem außenpolitische Zielsetzungen wie z. B. des Potsdamer Abkommens hinsichtlich der Oder-Neiße-Grenze oder seine Europa-Konzeption mit Stoßrichtung gegen die Sowjetunion konsequent.

Seine Konzeption setzte sich nicht nur innerhalb der SPD (auf dem Parteitag von Hannover am 11. Mai 1946) durch, sondern übte auch einen wesentlichen Einfluß auf die Entstehung der Gewerkschaften aus. Die sowieso opportunistischen Vorstellungen zuneigenden Funktionäre aus der Weimarer Zeit sollten sich in der Folge, theoretisch abgestützt durch dieses den Klassenkampf aufgebende Modell, mit ihrer Sozialpartnerschaftstaktik gegenüber Vertretern einer revolutionären Gewerkschaftspolitik durchsetzen. Zunächst mußten sie aber noch in der sich bildenden Einheitsgewerkschaft zurückstehen, deren gesellschaftspolitischer Standort eindeutig antimonopolistisch-demokratisch ausgerichtet war, wie die Programme dieser Zeit zeigen[36].

Auch in den meisten provisorischen Landtagen, Provinziallandtagen bzw. verfassungsgebenden Länderversammlungen in der amerikanischen und französischen Zone kam, wenn auch nicht ein Zusammenschluß, so doch eine Zusammenarbeit von SPD und KPD zustande, wie vor allem die Hessische Verfassung zeigt, die von allen Landesverfassungen dieser Zeit am konsequentesten demokratisch ausgerichtet war. In der wichtigen Frage der Kontrolle von Verwaltung und Rechtsprechung durch den Landtag allerdings verankerte sie das bürgerliche Prinzip der Gewaltenteilung.

Die trotz dieser Erfolge sich immer stärker abzeichnende Spaltung und damit zusammenhängend politisch-ideologische und organisatorische Schwäche der Arbeiterparteien übten neben anderen Faktoren einen negativen Einfluß auf die Sammlungspartei des Klein- und Mittelbürgertums, die CDU, aus. Dort setzten sich die reaktionären Kreise um Adenauer, Lehr und andere Vertreter des Großkapitals immer mehr durch. Konzeptionen in Anlehnung an die katholische Soziallehre und neoliberale Gedankengänge[37] verdrängten allmählich den christlichen Sozialismus mit antimonopolistischer und demokratischer Zielsetzung der ersten Stunde. Es zeichneten sich erste Ansätze der später wirksam werdenden Restaurationsideologie der sozialen Marktwirtschaft ab.[38]

Der Klassenkampf wurde für tot erklärt. An seine Stelle träte die Sozialpartnerschaft. In diesem Rahmen sollten die Werktätigen Rechte der Mitwirkung im Betrieb und im Wirtschaftsgeschehen erhalten und „irgendeine Beteiligung am Ertrag".

Die immer noch vorhandenen antikapitalistischen Stimmungen wurden durch einen neuen Kapitalismusbegriff aufgefangen. Die Auswüchse eines einseitigen Gewinn- und Machtstrebens des alten „liberalen" Kapitalismus wurden verdammt. Ihm wurde ein reformierter Kapitalismus gegenübergestellt, in dem die Ausbeutung — als Verelendung verkürzt — ein Ende habe und damit auch der Sozialismus historisch überholt sei.

Statt Enteignung der Monopolherren wurde eine Neuordnung der Grundstoffindustrien durch gemischt-wirtschaftliche und genossenwirtschaftliche Betriebsformen, als Gemeinwirtschaft bezeichnet, die expressis verbis von der Verstaatlichung abgehoben wurde, propagiert[39]. Daß damit die seit dem Ersten Weltkrieg von Rathenau erprobten Formen staatsmonopolistischer Organisation, wenn auch in mehr oder weniger abgewandelter Art, gemeint waren, kommt in Ausführungen Adenauers auf der Tagung des Zonenausschusses der britischen Zone am 18.12.1946 in Lippstadt unmißverständlich zum Ausdruck: „In Deutschland ist die gemischt-wirtschaftliche Betriebsform seit Jahrzehnten erprobt und angewandt, während man sie in England kaum kennt. In der gemischt-wirtschaftlichen Betriebsart arbeiten die Kapitalisten von Körperschaften des öffentlichen Rechts mit privatem Kapital, wobei die Körperschaften öffentlichen Rechts durch mehrfaches Stimmrecht ausschlaggebend sind."[40]

Ein christlich motivierter Antikommunismus wird nun offen als theoretische Ausgangsbasis herausgestellt.

Das Ahlener Programm der CDU vom Februar 1947 stellt zugleich „Höhe- und Endpunkt des christlichen Sozialismus" dar[41]. Ende 1946/Anfang 1947 hatte sich der demokratische Druck vor allem in den Gewerkschaften verstärkt, die auf der Durchführung von Entflechtungs- und Mitbestimmungsmaßnahmen bestanden. Die Kapitalvertreter mußten auf diese Forderungen eingehen und unterbreiteten sogar selbst den Gewerkschaften Vorschläge zur Einführung der Mitbestimmung der Arbeiter in den Betrieben der Montanindustrie[42]. Die politische Lage schlägt sich auch in den verbalen Zugeständnissen des Ahlener Programms nieder. So heißt es in der Einleitung: „Das kapitalistische Wirtschaftssystem ist den staatlichen und sozialen Lebensinteressen des deutschen Volkes nicht gerecht geworden. Nach dem furchtbaren politischen, wirtschaftlichen und sozialen Zusammenbruch als Folge einer verbrecherischen Machtpolitik kann nur eine Neuordnung von Grund aus erfolgen. Inhalt und Ziel dieser sozialen und wirtschaftlichen Neuordnung kann nicht mehr das kapitalistische Gewinn- und Machtstreben, sondern nur das Wohlergehen unseres Volkes sein. Durch eine gemeinwirtschaftliche Ordnung soll das deutsche Volk eine Wirtschafts- und Sozialfassung erhalten, die dem Recht und der Würde des Menschen entspricht, dem geistigen und materiellen Aufbau unseres Volkes dient und den inneren und äußeren Frieden sichert."[43]

Der Grundsatz der Entmachtung der Monopole aus der Erkenntnis heraus, daß politische Macht auf wirtschaftlicher Macht beruht und einem Mißbrauch dieser Macht nur durch die demokratische Mitbestimmung der Werktätigen begegnet werden kann, mußte angesichts der Massenstimmung auch von den reaktionären Kreisen um Adenauer und Lehr aufgenommen werden. Das gleiche gilt für die Idee, daß die Wirtschaft der Bedarfsdeckung des Volkes zu dienen hat und deshalb eine gewisse Planung und Lenkung durch einen demokratischen Staat unerläßlich sind.

Dennoch gelang es der Reaktion, in den eigentlichen Programmpunkten Verfälschungen und Verwässerungen zu ihren Gunsten zu erreichen. Für die Behandlung der Konzerne sah das Ahlener Programm vor, die ,,nicht technisch, sozial oder wirtschaftlich absolut" notwendigen Konzerne ,,zu entflechten und in selbständige Einzelunternehmungen zu überführen", wobei jedoch eine durch die ,,technische Entwicklung" und für die Konkurrenzfähigkeit gegenüber dem Ausland erforderliche Mindestgröße zu belassen sei. Eine Änderung der Eigentums- und Besitzverhältnisse wurde nur insoweit angestrebt, als lediglich die Unternehmungen monopolartigen Charakters, ,,die eine bestimmte Größe überschreiten müssen", durch Gesetze entkartellisiert und durch Anwendung eines ,,machtverteilenden Prinzips" vergesellschaftet werden sollten. Damit fand die von Adenauer propagierte Form gemischt-wirtschaftlicher Unternehmungen in das Programm Eingang. Ausdrücklich heißt es, daß zu diesem Zweck ,,öffentliche Körperschaften wie Staat, Land, Gemeinde, Gemeindeverbände, ferner Genossenschaften und die im Betrieb tätigen Arbeitnehmer (also nicht die Gewerkschaft, d. Verf.) an diesen Unternehmungen beteiligt werden, der dringend notwendigen Unternehmerinitiative . . . der erforderliche Spielraum" aber belassen werden soll.

Die Konzerne selbst sollten weiterbestehen. Den Arbeitnehmern wurde jedoch ein ,,Mitbestimmungsrecht an den grundlegenden Fragen der wirtschaftlichen Planung und sozialen Gestaltung" versprochen. Das sollte durch Beteiligung von Betriebsangehörigen am Aufsichtsrat und an den Vorständen der Konzerne, durch Mitwirkung des Betriebsrates in allen sozialen Fragen und durch sein Recht, einen monatlichen Bericht durch die Betriebsleitung über die Lage des Unternehmens entgegenzunehmen, geschehen. Außerdem sollten die Arbeitnehmer ,,eine Beteiligung am Ertrag" erhalten[44].

Der Begriff der Vergesellschaftung tastete also grundsätzlich die bestehenden Eigentums- und Besitzverhältnisse nicht an, sondern versuchte, die sozialistischen Forderungen nach Verstaatlichung bzw. demokratischer Nationalisierung der Monopole zu unterlaufen[45].

Die separate Währungsreform und ihre weiteren sozialen und politischen Folgen besiegelten endgültig den Weg der restaurativen Entwicklung in Westdeutschland. Mußten im Ahlener Programm dem linken Flügel in der CDU wie den weitverbreiteten antimonopolistischen Stimmungen in der Bevölkerung verbale Zugeständnisse gemacht werden, die sozialistische Perspektiven dem Anschein nach zumindest nicht ausschlossen, so konnten diese in den Düsseldorfer Leitsätzen vom 15.7.1949 weitgehend zurückgenommen werden[46].

Mit der Phrase von der „sozialen Marktwirtschaft" suchte man den sogenannten Mittelstand, Mittel- und Kleinkapitalisten, Kaufleute, Handwerker etc., Bauern und Teile der Arbeiterschaft ohne oder mit schwach entwickeltem sozialem Bewußtsein anzusprechen. Die neoliberale Theorie bot hierfür gute Anknüpfungspunkte. Einmal gebärdete sie sich antimonopolistisch, indem sie sich gegen zu große Kapitalkonzentration wandte, wobei allerdings ein auf der Distributionsebene verengter Monopolbegriff verwandt wurde, der nicht die Verfügungsmacht über Produktions- und Lebensmittel meinte, sondern lediglich hiervon abgeleitete Marktmacht[47]. Die Abstraktion von der realen Stellung im Produktionsprozeß und die Fixierung auf Erscheinungen der Oberfläche erlaubten es auch, die Gewerkschaften als Monopolmacht auf dem Arbeitsmarkt darzustellen. Diese Ausrichtung auf symptomale Erscheinungen hatte den propagandistischen Vorteil, die objektiv begründete Angst der „Mittelschicht" vor dem Monopolkapital aufzufangen und in politische Aktionen umzusetzen, die dem Monopolkapital zumindest nicht schadeten. Gestützt auf einen starken antikommunistischen Affekt, der in eine scheinökonomische Argumentation eingewickelt war, die sich antifaschistisch gab (dem Begriffspaar Marktwirtschaft — Zentralwirtschaft entsprach das Begriffspaar Freiheit — Totalitarismus),deckte der Begriff der sozialen Marktwirtschaft nicht nur die Restauration des bisherigen Monopolkapitalismus ab, sondern die weitere durch den Staat gesteuerte Kapitalakkumulation und -konzentration auf Kosten des Kleinkapitals, des Handwerks, der Bauern und der immer größer werdenden Masse der Lohnabhängigen[48].

Die SPD hielt demgegenüber an ihrem Modell des demokratischen Sozialismus fest, das jedoch durch die völlige Verkennung der politischen Machtfrage utopisch war und damit in einem ganz bestimmten Sinne reaktionär wirkte[49]. Diese völlige Verkennung zeigt sich vor allem in der einseitigen Festlegung auf das System des parlamentarischen Rechtsstaates in der überkommenen Form, wie sie sich vor allem in der von der SPD im Parlamentarischen Rat eingenommenen Position äußerte. Gewaltenteilung, das Herzstück des bürgerlichen Rechtsstaates, konnte unter den gegebenen Bedingungen nur bedeuten: Restauration der zumindest dem Faschismus nicht abgeneigten alten Staatsbürokratie und damit Wiedererrichtung des politischen Machtapparates des Monopolkapitals. In die gleiche Richtung wirkte die Übernahme der alten Justiz, die sich in den Grundfragen ebenfalls nie gegen das Monopolkapital gerichtet hatte. Allein diese beiden Machtinstrumente waren so stark, daß selbst eine diesen Interessen entgegengesetzte Legislative mit weitreichenden Kompetenzen kaum eine Chance gehabt hätte, einen von ihnen beherrschten Status quo zu verändern. Die ganze Strategie der SPD bei den Beratungen zum Grundgesetz, das hat Hartwich im einzelnen herausgearbeitet[50], lief aber darauf hinaus, alle Karten auf einen Wahlsieg zu setzen, der es ermöglichen würde, eine Alternativkonzeption des demokratischen Sozialismus zu verwirklichen. Alle Energien waren daher für eine verfassungsrechtliche Offenhaltung dieser Alternative einzusetzen. Ob sie tatsächlich im Verfassungstext formuliert wurde, spielte eine sekundäre Rolle.

Hartwich u. a. haben der SPD aus diesem Verhalten den Vorwurf gemacht, sie habe sowohl die normative Kraft des Faktischen wie die faktische Kraft des Normativen verkannt. Beide Vorwürfe treffen zu, aber in einem anderen als in dem von Hartwich gemeinten Sinne. Bezeichnenderweise geht Hartwich auf den Vorwurf auch nicht näher ein, sondern zeichnet lediglich die restaurative Politik der Alliierten nach, die sicherlich die entscheidende Komponente in der restaurativen Entwicklung darstellt. Die einzig mögliche Chance des Klassenkampfes in antimonopolistisch-demokratischer Ausrichtung und die Rolle der SPD in dieser Konstellation (Antikommunismus, Gewerkschaftspolitik der Sozialpartnerschaft, Sozialismus des Großen Sprunges usw.) werden allerdings nicht aufgezeigt. Im Gegenteil, manche Passagen scheinen gewisse wesentliche Teile dieser Politik (z. B. den Antikommunismus) zu billigen. Damit würde aber der Vorwurf der Verkennung der normativen Kraft des Faktischen zusammenbrechen bzw. eine Politik verurteilt, die lediglich Konsequenzen gebilligter Prämissen darstellt.

Auch das Verhalten der SPD im Parlamentarischen Rat, der mit der CDU hinsichtlich des Rechtsstaates erzielte Konsensus[51] sind in der einmal seit Schumacher eingeschlagenen Linie nicht anders als konsequent. Die Verabsolutierung des parlamentarischen Weges zur Macht im Programm des demokratischen Sozialismus ist aber nicht nur Konzession an restaurative Kräfte, sondern hat gleichzeitig die Funktion, Schutz vor demokratischen Kräften in den eigenen Linien zu bieten. Einmal an die politische Macht gelangt, wollte man diesen nicht die Möglichkeit geben, sich unter Berufung auf rechtlich fixierte Positionen gegen die mangelnde sozialistische Verwirklichung durch die Führungsspitze zur Wehr zu setzen. Daß die Verabsolutierung des parlamentarischen Weges zudem noch die Funktion hatte, die eigentliche Zielsetzung, zu der man die politische Macht erlangen wollte, aus dem Auge zu verlieren, zeigt der Verzicht auf materielle Umschreibung der Ziele in der Verfassung (Fehlen sozialer Grundrechte)[52]. Stillschweigend[53] traf man sich also in seinen Motiven mit den reaktionären Kräften und arbeitete ihnen in die Hände.

Sozialer Kapitalismus und demokratischer Sozialismus sind also von

Anfang an keine wirklichen gesellschaftspolitischen Alternativen. Latent ist im Programm des demokratischen Sozialismus dieser Zeit der Anpassungsprozeß der SPD an die politischen Positionen der Regierungsparteien in den 50er Jahren, voll sichtbar nach der Verabschiedung des Godesberger Programmes der SPD 1959 und nach dem Einschwenken auf den außenpolitischen Kurs der CDU/CSU 1960, schon angelegt[54]. Die Modelle des sozialen Kapitalismus und des demokratischen Sozialismus stellen vielmehr verschiedene Ideologievarianten des staatsmonopolistischen Kapitalismus dar. Beide spiegeln sie jedoch den jeweiligen sozialökonomischen Entwicklungsstand wie die reale Klassenlage wider, einmal indem sie bestimmten, über sich selbst hinausweisenden Planungsnotwendigkeiten des modernen Kapitalismus entsprechen und auf den jeweiligen gesellschaftlichen Bewußtseinsstand der nichtmonopolistischen Schichten und der Arbeiterklasse reagieren müssen. Im jeweiligen Entsprechungs- und Reaktionsgrad, nicht in der eigentlichen Zielsetzung unterscheiden sich beide Programme. Insofern bieten sie auch verschiedene Ansatzpunkte für den Kampf zur Überwindung der kapitalistischen Verhältnisse. Aus diesen Perspektiven heraus kann man auch von zwei Alternativen sprechen, deren Verwirklichung das Grundgesetz offengelassen habe. Das Modell des demokratischen Sozialismus nimmt eine Stufe der Planungsnotwendigkeiten vorweg, die erst nach der Rezessionskrise von 1966 auch im reaktionären Bewußtsein klar hervortreten. Zudem reagiert es auf eine Stufe des Klassenkampfes, wie er zeitweise zwischen 1945 und 1949 gegeben war und wie er sich jetzt erst allmählich wieder in der Bundesrepublik abzeichnet.

Es wäre daher verfehlt, das letztlich in Kraft getretene Grundgesetz als reaktionäres Dokument abzutun, weil sich höchstens in ihm eine moderne Variante des Kapitalismus verwirklicht habe, nicht jedoch eine wirkliche sozialistische Alternative. Mit einer solchen Argumentation würde die faktische Kraft des Normativen in einem anderen Sinne verkannt. Rechtlich fixierte Positionen, und mögen sie noch so vage formuliert sein wie die Gemeinwohlbindung in Art. 14 Abs. 2 GG oder in die Beliebigkeit des Gesetzgebers gegeben sein wie Art. 15 GG, bleiben ein Dorn im Fleische der bürgerlichen Verfassung, da der Durchsetzung des Anspruches der Arbeitnehmer auf umfassende Mitbestimmung etwa nicht ohne weiteres der Illegalitätsstempel aufgedrückt werden kann. Auf die Dauer bei entsprechendem Stand der Klassenkämpfe können sie daher systemgefährdende Ansätze für Demokratisierungsbestrebungen bilden.

Die verfassungsrechtliche Diskussion um den Sozialstaatsbegriff

Geht man in diesem Sinne von den beiden möglichen Alternativen im Grundgesetz als Gradmesser für einen bestimmten gesellschaftlichen Entwicklungsstand in der Bundesrepublik aus, so lassen sich aus der

Diskussion um die Auslegung der in Art. 20 GG (sozialer Rechtsstaat) enthaltenen und in Art. 28 GG (sozialer Rechtsstaat) wiederholten Charakterisierung der Bundesrepublik als Sozialstaat gewisse Rückschlüsse über den aktuellen Stand bürgerlicher Demokratietheorien ziehen. Die Diskussion vollzieht sich in drei Phasen[55]: einer ersten Phase der offenen Interpretation, in der die Verwirklichung eines Modells des demokratischen Sozialismus als ebenso verfassungsgemäß angesehen wird wie das des sogenannten sozialen Kapitalismus.

Dieser Phase folgt eine Periode der Interpretationsverengung auf ein Demokratiemodell, das der gegebenen Verfassungswirklichkeit (sozialer Marktwirtschaft) entspricht. Eine dritte Phase zeichnet sich ab, in der mit der juristischen Absicherung staatlicher Programmierungsprogramme (Stabilitätsgesetz) und sozialer Disziplinierungsmaßnahmen (Notstandsgesetzgebung) gewisse Elemente des demokratischen Sozialismus auch in die neuere Sozialstaatsinterpretation eingehen.

Offene Phase der Interpretation

In der 1951 auf der Staatsrechtslehrertagung geführten Diskussion um Enteignung und Sozialisierung war man noch fast selbstverständlich davon ausgegangen, daß die Sozialisierungsermächtigung des Art. 15 GG als eine konstitutionalisierte Spezifizierung der Sozialstaatsklausel zu verstehen sei[56]. Sie wurde als ein „verfassungsgestaltender Akt, der die Eigentums-, Wirtschafts- und Sozialverfassung ändert, indem er die Verfügungsmacht über das Wirtschaftseigentum kollektiviert"[57], nicht als ein Unterfall der Enteignung, die auf Erfüllung eines konkreten Verwaltungszweckes gerichtet ist, aufgefaßt.

Obwohl die Gefahr des Überwiegens des rechtsstaatlichen Elementes gesehen und von Ipsen, dem Hauptberichterstatter, auch genannt wurde, kam er zu folgendem Ergebnis: „Aus seiner (des Art. 15 GG) immerhin ja gegebenen Sonderung von Art. 14, aus seiner Autonomie, der Eigenständigkeit der Jahrzehnte entwickelten und der in der heutigen Sozial- und Wirtschaftsordnung vorhandenen und nachweisbaren Wirksamkeit der Sozialisierungsidee, endlich aus der positiven Entscheidung des Grundgesetzes zur sozialstaatlichen Gestaltung folgt vielmehr, daß die Sozialisierung durch das Grundgesetz zum Inhalt seiner wirtschaftspolitischen Entscheidung gemacht und die Sozialisierung legalisiert worden ist."[58]

1952 auf der Staatsrechtslehrertagung mit dem Thema „Die staatliche Intervention im Bereich der Wirtschaft" hingegen trat die mögliche Alternative ganz in den Hintergrund. Daß staatliche Intervention die Grundlage der persönlichen Freiheit (freie Berufswahl, Gewerbefreiheit, Freizügigkeit, *Eigentum*) nicht berühren dürfe, die Selbstverantwortung des Einzelnen und der sozialen Gruppen anerkennen müsse und nur in genau von der Rechtsprechung bezeichneten Fällen der „Entwährung"[58a] und des staatlich ungleichen belastenden Sondereingriffes gegen angemessene Entschädigung stattfinden dürfe, also nur im Rahmen und zur Erhaltung des vom Monopolkapital geschaffenen Status quo erfolgen könne, war für Scheuner Ausgangspunkt der Diskussion[59]. Das Grundgesetz habe sich bewußt von einer Normierung der sozialen und wirtschaftlichen Ordnung ferngehalten. Es enthalte keine Wirtschaftsverfassung im eigentlichen Sinne. Die Sozialisierungsmöglichkeit des Art. 15 wird daher nicht mehr als Alternative gefaßt, sondern als die Möglichkeit der Aufnahme gemeinwirtschaftlicher Elemente in die Rechtsordnung. Die Interpretation „führt nicht auf einen Widerspruch, sondern auf eine Lösung hin, in der die freiheitlichen Bestandteile des Grundgesetzes unter dem Vorzeichen einer verfassungsrechtlichen Bindung im Sinne des sozialen Rechtsstaates eine Abkehr von einer rein individuell-rechtlichen Deutung verstanden werden müssen."[60] Hier wird also offen ausgesprochen, daß nur solche Planungselemente möglich sind, die das privatwirtschaftliche System als solches nicht antasten, selbst wenn in Teilbereichen z. B. der unrentablen Kapitalverwertung (Verkehr, Post, zunehmend auch der Wissenschaft) gemeinwirtschaftliche Formen unumgänglich sind[61].

Deutlich kommt in der Diskussion der Staatsrechtslehrer zum Ausdruck, daß das alternative Modell des demokratischen Sozialismus zwar nach wie vor verfassungsrechtlich als politische Entscheidung des Gesetzgebers möglich sei, man sich aber wegen der Gefährlichkeit, den dieser dritte Weg zwischen Kapitalismus und Sozialismus als Einfallstor für weitergehende Sozialisierung darstelle, angesichts der Entwicklung des Gegenmodells der Zentralwirtschaft in den sozialistischen Ländern besser am korrigierten Kapitalismusmodell der sozialen Marktwirtschaft ausrichte[62]. Damit waren die Weichen für die zweite Phase der verengenden Interpretation gestellt.

Die Restaurationsphase

Der Beitrag Forsthoffs auf der Staatsrechtslehrertagung 1953 über „Begriff und Wesen des sozialen Rechtsstaates" wird als Wendepunkt in der wissenschaftlichen Diskussion, als Gegenstoß restaurativer Sozialstaatsinterpretation bezeichnet[63]. In Wirklichkeit schließt dieser Beitrag nahtlos an die bisherige Diskussion an und arbeitet die sich von Anfang an abzeichnende Tendenz nur schärfer heraus. Er greift auf die von Carl Schmitt in der Weimarer Zeit entwickelte Systematik zurück, die prinzipielle Gegensätzlichkeit von Rechtsstaat und Demokratie behauptet[64]. Forsthoff hält den Sozialstaat für unvereinbar mit der Formtypik einer rechtsstaatlichen Verfassung und spricht dem Sozialstaatsprinzip den Verfassungsrang ab[65]. Es versteht sich von selbst, daß ein so klarsichtiger Analysator der staatlichen Daseinsvorsorge wie Forsthoff mit dieser Argumentation nicht die Realität des Sozialstaates übersieht. Er mißt ihm aber lediglich eine Bedeutung auf der Ebene der Verwaltungsfaktizität zu. Damit wird die Sozialstaatlichkeit eindeutig der Systemstabilisierung untergeordnet. Wenn auch die zentrale These Forsthoffs von der unaufhebbaren Antinomie von Rechts- und Sozialstaat mit der Folge einer unterverfassungsrechtlichen Qualität des Sozialstaatsbegriffes allgemein abgelehnt wurde, so akzeptierte man dennoch ihren Kern, nämlich daß die Rechtsstaatselemente der Verfassung: Gewaltenteilung, Gesetzesbegriff, Gewährleistungen der klassischen Grundrechte, allen voran das Eigentum und die Unabhängigkeit der Gerichte die grundlegende Änderung des Status quo in Wirtschaft und Gesellschaft nicht erlaubten[66]. Nipperdey ging sogar so weit, die soziale Marktwirtschaft als verfassungsrechtlich institutionalisiert zu betrachten[67]. Die Freiheitsrechte der Artikel 2 Abs. 2 GG und 12 Abs. 1 GG seien auch institutionell zu verstehen; sie gewährleisteten die Institution des Wettbewerbes, der Unternehmensfreiheit und der Gewerbefreiheit.

Andere Varianten ließen sozialpolitische Korrekturen am Status quo zu, indem sie vor allem eine stärkere Berücksichtigung staatlicher Planungselemente und einkommensverteilende staatliche Maßnahmen forderten. Das Grundgesetz wolle nicht den formalen Rechtsstaatsbegriff des Positivismus erneuern (in Polemik gegen Forsthoff), sondern gehe von einer materialen, auf inhaltliche Gerechtigkeit zielenden Rechtsstaatlichkeit aus[68]. Derartige Überlegungen leiteten schon zu einer dritten Interpretationsphase des Sozialstaatsprinzips über.

Planungsnotwendigkeiten des Sozialstaates

In dieser dritten Phase der Sozialstaatsinterpretation geht man zwar nicht mehr zur ersten Periode der offenen Interpretation zurück, in der man eine sozialistische Wirtschaftsverfassung, wenn auch auf streng parlamentarischem Weg, für verfassungsrechtlich möglich gehalten hatte, sondern man betont wieder stärker die wirtschaftspolitische Neutralität des Grundgesetzes, die eine Garantie der sozialen Marktwirtschaft ausschließe[69]. Vielmehr sei durchaus ein sozialer Rechtsstaat möglich, der nicht nur durch sozialpolitische Gesetze soziale Sicherheit organisiere, sondern auch die gestaltende Regelung und Ordnung des wirtschaftlichen Prozesses und der gesellschaftlichen Verhältnisse überhaupt betreibe. Das Programm dieses Wohlfahrtsstaates sei aber nicht sozialistisch, weil es nicht notwendig die Abschaffung des Privateigentums an Produktionsmitteln durch eine revolutionäre Inbesitznahme der politischen Herrschaft seitens der Partei der Arbeiterklasse einschließe[70].

Dennoch müssen sich die Institutionen der kapitalistischen Wirtschaftsgesellschaft gewisse Einschränkungen gefallen lassen. Sie sollen in dem Maße vergesellschaftet, d. h. der beliebigen privaten Disposition entzogen werden, als sie zur Herstellung der sozialen Gerechtigkeit untauglich sind oder sie hindern. Damit wird ein Vergesellschaftungsbegriff wiederaufgenommen, der an die Demokratiemodelle in der Zeit unmittelbar nach 1945 erinnert. Allerdings bleibt die Realitätsaufnahme hinter diesen Modellen zurück, die immerhin die Monopole offen als die Institutionen der kapitalistischen Wirtschaftsgesellschaft bezeichneten. So kann denn auch der neue Anschein der Staatstätigkeit nur sehr formal und präzise nur in einem antisozialistischen Sinn folgendermaßen umschrieben werden: „In der Gegenwart geht die zunächst okkasionelle Wirtschaftslenkung in eine umfassende Wirtschaftsplanung über, die sich von der Planwirtschaft nur dadurch unterscheidet, daß durch die Beibehaltung der Privatautonomie und des Privateigentums an Produktionsmitteln eine auf die Privatinitiative vertrauende Dezentralisierung des Wirtschaftsprozesses mit den lenkenden und planenden Funktionen des Staates verbunden ist."[71]

Hier zeigt sich eine neue Argumentationsebene, die aus einem bestimmten gesellschaftlichen Bewußtseinsstand resultiert. Die neuen Anforderungen des sich unter dem Einfluß der wissenschaftlich-technischen Revolution ändernden gesellschaftlichen Reproduktionsprozesses an Planungsinstanzen, die ihre Planungsinhalte gesamtgesellschaftlich ausrichten, und ihr Widerspruch zu den unveränderten Produktionsverhältnissen, die eine derartige Planung nicht zulassen, finden in den skizzierten Demokratietheorien ihren adäquaten, wenn auch partiell verzerrten Ausdruck. Daß sich nämlich der Unterschied von Planung im kapitalistischen Sinn und Planung im sozialistischen Sinn nicht nur organisatorisch auf Dezentralisierung einerseits und zentrale Planung andererseits reduzieren läßt, sondern darüber hinaus institutionelle und inhaltliche Unterschiede größten Ausmaßes aufweist, wollen nämlich gerade die Theorien, die von einer tendenziell konvergenten Industriegesellschaft ausgehen, nicht wahrhaben.

4. Industriegesellschaft und Sozialstaat

Die Theorie der modernen Industriegesellschaft, wie sie am umfassendsten von dem amerikanischen Soziologen und Ökonom Galbraith in seinem 1967 erschienenen Buch mit dem Titel „*New industrial state*"[72] dargelegt wurde, kann man als diejenige der modernen bürgerlichen Demokratietheorien bezeichnen, die am stärksten die durch die wissenschaftlich-technische Revolution bedingte Veränderung des modernen Kapitalismus reflektiert. Sie versucht einerseits, die neuen Anforderungen an das staatsmonopolistische System (Programmierungsnotwendigkeit durch den Staat) — die Verflechtung zwischen Monopolen und Staatsbürokratie wird übrigens sehr genau analysiert — aus einer umfassenden ökonomischen sozialen Theorie heraus zu legitimieren. Gleichzeitig versucht sie aber einem gesellschaftlichen Bewußtseinswandel, der über die Einsicht in die Notwendigkeit der Veränderungen im Rahmen eines bürgerlich-demokratischen Wohlfahrtsstaates hinausführt, etwa zu einer sozialistischen Gesellschaft hin (durch Aufhebung der privaten Mehrwertaneignung), ideologisch vor allem durch die Konvergenztheorie entgegenzuwirken. Da im Mittelpunkt dieser Theorien die durch die wissenschaftlich-technische Revolution bedingten Veränderungen stehen, soll zunächst dieser Begriff näher erläutert, danach kurz die gesellschaftliche Entwicklung in der Bundesrepublik nach Abschluß der Aufbauphase skizziert werden. An Hand von einer von Habermas vorgenommenen Einteilung des Verhältnisses von Wissenschaft und Politik werden dann die verschiedenen Varianten der Theorie der modernen Industriegesellschaft in der Bundesrepublik betrachtet.

Wissenschaftlich-technische Revolution im modernen Kapitalismus

Mit dem Begriff der wissenschaftlich-technischen Revolution wird die Gesamtheit umfassender und tiefgreifender Veränderungen im System der gesellschaftlichen Produktivkräfte umschrieben, die durch die neue, unmittelbar produktive Funktion der Wissenschaft ausgelöst werden und auf die Erhöhung der Effektivität des Reproduktionsprozesses gerichtet sind. Die durch diese Vorgänge bedingte Umwälzung der materiellen und technischen Grundlagen der Produktion äußern sich vor allem in der zunehmenden Mechanisierung und Automatisierung, der umfassenden Anwendung der elektronischen Datenverarbeitung, dem Wachsen bzw. Neuentstehen bestimmter Industriezweige: Chemie, Biochemie, Atomenergie, Elektronik u.a.m., wobei das Kernproblem dieses qualitativen Wandels die Automatisierung ist.

Nach Wolkow[73], der sich vom marxistischen Standpunkt aus sehr eingehend mit den gesellschaftlichen Veränderungen durch die wissenschaftlich-technische Revolution beschäftigt hat, ist „die Automatisierung ein langwieriger und komplizierter Prozeß, der verbunden ist mit einer allmählichen Vergegenständlichung einer ganzen Reihe von Funktionen des technologischen Prozesses in der Technik. Es handelt sich dabei um die Kontrolle der Arbeit der Mechanismen, um die Kontrolle der Qualität der ausgeführten Arbeit, um die Regelung und das Einrichten, um das An- und Ausschalten der Aggregate, um die Beförderung des Arbeitsgegenstandes von einem Aggregat zum anderen, um eine Reihe von Elementen der Programmierung und Projektierung. In Abhängigkeit davon können die einzelnen Automatisierungsstufen unterteilt werden, je nachdem wie die Funktionen zwischen dem Arbeiter und der Technik verteilt sind. Wird die Funktion der Steuerung einer einzelnen Maschine in der Technik vergegenständlicht, so liegt beginnende Automatisierung vor. Ist die Funktion der Steuerung eines ganzen technologischen Produktionsprozesses einer bestimmten Erzeugnisart vom Menschen auf die Technik übertragen, so handelt es sich um die entwickelte Automatisierung. Findet die Funktion der Steuerung der materiellen Produktion insgesamt ihre Vergegenständlichung, so wird dies die vollständige Automatisierung sein."[74]

In dieser Phase stellt sich nach den Worten von Marx der Arbeiter „neben den Produktionsprozeß, anstatt dessen Hauptagent zu sein"[75].

Die Tendenzen zu dieser Entwicklung, d. h. die bewußte Einschaltung des Naturprozesses, die durch seine wissenschaftliche Erkenntnis möglich wurde, in die materielle Produktion, waren schon auf dem Höhepunkt der industriellen Revolution festzustellen, in der sich die kapitalistischen Produktionsverhältnisse voll durchsetzten. Marx zeichnet im „*Kapital*" ein präzises Bild der ökonomischen Entwicklung der Gesellschaft seiner Zeit und umreißt daher deutlich Platz und Rolle von Wissenschaft und Technik im sozialen Organismus[76]. Nach der langen Phase der Instrumentalisation[77], die durch die technologische Produktionsweise der Handarbeit gekennzeichnet war, tritt die Technik in die Entwicklungsphase der Mechanisierung, der die maschinelle Arbeit entspricht. Während dem Stand der Produktivkräfte auf der technologischen Basis der Handarbeit gesellschaftliche Produktionsverhältnisse entsprechen, die von der Urgesellschaft bis zum Feudalismus reichen, ist die technologische Basis der kapitalistischen Produktionsverhältnisse die sich durch die industrielle Revolution durchsetzende maschinelle Arbeit. Diesen Verhältnissen gelten die Marxschen Analysen. Da jedoch die Technik, die für zukünftige Produktionsweisen prägend ist, im Schoße der voraufgegangenen geboren wird, zeigen sich auch die ersten Ansätze der Automatisierung der historisch dritten Entwicklungsstufe schon in der vorhergehenden Stufe der Mechanisierung. Die Automatisierung in ihrer Vollendung, eingeleitet durch die wissenschaftlich-technische Revolution, wird die technologische Basis der schöpferischen Arbeit (wissenschaftlich-technisches und künstlerisches Schöpfertum) bilden, die jedoch nach einer Phase der sozialistischen Umgestaltung nur unter den gesellschaftlichen Verhältnissen des Kommunismus möglich sein wird.

Im modernen Kapitalismus in seiner staatsmonopolistischen Form hat sich die technologische Basis durch das Einsetzen der wissenschaftlich-technischen Revolution in Richtung auf die durch die Automatisierung gekennzeichnete Form weiterentwickelt. In der Produktion verwertbare Ergebnisse von Wissenschaft entstehen jetzt nicht mehr zufällig, sondern sie werden selbst in einem auf die Produktion ausgerichteten Prozeß mit mehr oder weniger Vorlauf[77a], der jedoch ständig wächst, geplant und organisiert. Wissenschaft selbst wird somit Voraussetzung des unmittelbaren Produktionsprozesses, sie ist unmittelbare Produktivkraft. Das Wachstumstempo der Wirtschaft hängt jetzt in immer stärkerem Maße vom Tempo der Forschung und der Überführung ihrer Ergebnisse in die Produktion ab. Die grundlegende Funktion der Wissenschaft als gesellschaftliche Produktivkraft wird deutlicher, immer klarer tritt sie als eine spezifische Form nicht nur der theoretischen Widerspiegelung der Welt, sondern auch ihrer gesellschaftlich-praktischen Umgestaltung hervor[78].

Die zunehmende Vergesellschaftung der Produktion hatte schon in der Phase der industriellen Revolution zu immer größerer Kapitalakkumulation (Konzentration und Zentralisation eingeschlossen) geführt, die schon zu dieser Zeit über den Bereich der privaten, eigengesetzlichen Akkumulation hinausweisende Tätigkeit des Staates als Gesamtkapitalist forderte. Diese über die Notwendigkeiten der inneren und äußeren Systemerhaltung (Außenpolitik, innere Sozialdisziplinierung etc.) hinausgehende Tätigkeit entfaltete sich damals noch vor allem in den Bereichen Verkehr und Transport; heute wird auch der Bereich der Wissenschaft (Ausbildungswesen, staatliche Planungsorganisation bis hin zur unmittelbaren Forschungstätigkeit im wegen des großen Vorlaufes unrentablen Bereich) ein Hauptfeld der ökonomischen Tätigkeit des Staates. „Die Wissenschaft befindet sich nun an der Schwelle ihrer Reife, sie ist ein voll entwickeltes System, dessen grundlegende soziale Tendenzen und Gesetzmäßigkeiten sich relativ deutlich abzeichnen."[79]

Aber nur der Sozialismus vermag die Wissenschaft zu dieser Reife zu bringen. Im Kapitalismus hingegen führt die wissenschaftlich-technische Revolution zu einer Zuspitzung der Widersprüche auf einer höheren Stufenleiter, da die Zunahme der Tätigkeit einer „außerökonomischen Potenz" (nach Marx der Staat) zur Aufrechterhaltung des Reproduktionsprozesses des Kapitals auf die Dauer diesen Prozeß selbst bedroht. Dies bedingt eine erhöhte Labilität aller staatsmonopolistischen Systeme, wenn auch die katastrophenartige Krise ausgeschaltet scheint.

Staatliche Programmierung im Zeichen der wissenschaftlich-technischen Revolution in der Bundesrepublik

In der Bundesrepublik erschien es zunächst nach 1949 so, als seien die in anderen kapitalistischen Staaten, vor allem den USA, sich schon längst abzeichnenden Tendenzen ausgeschaltet. Sie waren aber wegen der besonderen Nachkriegsbedingungen nur zeitweilig zurückgedrängt.

Der zum Teil zerstörte Produktionsapparat war nach dem Kriege zwar mit Hilfe ausländischer Importe und unter Verwertung der kriegsbedingt technischen Entwicklung wieder modern aufgebaut worden. Mit den genügend vorhandenen qualifizierten Arbeitskräften konnte er auch optimal genutzt werden. Nach Abflauen des Korea-Booms und der Umstellung der Wirtschaft der betroffenen Staaten auf Friedensproduktion verschärfte sich jedoch die Konkurrenzsituation für die Bundesrepublik auf dem Weltmarkt. Es zeigte sich ein deutlicher technischer Vorsprung der anderen Industriestaaten, der zum Teil auf der durch die Besatzungspolitik zeitweise erzwungenen Vernachlässigung von Forschung und Entwicklung in Westdeutschland, zum Teil auf dem früher einsetzenden Zwang zur intensiven Nutzung des Kapitals in den anderen westlichen Ländern beruhte[80]. Durch das Eindringen ausländischer Firmen auf den Inlandmarkt entstand dort ebenfalls ein verstärkter Wettbewerb für die deutsche Industrie.

An verschiedenen Symptomen konnte man das Abbröckeln des deutschen Wirtschaftswunders verfolgen. Die Selbstfinanzierungsquote sank von 50 % im Jahre 1950 auf 20 % im Jahre 1965. Die Bankverschuldung nahm demgegenüber zu. Lag sie im Jahre 1953 noch 13 % unter dem durchschnittlichen Monatsumsatz, so 1966 nur noch 6 %. Die Kapazitätsausnutzung der Industrie sank von 95 % im Jahre 1960 auf unter 80 % Mitte 1967[81]. Die durch die hohen Wachstumsraten bisher zugedeckte Strukturkrise im Bergbau, in der Stahl- und Textilindustrie trat offen zutage. Diese Entwicklung hatte Auswirkungen auf die Organisation des staatlichen Apparates, der, dem Beispiel anderer kapitalistischer Länder folgend (USA, England, Frankreich, Schweden[82]), ein Programmierungsinstrumentarium zur Krisenüberwindung schaffen mußte. Daten sind hier: 1963 Sachverständigenrat zur Begutachtung der gesamtwirtschaftlichen Entwicklung, 1966 die Erweiterung des bisher einjährigen Haushaltsvoranschlages durch eine mittelfristige Finanzplanung, die auf der Basis gesamtwirtschaftlicher Zielprojektionen erstellt werden soll. Und schließlich am 8.6.1967 das Gesetz zur Förderung der Stabilität und des Wachstums der Wirtschaft (Stabilitätsgesetz).

Im Gegensatz zur vorkeynesianischen, sozusagen naturwüchsigen staatlichen Lenkungstätigkeit, die neben der Rahmenstabilisierung der kapitalistischen Produktionsweise nur insofern die Investitionstätigkeit lenkte, als sie die überkommene Kapazitätsstruktur der Wirtschaft erforderte, sollte jetzt die Staatstätigkeit die Investitionen nach eigenen gesamtökonomischen Strukturvorstellungen lenken. Die hierzu geschaffenen staatlichen Lenkungsorgane zeigen sich jedoch unfähig, solche Zielvorstellungen zu entwickeln, da sie von der Konkurrenz der Monopole untereinander ausgehen müssen, wenn nicht das System als solches aufgehoben werden soll[83]. Durch den Kampf um den Einfluß der verschiedenen Kapitalgruppen auf den Staatsapparat verliert das Parlament als klassischer Ort für die Austragung solcher Interessendivergenzen an Wichtigkeit zugunsten neugeschaffener Institutionen, in denen sich eine neue Art Kooperation zwischen den verschiedenen Interessenvertretern und der Bürokratie herausbildet. Gegenwärtig existieren beim Bund ungefähr 60 Einrichtungen dieser Art.[84]

Waren bisher Forschung und Entwicklung in erster Linie unter militärischem Gesichtspunkt betrachtet worden — die Rüstung spielte in der Bundesrepublik, solange die Kapazitäten weitgehend ausgelastet waren, eher eine politische als eine ökonomische Rolle —[85], so traten jetzt die ökonomischen Anforderungen an Forschung und Entwicklung in den Vordergrund. 1962 wird das Bundesministerium für wissenschaftliche Forschung gegründet, das die wissenschaftlichen Förderungsprogramme des Bundes, die in dieser Zeit einsetzen, verwaltet: das allgemeine Förderungsprogramm (Hochschulbau, stärkere Dotierung der Deutschen Forschungsgemeinschaft, der Max Planck-Gesellschaft usw., die mit neuen Programmen auftreten) und die besonderen Förderungsprogramme: Kernforschung, später Weltraumforschung, Datenverarbeitung, neue Technologien und, nicht zu vergessen, die weitere Intensivierung der Verteidigungsforschung, die immerhin fast 30 % des gesamten Wissenschaftsprogrammes ausmacht. Die Einrichtung von Institutionen wie der Wissenschaftsrat, der Bildungsrat oder die Bund-Länder-Kommission markiert die weitere Entwicklung.

Theorien der Industriegesellschaft

Die skizzierte Entwicklung in der Bundesrepublik nach 1961 — Ausbau des staatsmonopolistischen Programmierungssystems unter der Einwirkung der wissenschaftlich-technischen Revolution — macht sich auch in der ideologischen Auseinandersetzung bemerkbar. Waren bis etwa 1960 herrschende Theorien dadurch gekennzeichnet, daß die rechtsstaatlichen Elemente des bürgerlichen Demokratiebegriffes mehr oder weniger stark betont wurden, also das juristische Element im Vordergrund der Diskussion stand, so tauchen jetzt verstärkt soziologische und politische Argumentationen auf, die die Formalisierungssperre der Jurisprudenz durchbrechen und auch von ausgesprochen staatsrechtlichen Theorien aufgenommen werden.

Sie lassen die rechtsstaatlichen Elemente (vor allem die Unantastbarkeit des privaten Eigentums und die Gewaltenteilung) scheinbar hinter sich und lehnen ihre Begründungen an die Theorie der modernen Industriegesellschaft an. Ihre Varianten reichen von technokratischen über dezisionistische zu pragmatistischen Modellen, wenn man der Typologisierung folgt, die Habermas für die verschiedenen Auffassungen über die Rolle von Wissenschaft und Technik in der modernen Industriegesellschaft herausgearbeitet hat[86].

Das technokratische Modell

Alle Varianten gehen übereinstimmend davon aus, daß der technische Fortschritt „als einer der wichtigsten Faktoren in der Entwicklungsdynamik der modernen Gesellschaft"[87] zu betrachten sei. Mechanisierung und Automatisierung werden als Trend zu einer grundlegenden Änderung der Formen menschlicher Arbeit konstatiert. Im technokratischen Modell wird jedoch der wissenschaftlich-technischen Entwicklung eine Eigengesetzlichkeit unabhängig von menschlicher Einwirkung unterstellt, der das Individuum hilflos ausgeliefert sei. Mit Blick auf die sozialistischen Länder wird eine konvergente Entwicklung in allen fortgeschrittenen Industrieländern gleich welchen Gesellschaftssystems angenommen, die zu einer technisch-zivilisatorischen Superstruktur geführt habe, die alle Bereiche der Gesellschaft durchdringe. Der Staat, das Politische, entwickle sich zu einer Teilfunktion dieser Superstruktur[88]. In Deutschland wurde diese Theorie auf dem Hintergrund der sich schon in der Weimarer Zeit herausbildenden resignativen Stimmung in der bürgerlichen Philosophie und Literatur insbesondere von Gehlen und von Schelsky weiterentwickelt. Wissenschaft, Technik, Industrie und Gesellschaft sind bei Gehlen zu einer sich selbst automatisierenden Superstruktur verflochten, die sich moralischen Ansprüchen gegenüber indifferent verhalte und sozial gestalteten Eingriffen aus aufklärerischem Geist zum Beispiel entziehe. Technik werde nicht mehr zur Naturbeherrschung im Dienste menschlicher Lebensführung eingesetzt, sondern erhalte ihren Sinn aus sich selbst heraus[89].

Schelsky treibt diese von einem resignativen verinnerlichten Neuhumanismus her konzipierten Vorstellungen noch weiter[90] und präzisiert sie im Verhältnis von Staat und Technik. Die Technik werde immer mehr staatlich, der Staat immer mehr technisch[91]. Die Formulierung politischer Ziele werde durch den Sachzwang der technischen Mittel und Methoden ersetzt. Der technische Staat übe daher keine Herrschaft von Menschen über Menschen mehr aus, sondern nur noch eine Herrschaft des Sachzwanges.

„Wir behaupten, daß durch die Konstruktion der wissenschaftlich-technischen Zivilisation ein neues Grundverhältnis . . . geschaffen wird, in welchem das Herrschaftsverhältnis seine alte persönliche Beziehung der Macht von Personen über Personen verliert, an die Stelle der politischen Normen und Gesetze aber Sachgesetzlichkeiten . . . treten, die nicht als politische Entscheidungen setzbar und als Gesinnungs- und Weltanschauungsnorm nicht verstehbar sind. Damit verliert auch die Idee der Demokratie sozusagen ihre klassische Substanz."[92]

Das dezisionistische Modell

Das dezisionistische Modell trennt zwischen einem Bereich des technischen Wissens, der Information über Sachgesetzlichkeiten, die die Wissenschaft liefert, und einem Bereich der Politik, in dem Entscheidungen gefällt werden. Die Entscheidung selbst läßt sich nicht rational begründen, sie ist letztlich eine irrational intuitive oder gar charismatische Wahl zwischen konkurrierenden Werteordnungen[93]. Auf der Ebene der politischen Entscheidung sei eine wissenschaftliche Hypothesenbildung nicht möglich, da Werte, Standpunkte oder Einstellungen sich nicht rational nachprüfen lassen[94]. Wissenschaftliche Theorien selbst sind jedoch unabhängig von derartigen Wertentscheidungen.

„Die Richtigkeit eines Satzes und die Stichhaltigkeit seiner Begründung ist ausschließlich nach objektiven, einsehbaren und allgemeingültigen Kriterien zu beurteilen. Machtverhältnisse, Autoritäten, ökonomische Bedingungen haben in diesem Bereich keinen Einfluß."[95]

Zugegeben wird allerdings, daß die Wahl des Forschungsgegenstandes wie bisweilen die Wahl der jeweiligen Prämissen interessenbeeinflußt sind. Im Auffinden des deduktiven Zusammenhanges von Sätzen über bestimmte Sachverhalte (Begründungszusammenhang) sei aber die Wissenschaft dem gewählten Forschungsgegenstand und den eingeführten Prämissen gegenüber neutral. Hypothesen erlauben Prognosen unter gesetzten Bedingungen, aus denen sich technische Empfehlungen an die Politiker für eine zweckrationale Mittelwahl ableiten lassen, jedoch nicht die Entscheidungskriterien selbst.

Die strikte Ablehnung von Verallgemeinerungen, die nur ein pragmatisches Vorgehen in kleinen Schritten, verbunden mit kritischer Diskussion, erlaubt, und jedes politische Handeln auf Grund einer umfassenden Gesellschaftstheorie als utopisches oder ideologisches Verhalten betrachtet, hat sich auf Grund der sozialökonomischen Programmierungsanforderungen des modernen Kapitalismus gewisse Modifikationen gefallen lassen müssen. Dies erfolgte vor allem durch die Ausarbeitung von Entscheidungsmodellen auf der Grundlage von Theorien mit mittlerer Reichweite (Systemforschung, operations research, Planungs- und Entscheidungstheorien[96]). Hierdurch erhoffte man eine fortschreitende Verwissenschaftlichung der Politik, die letztlich die Widersprüche des Systems zum Verschwinden bringe[97].

Diese Theorievarianten beziehen auch die Zielvorstellungen in die wissenschaftliche Analyse ein, wenn sie auch nach wie vor politische Ratschläge als außerhalb der Kompetenz der Wissenschaft liegend betrachten, denn „common sense, Erfahrung und Intuition sind in der Politik unentbehrlich, und häufig gibt es für den Politiker gar keine andere Orientierungs- und Entscheidungshilfe"[98]. Aber auch diese Theorien mittlerer Reichweite entsprechen noch nicht den neuen Anforderungen von Gesamtprogrammierungsmodellen. Daher bemühte man sich um „theoretische Gesamtkonzeption", um ein „Denken in umfassenden Gesellschaftsgestalten"[99], die sowohl die Bereiche des empirischen Wissens als auch die Bereiche der Werte, Normen, Entscheidungen in die wissenschaftliche Diskussion einbeziehen.

Das pragmatistische Modell

Das pragmatistische Modell kritisiert an den technokratischen Modellen den resignativen Fatalismus gegenüber Sachgesetzlichkeiten, dem Politiker wie Fachleute ausgeliefert seien[100]. Wenn die Kritik von dieser Seite auch zugesteht, daß die dezisionistischen Modelle in ihren jüngeren, den Systemtheorien zugeneigten Varianten[101] den neuen Anforderungen eher entsprechen, so bemängelt sie an ihnen dennoch die letztliche Unfähigkeit, rationale Kriterien für politisches Handeln zu liefern.

Das pragmatistische Modell versucht demgegenüber die Bereiche der Wissenschaft und der Politik in ein „kritisches Wechselverhältnis"[102] zu bringen.

Für Habermas „scheint eine wechselseitige Kommunikation derart möglich und nötig zu sein, daß einerseits wissenschaftliche Experten die entscheidungfällende Instanz ‚beraten' und umgekehrt die Politiker die Wissenschaftler nach Bedürfnissen der Praxis ‚beauftragen'. Dabei wird einerseits die Entwicklung neuer Techniken und Strategien aus einem explizit gemachten Horizont von Bedürfnissen oder den geschichtlich bestimmten Interpretationen dieser Bedürfnisse, von Wertsystemen also, gesteuert; andererseits werden diese in Wertsysteme gespiegelten gesellschaftlichen Interessen ihrerseits durch Prüfung an technischen Möglichkeiten und strategischen Mitteln ihrer Befriedigung kontrolliert"[103].

Eine kritische Öffentlichkeit soll in die Diskussion einbezogen werden, um der Verschleierung von Interesseneinflüssen vorzubeugen. Die „öffentliche, uneingeschränkte und herrschaftsfreie Diskussion über die Angemessenheit und Wünschbarkeit von handlungsorientierenden Grundsätzen und Normen im Lichte der soziokulturellen Rückwirkungen von fortschreitenden Subsystemen zweckrationalen Handelns"[104] soll diese gesellschaftlichen Konflikte offenlegen und dadurch einen Konsens ermöglichen. Die Wissenschaftler sind nicht mehr wertneutral, sondern entsprechen den jeweiligen Interessengruppen.

Von einem Gesichtspunkt her, der mehr auf die Institutionalisierung sozialwissenschaftlicher Beratung ausgerichtet ist, um die „Chance einer ökonomischen und kulturellen Selbstbehauptung der Industriegesellschaft mit Hilfe von Wissenschaft und Technologie"[105] wahrzunehmen, empfiehlt Lohmar das pragmatistische Modell als ein „pragmatisch-kooperatives". Entgegen der Intention von Habermas aber, für den das Verhältnis der Wissenschaften zur öffentlichen Meinung konstitutiv ist, so daß seine Überlegungen in, wenn auch abstrakten, Vorschlägen zur Herstellung einer aufgeklärten Öffentlichkeit münden, hat das pragmatisch-kooperative Modell rein affirmativen Charakter[106]. Es legitimiert letztlich die bestehende Praxis sozialwissenschaftlicher Beratung, die bei näherem Zusehen auf einen Machtzuwachs der staatlichen Bürokratie und der sich in ihr durchsetzenden Monopolinteressen zuungunsten des Parlamentes, soweit es diesen entgegengesetzte Interessen noch vertritt, hinausläuft. Dieser Funktionsverlust des Parlamentes ist allerdings ein schon seit längerem von den verschiedensten Ansätzen her konstatiertes und analysiertes Phänomen[107]. Jüngeren Datums sind Untersuchungen, die sich den hinter der Bürokratie sich verbergenden Interessen widmen und auch die Interessenabhängigkeit der Sachverständigengremien aufdecken[108].

Die meisten bürgerlichen Analysen bleiben jedoch, soweit sie die Interessenverflechtung herausarbeiten, bei formalen organisationssoziologischen Betrachtungen stehen, bzw. vermögen den sozialökonomisch bedingten Antagonismus von Kapital und Arbeit und seiner Umsetzung auf der politischen Ebene nur formelhaft (Massendemokratie, Verbandsegoismus, Wohlfahrtsstaat usw.) anzugeben[109]. Bei ihnen erhält denn auch die Wissenschaft einen Charakter, der über diesen Interessenauseinandersetzungen steht. Der Einbau wissenschaftlicher Stäbe in Regierung und Parlament bzw. sogar die Einrichtung einer weiteren Gewalt neben Legislative und Exekutive in Form einer Sachverständigenkammer[110] soll es ermöglichen, „daß bei den einzelnen Maßnahmen (der Exekutive, d. Verf.) die übergeordneten Zusammenhänge nicht zu kurz kommen und daß diese Maßnahmen auch richtig koordiniert werden"[111].

Bisweilen werden von den auf wissenschaftliche Experten gestützten Politikern Führungsqualitäten unabhängig von demokratischen Mehrheiten verlangt[112]. Schuon[113] bemerkt mit Recht, daß zwar nie die Notwendigkeit öffentlicher Kontrolle und Diskussion von wissenschaftlicher Beratung negiert wird, dennoch die vorherrschende Auffassung unverkennbar ist, Politik durch eine Art wissenschaftlich begründeter Regierungstechnik unter weitgehendem Ausschluß der Öffentlichkeit (weil von Einzelinteressen bestimmt) rationaler zu machen.

Zusammenfassend lassen sich über die Varianten der Theorie der modernen Industriegesellschaft folgende gemeinsame Kriterien feststellen.

Die Rolle der Eigentumsverhältnisse für die Struktur und die Entwicklung sozialer und politischer Beziehungen wird herabgemindert oder ganz geleugnet. Einziger Bezugspunkt sind die Produktivkräfte.

Mit dem Beginn der industriellen Revolution wird ein grundlegender Wandel der bisherigen Menschheitsgeschichte angesetzt. Mit ihr beginne ein neues Zeitalter, in dem sich nach Ablösung der traditionellen Gesellschaften neue Gesellschaften herausbilden, die durch moderne Industrieentwicklung alle vergangenen Verhältnisse revolutionieren und schließlich im Weltmaßstab vereinheitlichen. Trotz unterschiedlicher und gegensätzlicher politischer Ordnungen würden sich letztlich gemeinsame Produktions- und Konsumtionsinteressen entwickeln (Konvergenztheorie).

Als Hauptmerkmale der modernen Industriegesellschaft werden festgestellt: Planung als Regulierungsmethode der Gesamtwirtschaft zur Ausschaltung sozialer Konflikte, soziale Mobilität, die die starren Klassengrenzen aufhebe, und der Pluralismus als politisches Prinzip, um durch eine Vielzahl politischer Gruppeninteressen und Ausbalancierung der Machtverhältnisse zwischen den Gruppen die Demokratie zu wahren.

Neben bewußt apologetischen Strömungen (Rostow[114], Gehlen, Freyer u. a.) kann man Auffassungen feststellen, die sich kritisch gegen soziale und politische Auswirkungen des Kapitalismus wenden und Änderungen durch allmähliche Wandlungen in der Moral der Gesellschaft erhoffen (Aron, Dahrendorf[115] u. a.).

5. Die Rezeption der Theorie der modernen Industriegesellschaft in der aktuellen Staats- und Verfassungstheorie

Die Theorie der modernen Industriegesellschaft, wie sie sich ab Anfang der 50er Jahre in den westlichen Ländern und ab Anfang der 60er Jahre auch in der Bundesrepublik entwickelt hat, fand in der Staatsrechtslehre, die vor allem nach der von Forsthoff eingeleiteten Phase der verengenden Interpretation vorwiegend in der aus dem Staatspositivismus übernommenen Begrifflichkeit des Rechtsstaates argumentierte[116], mit einem gewissen time-lag Eingang, ohne daß sich die vor der Rezeption eingenommenen Positionen grundsätzlich änderten. Wenn auch die Strömungen im einzelnen uneinheitlich sind, so kann man dennoch entsprechend den oben festgestellten Strömungen der Theorie der modernen Industriegesellschaft ebenfalls zwei Richtungen unterscheiden. Neben einer Linie, die stark apologetisch ausgerichtet ist (Forsthoff, Werner Weber, Herbert Krüger u. a.), bestehen Auffassungen, die an der kritischen Linie der Theorie der modernen Industriegesellschaft anknüpfen (Ehmke, Hesse u. a.). Aus dieser Linie hat sich in letzter Zeit auch eine Tendenz entwickelt, die sich an Positionen des demokratischen Sozialismus vor 1949 bzw. der Phase der offenen Interpretation anlehnen (Preuß, Čopić u. a.)[117].

Der Staat der modernen Industriegesellschaft (Forsthoff)

Forsthoff geht in seinem neuesten Buch „*Der Staat der Industriegesellschaft*"[118], in dem er schon an verschiedenen Orten früher Dargestelltes komprimiert, systematisiert und teilweise weiterbildet, davon aus, daß die Zeit der sozialen Realisation abgeschlossen sei und von der sogenannten technischen Realisation weitgehend abgelöst werde.

Unter der sozialen Realisation versteht er die vor allem seit dem Ersten Weltkrieg erfolgte Umgestaltung der gesellschaftlichen Verhältnisse durch den Staat, die in der Sozialversicherung, den Institutionen des Arbeitsrechtes, vor allem in den mannigfachen Formen der sozialen Umverteilung durch ein ausgebildetes und bewährtes Instrumentarium sozialer Zweckverwirklichung, kurzum in den Ausprägungen des Sozialstaates ihre Verwirklichung gefunden habe. Obwohl Forsthoff für diese Periode den Klassenantagonismus sehr genau konstatiert — das geht so weit, dem Marxismus für seine Zeit ein Anrecht zuzugestehen —[119], ist für ihn die eigentliche Instanz der sozialen Realisation der mit keinem Klasseninteresse identische und identifizierbare Staat.

Die vorgeschobene Neutralität vermag Forsthoff allerdings nicht konkret zu bezeichnen. In früheren Schriften spricht er davon, daß der moderne Sozialstaat[120] unter dem Zwang der Verhältnisse, ohne die Zutat einer leitenden Idee entstanden sei. Bei seiner einengenden Interpretation des Grundgesetzes ist dies für ihn auch der Grund, daß er den Sozialstaat nicht von der Verfassung sozialprogrammatisch binden läßt, sondern Sozialstaat und Rechtsstaat streng trennt, Rechtsstaat quasi als formalen Organisationsmantel der material nicht gebundenen staatlichen Souveränität faßt, die die Sozialstaatlichkeit aus sich entläßt.

Mit der Einführung des Begriffes der technischen Realisation treibt er seine Sozialstaatstheorie auf eine neue Stufe. Der soziale Wandel ist abgeschlossen, bzw. er wird nicht mehr, wie bis jetzt, aus sich selbst heraus bestimmt, von den Produktionsverhältnissen her, sondern vom neuen Phänomen der Technik. Diese löse zwar keine gesellschaftlichen und politischen Probleme. Sie mache sie aber obsolet: soziale Errungenschaften könnten nicht mehr beseitigt werden. Soziale Veränderungen erscheinen demnach nur noch im Rahmen der technischen Realisation lösbar, die ihr Telos in sich selbst finde. Der technische Prozeß produziere sich um seiner selbst willen.

Dies bedeute auch mit dem Ende der Geschichte das Ende des Staates im alten Sinne. Strukturen und Funktionen des bürgerlichen Rechtsstaates hätten sich grundlegend gewandelt (Parlamentarismus, Verfassung, Grundrechte usw.); die Gesellschaft habe sich über die Verbände insbesondere der Wirtschaft eines wesentlichen Teiles der Staatsmacht versichert. Souveränität sei als Grundlage politischer Herrschaft hinfällig geworden, der überkommene Staatsbegriff damit seiner Grundlage beraubt. Unter den Verhältnissen des 19. Jahrhunderts hätte dies zu einem Zusammenbruch der gesellschaftlichen Ordnung geführt. Da jedoch die Stabilität in der Industriegesellschaft selbst ruhe, sei dieser Verlust des Geistigen unschädlich. Die Funktion des Staates sei daher, die Stabilität der Industriegesellschaft im Kern, der durch die Stichworte Vollbeschäftigung und Steigerung des Sozialprodukts bezeichnet sei, zu sichern. Vor diesen Stichworten würden Klassengegensätze und das ganze aus der sozialen Realisation entnommene Vokabular gegenstandslos. Staat und Industriegesellschaft bildeten als soziales Ganzes eine Funktionseinheit, in welcher der Staat notwendige Komplementärfunktionen der Industriegesellschaft wahrnehme.

Konsequenterweise betrachtet Forsthoff daher die Studentenrevolte lediglich als Adaptionsschwierigkeiten mit den neuen Daseinsformen, die im unaufhaltbaren Fortschreiten des technischen Prozesses und der damit einhergehenden Veränderung der psychischen Disposition und somit auch des sozialen Selbstbewußtseins zu ihrem Ende komme.

Dennoch traut Forsthoff der immer wieder betonten Stabilität der Industriegesellschaft ebensowenig wie einer möglichen ökonomischen und sozialen Krisensteuerung. Im Gegensatz zu den keynesianischen Krisensteuerern, die dem großen Irrtum erlegen seien, anzunehmen, daß man mit Krisenzeiten nicht mehr rechnen müsse, allenfalls mit Rezessionen, die sich ausmanövrieren ließen, sieht Forsthoff diese Stabilität letztlich doch als sehr labil und prekär an. Die verwundbare Stelle ist für ihn der harte Kern des sozialen Systems — Vollbeschäftigung und steigendes Sozialprodukt —, die durch nicht näher bezeichnete Aktionen der Linken bedroht sein könnten. Für diesen Fall hält Forsthoff auch die neu eingeführten Notstandsregelungen für nicht ausreichend. Hier hilft, wenn überhaupt, nur der Ausnahmezustand. Angesichts der etwas mokanten Bemerkungen über die Studentenaktionen und die événements in Frankreich im Mai 1968 dürfte hinreichend klar sein, daß für Forsthoff wirklich bedrohende Aktionen nur aus Konflikten im Produktionsprozeß selbst entstehen können. Obwohl er sie als jenseits des Horizontes bundesrepublikanischer Staatlichkeit in einer Art Selbstberuhigung wieder aus der Erwägung ausklammert, dürfte klar sein, daß allein die Rechtsstaatlichkeit im Carl

Schmittschen Sinne, die im Notfall den Ausnahmezustand aus sich heraus entläßt, die Bedrohung abzuwenden vermag.

Forsthoffs Darlegungen sind widersprüchlich. Einerseits hält er im Einklang mit den Theorien sozialer Konvergenz die kapitalistischen Produktionsverhältnisse und damit den Klassengegensatz für überholt, andererseits tauchen in seiner Analyse Kräfte auf, die einen nicht näher bezeichneten „Angriff auf den harten Kern" der Industriegesellschaft starten. Damit wird für den Ernstfall das Klassenkampfkonzept, wenn auch in einem stark disziplinierenden Sinne, wiederaufgenommen. Die Realität läßt sich eben aus der Theorie nicht entfernen, höchstens stark verzerren[121].

Die Theorie des politischen Gemeinwesens

In Absetzung von dem vor allem bei Forsthoff in Anlehnung an Carl Schmitt dargestellten etatistisch-dezisionistischen Politikbegriff wurde von einer anderen Richtung in der Staatsrechtslehre die Theorie vom „politischen Gemeinwesen" entwickelt. Sie lehnt den Staat als vorausgesetzte Einheit und vorgegebenes Machtzentrum ab. Sie nimmt Vorstellungen auf, die vor allem Rudolf Smend[122] und Hermann Heller[123] schon in der Weimarer Zeit vertreten hatten. Der Staat sei nicht ein Zustand gegebener Einheit, der der Gesellschaft unvermittelt gegenüberstehe, sondern die Einheit sei dem menschlichen Handeln als Aufgabe gestellt (Smend). Als Einheit könne sie nur im Sinne eines Wirkungszusammenhanges gesehen werden (Heller).

Vor allem Hesse hat diesen Gedanken der Einheit als dem politischen Gemeinwesen gestellte Aufgabe weiterentwickelt. „Der Staat ist planender, verteilender, gestaltender, individuelles wie soziales Leben erst ermöglichender Staat, und dies ist ihm durch die Formel vom sozialen Rechtsstaat von Verfassungs wegen als Aufgabe gestellt."[124]

Die staatlichen Aufgaben erschöpften sich nicht nur im Schützenden, Bewahrenden und gelegentlich Intervenierenden. Jedoch stehe der Staat in der Erfüllung der Aufgaben unter dem Gebot der Rechtsstaatlichkeit, dessen Grundprinzipien Menschenwürde, Freiheit und Gleichheit seien. Darüber hinaus wird Freiheit allerdings abhängig gemacht von einer menschenwürdigen Existenz, die nicht ohne wirtschaftliche Sicherung möglich sei. Die Rechtsstaatlichkeit ist demnach material aufgefüllt, auf eine Gestaltung der Gesellschaft ausgerichtet. Verfassung wird als rechtliche Grundordnung des Gemeinwesens begriffen, die nicht auf Ordnung des staatlichen Lebens beschränkt ist, als ein „Element der Einheit der Gesamtrechtsordnung des Gemeinwesens, innerhalb deren sie eine Isolierung von Verfassungsrecht und anderen Rechtsgebieten, im besonderen vom Privatrecht, ebenso ausschließt wie ein unverbundenes Nebeneinander jener Rechtsgebiete selbst"[125]. Mit der Formel vom sozialen Rechtsstaat sei gleichzeitig der Rahmen verbindlich festgelegt, „innerhalb dessen den unterschiedlichen sozialen und wirtschaftlichen Auffassungen die Möglichkeit eröffnet ist, über die verfassungsmäßige Beteiligung an der staatlichen Gewalt ihre Bewertungsmaßstäbe für die Gestaltung der sozialen Ordnung zur Geltung zu bringen"[126].

Die plurale Gruppenvielfalt findet in der Theorie des politischen Gemeinwesens, für die die Ausführungen Hesses beispielhaft angeführt wurden, besondere Bedeutung. Die „Vielheit der Interessen, Bestrebungen und Verhaltensweisen"[127] ist hier jedoch nicht näher differenziert, die verschiedenen Gruppen werden nicht nach ihrer sozialökonomischen Funktion hinterfragt. Vielmehr wird ohne weiteres eine materielle Konsensmöglichkeit zwischen den divergierenden Interessengruppen angenommen.

Allerdings hat Hesse neuestens seine Darlegungen durch die Aufnahme einiger Elemente soziologischer Konflikttheorien präzisiert[128] Die herzustellende Handlungseinheit wird realen Konfliktsituationen gegenübergestellt. In einem gewissen Rahmen muß den Konflikten freier Lauf gegeben werden. „Fehlen sie oder werden sie unterdrückt, so kann dies zu dem Immobilismus einer Stabilisierung des Bestehenden, d. h. aber zur Unfähigkeit führen, sich gewandelten Verhältnissen anzupassen und neue Gestaltungen hervorzubringen: Der Bruch mit dem Bestehenden wird dann eines Tages unvermeidlich und die Erschütterung um so tiefer. Nur ist es nicht allein von Bedeutung, daß es Konflikte gibt, sondern auch, daß sie geregelt und bewältigt werden."[129] Die Regelung und Bewältigung erfolgt durch den Staat, der eine Einheit funktioneller Art, notfalls durch Zwang, herstellt. „Diese Einheit (die Einheit) ist Voraussetzung dafür, daß innerhalb eines bestimmten Gebietes verbindliche Entscheidungen getroffen werden können und befolgt werden, daß also ‚Staat‘ besteht und nicht Anarchie oder Bürgerkrieg."[130]

Deutlich läßt sich hier die Reflexion der Verschärfung der Klassenwidersprüche in der Theorie verfolgen. Wieweit allerdings in diesen Veränderungen mögliche demokratische Elemente, die in den bisherigen Darlegungen Hesses im Vordergrund standen, zugunsten einer Staatsdisziplinierung in einem den Status quo stabilisierenden Sinne ausgeschaltet werden, mag dahinstehen. Wenn auch durch die neueste Hinwendung zur Pluralität als gesellschaftlicher Konfliktsituation die Theorie des politischen Gemeinwesens einer Akzeptierung des Klassenantagonismus sehr nahekommt, so schreckt sie letztlich dennoch vor dieser Konsequenz zurück. „In den gesellschaftlichen Strukturen sind der demokratischen Verfassung" nämlich nicht nur „Macht- und Kooperationsverhältnisse" vorgegeben, sondern „auch schon Integrationskomponenten, die vornormativen Charakter haben"[131], wie von einem anderen Vertreter dieser Theorie betont wird. Dem könnte zugestimmt werden, wenn derartige Formulierungen nicht die Gefahr nahelegen würden, daß die vornormative Integrationskomponenten als Legitimierung des gesellschaftlichen Status quo erscheinen. Der Integrationsprozeß wird zwar als „Ablehnung ebenso aller idealistischen Einheitssysteme wie jedes liberalistischen Atomismus, ohne daß damit ein Bekenntnis zu einer pluralistischen Theorie, etwa Laskischer oder ständestaatlicher Prägung, abgelegt würde[132], aufgefaßt. Vielmehr soll die parlamentarische Verfassung „den pluralen Kräften des Volkes einen öffentlichen Raum der freien Meinungs- und Willensbildung" öffnen, durch den die zusammenordnende Tätigkeit des Staates in Privatrechts-, Wirtschafts- und Arbeitsrechtsgesetzgebung usw. die gute Ordnung in „irdischer Gemeinwohlverantwortung" herstellen soll[133].

Abgesehen davon, daß der Begriff der irdischen Gemeinwohlverantwortung seine Negation, die jenseitige Gemeinwohlverantwortung, zumindest assoziiert und damit dem Gesetzgeber eine säkularisierte Gottähnlichkeit unterschiebt, die mit dem Anspruch einer demokratischen Verfassungstheorie als „öffentliche notwendig kritische Theorie" kontrastiert, bleibt der gesellschaftliche Hintergrund der pluralen Kräfte des Volkes letztlich ungefragt.

In der Theorie des politischen Gemeinwesens ist demnach der akzeptierte Pluralismus der politischen Kräfte trotz der Einsicht von der Verflechtung von Staat und Gesellschaft losgelöst von seiner sozialökonomischen Basis im Spätkapitalismus, nämlich einer nach wie vor bestehenden Ausbeutungsordnung mit Klassencharakter. Damit kann ein wirkliches strategisches Überwindungskonzept nicht angeboten werden, an dessen Stelle die abstrakte Forderung einer politischen Einheit durch Konsens tritt. Dennoch dürfen die progressiven Komponenten wie z. B. die Forderung nach kritischer Öffentlichkeit als constituens des politischen Gemeinwesens nicht übersehen werden.

Demokratie durch Gegenmacht

Gelangte die Theorie des politischen Gemeinwesens zwar bis zur Forderung einer kritischen Öffentlichkeit, aus der Diskussion und materialer Konsens hervorgehen sollte, so blieben doch die Konstituenten dieser kritischen Öffentlichkeit, wenn darunter nicht die bestehenden, sich auch im Parlament durchsetzenden Macht- und Kooperationsverhältnisse verstanden werden konnten, allgemein und abstrakt[134]. In diesem Punkte werden die sogenannten Gegenmachtstheorien konkreter. In Übereinstimmung mit bestimmten kritischen Varianten der Theorie der modernen Industriegesellschaft wird als die entscheidende Änderung des gesellschaftlichen Systems seit dem Ersten Weltkrieg die „Ersetzung eines liberalen Marktautomatismus durch ein System politischer Regelungen, Planungen und Leistungen" bezeichnet[135]. Dieses Analyseergebnis führt zu der Annahme, daß das staatliche Planungs-, Lenkungs- und Leitungssystem eine ständige Umverteilung des gesellschaftlichen Reichtums vornimmt. Damit würden die ehemals in privater Verfügung stehenden Bereiche fortschreitend politisiert, was sich in den ständigen Konflikten um die jeweilige Um- und Neuverteilung des gesellschaftlich erarbeiteten Reichtums äußere. Nach U.K. Preuß bezieht sich die Sozialstaatsklausel des Grundgesetzes auf diesen Verteilungsprozeß. Die sozialen Konflikte seien in das System der politischen Institution hineingenommen. „Die Institutionen der sozialen Konflikte, Parteien, Verbände, Vereine, single purpose movements und ähnliches konstituieren mit dem zunehmend eigene politische Substanz entbehrenden Staatsapparat die politische Ordnung der Gesellschaft.“[136]

Ausdrücklich wird abgelehnt, daß der Prozeß der Auseinandersetzung um den Verteilungsschlüssel eine irgendwie geartete völkische oder geistige, geschweige denn ökonomische und soziale Homogenität der Gebietsbevölkerung hervorbringe. Vielmehr komme lediglich ein politischer Kompromiß zwischen den verschiedenen Gruppen zustande. Die politische Organisation der Gesellschaft ist „ein nach den Regeln der Verfassung zustande gekommener und in deren Grenzen eingehaltener politischer Kompromiß rivalisierender gesellschaftlicher Gruppen, ebenso wie die Verfassung selbst als ein Kompromiß zu verstehen ist“, der die historisch erkämpften Machtpositionen der Unterprivilegierten als Verfassungsposition abzusichern und die Entfaltung weiterer gesellschaftlicher Gegenmacht zu garantieren sucht. Die Grundrechte werden daher als Resultat politischer Machtkämpfe verstanden, die einen Waffenstillstand zwischen den miteinander ringenden ökonomischen und sozialen Kräften darstellen[137].

Gegenüber den an einem abstrakten Gemeinwohlbegriff orientierten Konsensforderungen der Theorie des politischen Gemeinwesens ist hier die soziale Voraussetzung eines solchen Konsenses als Problem thematisiert. Die Programmierungsnotwendigkeiten des modernen Kapitalismus werden jedoch trotz aller Konkretisierung auf die Verteilungsebene verkürzt. Die Sphäre der unmittelbaren Produktion ist nur insoweit thematisiert, als eine Einwirkung der Planungstätigkeit des Staates auf diese Ebene im Sinne einer Einschränkung privater Verfügungsmacht angenommen wird. Die Realität der konzentrierten Macht der Monopole ist damit aber nicht getroffen. Deren Macht wird durch die staatliche Planungstätigkeit nicht eingeschränkt, sondern in ihrer Verflechtung mit der Staatsbürokratie noch potenziert. Zwar bedeutet dies Politisierung ökonomischer Macht, aber nicht im Sinne ihrer Veröffentlichung, sondern gerade umgekehrt durch den überragenden Einfluß der Monopole auf die Staatsbürokratie eine zunehmende Privatisierung ehemals öffentlicher Bereiche, wie sie sich ja deutlich in der Entmachtung des Parlaments zugunsten einer „Sachverständigenbürokratie“ zeigt. So findet auch eine Umverteilung des Sozialproduktes statt, jedoch nicht im Sinne einer politischen Kompensation von Unrecht, sondern im Sinne einer politischen Selbstzuweisung des Reichtums, die der Konzentration und Zentralisation der Kapitalien (des Monopolkapitals) folgt. Nur wo es gelingt, diese sich im bezeichneten Sinne politisierte Macht zurückzudrängen, könnte der Umverteilungsprozeß die gewünschte Richtung erhalten.

Das kommt in den Gegenmachtkonzeptionen auch zum Ausdruck, die Gegenmacht nicht als abstrakte, an vagen Gemeinwohlvorstellungen gebundene Staatsmacht begreifen, sondern als politische Kampforganisation der im Produktionsbereich keine Verfügungstitel Besitzenden (Parteien, Gewerkschaften etc.). Wie aber die Analyse des Wandels der politischen Macht bei den meisten Gegenmachtkonzeptionen auf die Verteilungsebene beschränkt ist oder nur solche Momente des Produktionsprozesses aufnimmt, die die herrschenden Produktionsverhältnisse nicht im Zentrum treffen[138], so lokalisieren sie die Möglichkeit der Gegenmachtentfaltung auch nur in diesem verkürzt begriffenen Bereich. Effizient würde aber eine Gegenmacht erst, wenn sie sich durch eine Wissenschaft angeleitet versteht, die weder von politischen Aktionen noch von einer allgemeinen Analyse der Wirtschaft und der Gesellschaft getrennt wird[139]. Eine solche Praxis hätte einerseits Voluntarismen zu vermeiden und müßte an den objektiven wie subjektiven Realitäten des Klassencharakters des spätkapitalistischen Systems ansetzen, ohne andererseits der Gefahr pragmatischer Lösungen einer eingeschränkten Perspektive zu erliegen. Beides vermag wiederum nur eine wissenschaftliche Analyse im schon bezeichneten Sinn zu leisten.

6. Funktion und Chancen einer Wissenschaft als Gegenmacht

Im Zentrum aller modernen bürgerlichen Demokratietheorien, die in ihren verschiedenen Varianten um die Konzeption der modernen Industriegesellschaft kreisen, steht die These der Eigenständigkeit von Wissenschaft und Technik. Eine weiterführende Kritik, die zu einer praktischen Alternative der Überwindung führt, hätte demnach an ihr anzusetzen. Scheinbar tun dies auch Ansichten, die die moderne Industriegesellschaft in ihrer Grundstruktur als nach wie vor kapitalistisch und die Technokratiethese als eine von ihr hervorgebrachte Ideologie bezeichnen.

Spätkapitalismus ohne Klassenantagonismus

Marcuse[140] kommt in einer „unorthodoxen" Analyse des Spätkapitalismus zu dem Ergebnis, daß der Stand der wissenschaftlich-technischen Entwicklung sowohl die Stabilisierung des gesellschaftlichen Systems auf der Grundlage der privaten Kapitalverwertung erlaube als auch Institutionen hervorbringe bzw. die bestehenden dazu umfunktioniere, die durch die Stabilisierung der kapitalistischen Produktionsverhältnisse aufrechterhaltenen Herrschaftsbeziehungen zu legitimieren. Der frühere Träger der Revolution, das Proletariat, werde durch diesen Mechanismus vor allem sozialpsychologisch integriert, ein neuer Träger könne sich nicht konstituieren[141]. An die Stelle der Revolution träte der spontane Protest von Einzelnen am Rande des Systems, insbesondere von Intellektuellen, und verschiedener Gruppen von Unterprivilegierten, die jedoch nur noch teilweise mit den alten Proletariern identisch seien, da die Ausbeutung im spätkapitalistischen System weitgehend aufgehoben sei.

Mit Recht[142] wurde darauf hingewiesen, daß damit zwei zentrale Theoreme der politischen Ökonomie von Marx ad acta gelegt worden sind: die Arbeitswertlehre (und damit die Mehrwerttheorie) und als Konsequenz die Klassenkampftheorie.

Die zentrale These Marcuses hat Habermas aufgegriffen. Auch er geht davon aus, „daß Technik und Wissenschaft in den industriell fortgeschrittensten Ländern nicht nur zur ersten Produktivkraft geworden sind, die das Potential für eine befriedigte Existenz bereitstellen, sondern auch zu einer neuen Form von Ideologie, die eine von den Massen abgeschnittene administrative Gewalt legitimiert"[143]. Marcuses Grundthese, daß Wissenschaft und Technik die Funktion von Herrschaftslegitimationen übernehmen, gebe den Schlüssel für die gegenüber dem liberalen Konkurrenzkapitalismus veränderte Situation des organisierten Spätkapitalismus, der durch die zunehmende Rolle der Staatsintervention zur Stabilisierung des Systems gekennzeichnet sei.

Wie für Marcuse sind auch für Habermas durch die neue Qualität von Technik und Wissenschaft als erste Produktivkraft „die Anwendungsbedingungen der Arbeitswerttheorie entfallen"[144]. Es sei nicht länger sinnvoll, die Kapitalbeträge für Investitionen in Forschung und Entwicklung auf der Grundlage des Wertes unqualifizierter (einfacher) Arbeitskraft zu berechnen, wenn der wissenschaftlich-technische Fortschritt zu einer unabhängigen Mehrwertquelle geworden sei, gegenüber der die von Marx allein in Betracht gezogene Quelle des Mehrwertes: die Arbeitskraft der unmittelbaren Produzenten, immer weniger ins Gewicht falle.

Sicherlich ist es richtig, daß der moderne Produktionsprozeß in seiner Tendenz zur Automatisierung insgesamt erhöhte Qualifizierung der Arbeitskraft erfordert[145], falsch ist aber die Feststellung, Marx mache seine Mehrwerttheorie an einem unentwickelten Produktionsprozeß fest. Allein schon eine flüchtige Lektüre des 4. Abschnittes des „Kapital": Die Produktion des relativen Mehrwertes, muß den Leser eines Besseren belehren[146]. Ebenso würde die Identifizierung von unqualifizierter Arbeitskraft und unmittelbarem Produzenten, der die noch vulgärere von Handarbeit und Proletariat entspricht, ad absurdum geführt. Bevor wir diese Kritik aber wiederaufnehmen, soll zunächst noch ein flüchtiger Blick auf die politischen Implikationen der These der Technik und Wissenschaft als erster Produktivkraft geworfen werden.

In einer gewissen Abhebung von Marcuse kommt Habermas zu dem Ergebnis, daß zwar nach wie vor gesellschaftliche Interessen die Richtung, die Funktionen und die Geschwindigkeit des technischen Fortschrittes bestimmten, daß diese Interessen aber so sehr das System als Ganzes definierten, daß sie mit dem Interesse an seiner Erhaltung sich deckten. Die nach wie vor bestehende kapitalistische Form der Produktionsverhältnisse sei kein Diskussionsgegenstand mehr. „Als unabhängige Variable erscheint dann ein quasi-autonomer Fortschritt von Wissenschaft und Technik, von dem die wichtigste einzelne Systemvariable, nämlich das Wirtschaftswachstum, in der Tat abhängt."[147] Damit rückt Habermas, wie vor ihm Marcuse, in eine bedenkliche Nähe zu den Vertretern der apologetischen Strömungen der Theorie der modernen Industriegesellschaft, für die „ein demokratischer Willensbildungsprozeß über praktische Fragen (der modernen Gesellschaft) seine Funktionen verlieren und durch plebiszitäre Entscheidungen über alternative Führungsgarnituren des Verwaltungspersonals ersetzt werden muß"[148].

Im Rahmen dieser Untersuchung interessiert weniger die Differenz der „kritischen" Theorie zu der strengen Technokratiethese — sie soll nicht abgestritten werden, wenn ihr subjektiver und voluntaristischer Charakter andererseits auch nicht verkannt werden kann — als vielmehr die Zentralthese von der Verselbständigung der Technik gegenüber der produktiven menschlichen Arbeit früherer Zeiten. Die unsaubere Trennung von Realität, die angeblich nach wie vor kapitalistische Formen der Produktionsverhältnisse aufweise, und Schein, der diese Realität durch eine nicht zu durchbrechende Ideologie verdränge, führte zu einer Hilflosigkeit gegenüber der angeblich nicht akzeptierten Wirklichkeit, der man die intellektuelle Redlichkeit nur schwer abzunehmen vermag, nachdem so viele Elemente einer zur praktischen Überwindung führenden Theorie aufgenommen wurden.

Technizismus und Wissenschaft als gesellschaftsverändernde Kraft

Über den technischen Fetischismus der bürgerlichen Ökonomen hat sich Marx schon im „Kapital" lustig gemacht. Er führt die Rede des berühmten Gurgelschneiders Bill Sikes vor dem Schwurgericht an: „Meine Herren Geschworenen, diesem Handlungsreisenden ist allerdings die Gurgel abgeschnitten worden. Diese Tatsache ist aber nicht meine Schuld. Sie ist Schuld des Messers. Sollen wir wegen solcher zeitweiligen Unannehmlichkeiten den Gebrauch des Messers abschaffen? Bedenken Sie ja! Wo wäre Ackerbau und Handwerk ohne Messer? Ist es nicht eben so heilbringend in der Chirurgie wie gelehrt in der Anatomie? Dazu williger Gehilfe bei fröhlichem Mahl? Schaffen Sie das Messer ab — Sie schleudern uns zurück in die tiefste Barbarei."[149]

Vergleicht man diese Ausführungen mit manchen Hinweisen auf die Notwendigkeiten des Wirtschaftswachstums, der gegenüber gewisse Nachteile als Preis in Kauf genommen werden müßten, das sei eben eine nicht zu beseitigende Schwäche unseres Systems, so kann man sich des Verdachts der Ähnlichkeit beider Argumentationen kaum erwehren. Andererseits ist es gerade wiederum Marx, der die Entwicklung der Produktivkräfte betont hat. Nur ein hoher Entwicklungsstand ermöglicht eine menschliche Gesellschaft, in der die Klassengegensätze aufgehoben sind[150]. Technik und Wissenschaft bilden zusammen mit der menschlichen Tätigkeit, nie losgelöst von ihr, wie es das technizistische Denken nahelegt, die Produktivkräfte der Gesellschaft, die in ihrer Gesamtheit die Triebfeder des gesellschaftlichen Fortschrittes sind. „Die Technik ist deshalb ein Anzeiger der gesellschaftlichen Verhältnisse, weil sich in ihr ein gegebenes Niveau der Sozialität, des gesellschaftlichen Bewußtseins, der Wissenschaft objektiviert."[151]

Daher kommt Marx zu dem Ergebnis, daß „die von der kapitalistischen Anwendung der Maschinerie untrennbaren Widersprüche und Antagonismen nicht (deshalb) ... existieren, weil sie aus der Maschinerie selbst erwachsen, sondern aus ihrer kapitalistischen Anwendung"[152].

In den dargestellten Theorien der modernen Industriegesellschaft bis hin zu ihren kritischen Varianten im marxistischen Gewand wird die Doppelrolle der Technik (entsprechend dem Doppelcharakter der Arbeit im Verhältnis von Mitbildungs- und Verwertungsprozeß[152a]) einerseits Instrument des Arbeiters (bzw. des Arbeitspersonals) im Produktionsprozeß, andererseits ein Instrument der Klasse, deren Eigentum sie darstellt, in einem bezeichnenden Sinne verzerrt. Die Technik wird von der menschlichen Tätigkeit gelöst und einer ehernen Naturgesetzlichkeit unterworfen, die wiederum die sozialökonomischen Institutionen technologisch determiniert. Technik erscheint als die unabhängige Variable und die Ökonomie als abhängige Variable, als Funktion der Technik[153].

In Wirklichkeit bestehen zwischen den Produktivkräften, als deren technologische Basis man die Technik bezeichnen kann, und den gesellschaftlichen Verhältnissen, den Produktionsverhältnissen, viel kompliziertere Beziehungen. Marx hat im *„Kapital"* und in den Vorbereitungsarbeiten das Beispiel einer präzisen Analyse durchgeführt. Die für uns wichtigen Gesichtspunkte sollen hier skizziert werden.

Die Produktivkräfte haben die den kapitalistischen Verhältnissen entsprechende technologische Basis im Stadium der großen Maschinenproduktion ausgebildet. Erst jetzt kann die ökonomische Unterwerfung des Arbeiters unter das Kapital in Übereinstimmung mit der technischen Unterwerfung des Arbeiters unter die Maschine gebracht werden.

„Das Aufnehmen des Arbeitsprozesses als bloßes Moment des Verwertungsprozesses des Kapitals ist auch der stofflichen Seite nach gesetzt durch die Verwandlung des Arbeitsmittels in Maschinerie und der lebendigen Arbeit in bloßes Zubehör dieser Maschinerie; als Mittel ihrer Aktion ... in der Maschinerie tritt die vergegenständlichte Arbeit stofflich der lebendigen als beherrschenden Macht entgegen, und als aktive Subsumtion derselben unter sich, nicht nur durch Aneignung derselben, sondern im realen Produktionsprozeß selbst."[154]

Wie die ökonomische Versklavung hinter den Warenbeziehungen verborgen bleibt, so die technologische als eine nicht überwindbare hinter der Maschine. Wie die Maschine dem Arbeiter als feindliche Macht gegenübertritt, so auch die in den Produktionsmitteln verdinglichte Macht wissenschaftlicher Erkenntnis als verfremdete, feindliche Macht im System der Wissenschaft gegenüber der Arbeit. Das Entsprechen von technologischer Produktionsweise mit der gesellschaftlichen Produktionsweise des Kapitalismus bedeutet jedoch nicht die Reduktion der sozialökonomischen Widersprüche auf die technologische Grundlage, denn die entwickelte große Maschinenproduktion könnte auch die Grundlage einer sozialistischen Wirtschaft darstellen, in der die technologischen Widersprüche zwischen Mensch und Maschine zumindest gemildert werden können, während sie sich in der kapitalistischen Wirtschaft verschärfen. Aber nicht nur die unmittelbare Wechselwirkung Technik — Arbeiter wird durch die gesellschaftlichen Verhältnisse beeinflußt, sondern vor allem der Charakter des technischen Fortschrittes.

Was Marx schon von der kapitalistischen Anwendung der Maschinen auf dem technischen Niveau der Mechanisierung feststellte, gilt in noch verstärkterem Maße auf dem Niveau der Automatisierung. Technologische Widersprüche von Mensch und Maschine, die beim Stand der Mechanisierung auch im sozialistischen System nur gemildert werden können, haben jetzt die Chance, ganz beseitigt zu werden. Neuere Untersuchungen der durch die Automatisierung herbeigeführten Veränderungen zeigen jedoch in kapitalistischen Systemen eine sehr widersprüchliche Entwicklung zwischen privilegierter und diskriminierender Arbeit[155].

„Die Wechselwirkung der Technik (im Bestand der Produktivkräfte) mit den sozialen Institutionen trägt demnach einen komplizierten und vielschichtigen Charakter. Die Technik wirkt auf verschiedenen Wegen und in verschiedenen Formen auf die Gesellschaft ein. Diese Einwirkung wird in Abhängigkeit von den sozialökonomischen Bedingungen der Anwendung der Technik modifiziert, wird gemildert, ‚amortisiert‘ oder, umgekehrt, verstärkt, vertieft. Schließlich wird die Entwicklung der Technik selbst sehr stark von den politischen, ökonomischen und ideellen Institutionen der Gesellschaft beeinflußt, wodurch der wissenschaftlich-technische Fortschritt entweder stimuliert oder gehemmt werden kann, indem in Übereinstimmung mit den ökonomischen und politischen Klassenzielen die technischen Formen modifiziert und ihre Entwicklung aufgehalten werden."[156]

Dem erreichten Stand der Produktivkräfte im Zeitalter der wissenschaftlich-technischen Revolution entspricht die Tendenz, daß ehemals von der Produktion weit entfernte Bereiche der menschlichen Tätigkeit unmittelbar ökonomische Inhalte annehmen. Sie üben einen spürbaren Einfluß auf die Steigerung der Produktivität der gesellschaftlichen Arbeit aus. Das gilt vor allem für die Bereiche Wissenschaft und Bildung, die zwar schon im Frühstadium der kapitalistischen Entwicklung in staatliche Verwaltung kamen, jetzt aber erst zu einem umfassenden System innerhalb der ökonomischen Programmierungstätigkeit des Staates ausgebaut werden. Mit diesen Veränderungen geht Hand in

Hand eine Veränderung der Qualifikationsstruktur des produktiven Arbeiters[157], zu dem immer mehr ein bedeutender Teil der Intelligenz, wie ingenieurtechnische und wissenschaftliche Kräfte gerechnet werden müssen, soweit sie keine delegierten Management- oder Aufsichtsfunktionen des Kapitals[158] wahrnehmen. Aber auch bei den nicht unmittelbar auf die Produktion bezogenen Arbeiten, die einen Teil des Mehrwertes absorbieren (unproduktive Arbeiten), zeigt sich ein Wandel. Ihre Rückwirkung auf die Erhöhung des Mehrwertes in der Produktion (Mehrwertrealisation) wächst, und zwar nicht nur durch die Organisation der Verwaltung, des Absatzes, der Produktion und der Arbeitsbeziehungen, sondern vor allem durch die zunehmende Funktion der Ausbildung der Arbeitsqualifikation. Auch hier schiebt sich die wissenschaftliche Intelligenz in den Vordergrund.

Insofern ist in solchen Theorien, die die wissenschaftliche Intelligenz als zukünftiges gesellschaftsveränderndes Potential betrachten, ein richtiger Kern. Wenn sie aber die wissenschaftliche Intelligenz dem hinsichtlich möglicher Gesellschaftsveränderungen funktionslosen Proletariat gegenüberstellen, verkennen sie zweierlei: Nur in ihrer Verbindung zum unmittelbaren Produktionsprozeß, sei es als Teil des produktiven Arbeiters, sei es als Teil des unproduktiven hinsichtlich der Mehrwertrealisation, sei es in der politisch-ideologischen Ebene als Interessenvertreter der Arbeiterklasse[159] kann die Intelligenz objektiv gesellschaftsverändernde Kraft sein. Sie muß also gerade in einem dem technizistischen Denken entgegengesetzten Sinn begriffen werden, nämlich als Akteur der scheinbar verselbständigten Technik.

Ein weiterer schon angedeuteter Gesichtspunkt relativiert zudem die der wissenschaftlichen Intelligenz von den genannten Theorien zugewiesene Funktion. Die vom Kapitalismus bestimmte Richtung des wissenschaftlich-technischen Fortschrittes schränkt nämlich die Funktion von Wissenschaft selbst wieder ein. Dies zeigt sich an der widersprüchlichen Entwicklung der Automatisierung hinsichtlich der Arbeitsplatzstruktur, der eine ebenso widersprüchliche Ausbildung der Arbeitsqualifikation entspricht[160], wie an der nicht hinreichenden Ausdehnung der Bereiche Wissenschaft und Bildung, die jedoch für die weitere Entwicklung der Produktivkräfte erforderlich wäre. Die Ausrichtung der Qualifikation des Gesamtarbeiters hin zu einer tendenziellen Aufhebung von geistiger und repetitiver Teilarbeit stößt augenscheinlich an die Systemgrenze kapitalistischer Produktionsverhältnisse. Diese Feststellung hat auch strategische Bedeutung. Nach wie vor bleibt die traditionelle Industriearbeiterschaft in ihrer gewerkschaftlichen und politischen Organisation Kern derjenigen Kräfte, die potentiell eine Veränderung der gesellschaftlichen Verhältnisse herbeiführen könnten. Jede Strategie, die Gesellschaftsveränderung im sozialistischen Sinne anstrebt, hätte also hier anzusetzen[161].

Alle Konzeptionen hingegen, die in ihrer Strategie die Wissenschaft als Gegenmachtfaktor verabsolutieren, wobei die politische Organisation dieser Wissenschaft noch weitgehend unklar bleibt, laufen Gefahr, utopische oder resignative Konsequenzen zu ziehen[162]. Damit können sie aber in einem technokratischen Sinne von monopolkapitalistischen Interessen funktionalisiert werden, was ihren eigentlichen Intentionen zuwiderläuft.

Kurt Lenk
Konservatismus

1. Traditionalismus und konservatives Denken

Nach 1945 gibt es in der Bundesrepublik zwar keine großen konservativen Parteien mehr, die denen der Weimarer Republik vergleichbar wären. Doch kann das Selbstverständnis unserer „Volksparteien" kaum darüber hinwegtäuschen, daß Konservativsein heute zu einem Ferment der Volksparteien geworden ist. Sie alle wollen Reformen im Rahmen des Bestehenden. Konservativsein ist keine Parteiangelegenheit mehr. Daher lassen sich weniger denn je Begriffe wie „Konservatismus" und „konservativ" eindeutig präzisieren. Die Frage, was als konservatives Denken gelten könnte, ist nur schwer von einem gesicherten theoretischen Fundament her zu beantworten[1]. Die Verwendungsmöglichkeiten des Konservatismusbegriffs sind mannigfaltig und verwirrend. L. Kolakowski etwa spricht vom Konservatismus als jener Philosophie, die das Absolute verewigt und deren Träger der Typ des „Priesters" sei. Er diene dem Kult des Endgültigen und der anerkannten Selbstverständlichkeiten, die in den überkommenen Traditionen verwurzelt sind. Im so verstandenen Konservatismus erblickt Kolakowski ein theologisches Erbe der Philosophie[2]. Ein anderer, primär politisch gefaßter Begriff des Konservativen meint das bewußte Festhalten an jedweder Form staatlicher Herrschaft, da nur sie Anarchie und Chaos verhindern könne. In diesem Sinne wäre z. B. die Staatslehre Thomas Hobbes' ein Grundmodell konservativen Denkens.

Diesen Bedeutungen könnte man noch eine Reihe anderer hinzufügen — doch damit wäre für die Bestimmung des heutigen konservativen Denkens nur wenig erreicht. In der Mitte der 20er Jahre hat Karl Mannheim einen entscheidenden Schritt zur wissenschaftlichen Klärung des konservativen Denkstils, seiner Ursprünge und Motive getan[3]. Obgleich Mannheim sich auf den frühen Konservatismus im Deutschland des beginnenden 19. Jahrhunderts konzentriert, liefert er doch wesentliche Einsichten in die Struktur späterer Spielformen konservativer Theorie. Mannheim geht davon aus, daß konservatives Denken als reaktives Denken begriffen werden kann, das sich zwar einerseits im Sinne einer rückwärts gewandten Utopie auf „goldene Zeiten" beruft, andererseits aber zugleich gezwungen ist, gegen die aufklärerisch-liberalen Tendenzen anzugehen. In dieser polemischen Antihaltung verliert das, was als ehedem nicht reflektierter, naturwüchsiger Konservatismus oder, wie Mannheim sagt, als „Traditionalismus" mehr gefühlt als gedanklich formuliert wurde, gleichsam seine Naivität.

Wenn Mannheim den Traditionalismus als Mentalität oder als formal-psychische Eigenschaft kennzeichnet, so soll das besagen, daß das

Festhalten am Hergebrachten und die damit verbundene Unlust, sich auf Neuerungen einzulassen, hier noch gar nicht in den Bereich theoretischer Reflexion treten, sondern primär Verhaltensäußerungen darstellen. Erst von dem Zeitpunkt an, wo diese traditionalistische Mentalität durch das Aufkommen liberaler bürgerlicher Tendenzen verunsichert wird, geht das unreflektierte und selbstverständliche Handeln in konservatives Denken über. Diesem erst entspricht der Konservatismus als ein eigener geistiger Strukturzusammenhang. Mannheim hat sich bemüht, in seiner Morphologie des konservativen Denkstils dessen Grundintentionen und Prinzipien herauszuarbeiten. Einige der von ihm bezeichneten Merkmale können, wenngleich modifiziert, auch für das gegenwärtige konservative Denken als bestimmend gelten. So etwa

— das Sichklammern an das unmittelbar Vorhandene und Vorgegebene;
— die Abneigung gegen gedankliche Konstruktionen eines künftigen besseren Zustandes in Gesellschaft und Politik;
— die Parteinahme für die jeweilige politische Wirklichkeit gegen die normsetzenden Ansprüche geschriebener Verfassungen;
— schließlich das Engagement für die überkommenen gesellschaftlichen und politischen Institutionen gegen deren kritische Infragestellung.

Die Problematik konservativen Denkens ergab sich seit je aus der Fragwürdigkeit seines Anspruchs, die alten Werte durch gedankliche Besinnung retten zu wollen, nachdem deren allgemeine Verbindlichkeit geschwunden war. Dabei wird jedoch dem Denken etwas zugemutet, was es von sich aus gar nicht leisten kann. Kulturgüter und Werte werden in der Regel erst dann „hochgehalten", wenn sie ihre Substanz bereits eingebüßt haben. Mit dieser immanenten Schwierigkeit sah sich das konservative Denken seit seinen Anfängen konfrontiert, als es sich auf rationale Theoriebildung wider Willen einlassen mußte. Darin liegt ein Dilemma aller konservativen Theoriebildung bis heute. Seine Entstehung deutet Mannheim so: „Das konservative Erleben rettet sich gleichsam dadurch, daß es immer mehr auf die Ebene der Reflexivität und der methodischen Beherrschtheit jene Einstellungen zur Welt erhebt, die für das originäre Erleben sonst verlorengegangen wären. Erst hier, auf der Stufe, wo das unmittelbare Erleben aus der Tradition heraus zu verschwinden begann, entdeckte man reflexiv das Wesen der Geschichte, und man bildete zugleich mit gespannter Intensität eine Methode des Denkens aus, die irgendwie die Grundhaltung zur Welt und Umwelt retten sollte."[4]

Die dem konservativen Denken immanente Schwierigkeit besteht sonach darin, daß es gegen die in Bewegung geratene Gesellschaft eine als ewig postulierte Ordnung und Wesenskonstante des Menschen verteidigen möchte. Verteidigung aber gegen die fortschreitende Rationalisierung des Lebens in einer vom kapitalistischen Markt und den Gesetzen der Industrialisierung beherrschten Epoche kann sich auf die Dauer nur dann behaupten, wenn sie den Gegner mit dessen Waffen und auf seinem eigenen Felde zu schlagen versucht. Die Dialektik dieses

Vorgangs mußte dazu führen, daß eine geistige Weltanschauung, die rationalem Denken im Grunde feind und statt dessen mehr der Fülle des unreflektiert gebliebenen Lebens zugetan war[5], sich zunehmend gerade mit jenen aufklärerischen Instrumenten zu versehen hatte, in deren Existenz sie das Gift der neuzeitlichen Epoche erblickte. Je mehr der Konservatismus sich als Rationalisierung einer bestimmten Haltung behaupten wollte, um so weniger blieb ihm von jenem organisch-unreflektierten Traditionalismus übrig, in dem er seine eigentliche Substanz erblickt. Es ergab sich somit das Paradoxon, daß der Konservatismus um so weniger von seinem „Wesen" bewahren konnte, je mehr er sich daran begab, den Anfechtungen der gesellschaftlichen Realität die Stirn zu bieten.

2. Edmund Burkes Theorie der Gegenrevolution — ihre Motive und Folgen

Die Geschichte der Gegenrevolution, der Restauration und des Reflexivwerdens brüchig gewordener „traditionalistischer" Sozialstrukturen in Frankreich und vor allem in Deutschland ist seit der Französischen Revolution zugleich die Geschichte des politischen Konservatismus Burkescher Observanz. Immer dort, wo positives Recht, historisch „gewachsene" nationale Einheiten gerechtfertigt und verteidigt werden, bedient man sich mit Vorliebe der Argumentationsmuster Edmund Burkes. Seine 1790 erschienene Schrift: „*Reflections on the Revolution in France*" gilt als eine der glänzendsten Streitschriften zur Rechtfertigung bestehender Regime gegen aufkommende revolutionäre Bewegungen[6]. Die Verteidigung historisch gewordener Rechte gegenüber aufklärerischen Anfechtungen findet sich hier in einem gewissermaßen „klassischen" Kontext, der noch mit den gedanklichen Gehalten seines Gegenübers, der bürgerlichen Aufklärung, verflochten ist.

Da der politischen Theorie der Gegenrevolution der Wille zur Systematisierung abgeht, ist sie ein in sich ebenso differenziertes gedankliches Konglomerat wie die Aufklärung selbst. Wie die Strukturen und Motive der bürgerlichen Aufklärung in England und Frankreich, aber auch in Deutschland, als Reaktionsformen und Antworten auf den Absolutheitsanspruch des hierarchischen Feudalsystems und seiner monokratischen Spitze zu begreifen sind, so ist die Theorie der Gegenrevolution eine Antwort auf den Geist der Aufklärung. Das Insistieren auf ewigen Wesensgehalten, auf Herkommen, Sitte, Geschichte und positivem Recht — im Gegensatz zum Vernunftnaturrecht der Aufklärer — offenbart das verzweifelte Bemühen, der Geschichte einen über sie selbst hinausweisenden Sinn abzugewinnen. Politische Theorie der Gegenrevolution ist somit zugleich Sinngebung des vom geschichtlichen Fortgang selbst bereits als unwahr Dekouvrierten.

Die Eigentümlichkeit der originären politischen Schriften Burkes — gegenüber seiner romantisierenden Instrumentalisierung — besteht vor allem darin, daß in ihnen sich die Strategie konservativer Gegenrevolution noch in der Form des Begriffs darstellt. Burke ist der mit den Waffen aus den Arsenalen des 18. Jahrhunderts ausgestattete Gegenaufklärer. Da die herkömmliche politische Autorität in Frankreich obsolet geworden war, galt es, die Autorität als erhabenen Bestandteil der Geschichte darzustellen. Da die feudalen Familien nicht mehr das Leitbild bürgerlichen Familienidylls sein konnten, mußte das Familienprinzip selbst ebenso wie Autorität, Königtum, Treue, Ehre, Tapferkeit und alle anderen Tugenden des ständisch-feudalen Zeitalters als gesellschaftliche „Wesenheiten" gesetzt werden[7]. 1796 lagen nahezu sämtliche antirevolutionären Argumente bereit, mit denen dann bis zu Spengler und Moeller van den Bruck operiert worden ist.

Ein Grundmotiv konservativen Denkens seit Burke ist die strikte Ablehnung des Vertragsgedankens, mit dem die politische Theorie der Aufklärung das Prinzip jeglicher Staatlichkeit erklären wollte. Denn Vertrag, ob Herrschafts- oder Unterwerfungsvertrag, beinhaltet stets: die Menschen sind die Schöpfer ihrer Geschichte, und die Gesellschaft ist die Resultante menschlichen Zusammenhandelns. Der Mensch, so entfremdet er auch inmitten der Kultur und Zivilisation sein mag, ist, so hatte die Aufklärung behauptet, dennoch *prinzipiell* in der Lage, die Geschichte seines Lebens und die der menschlichen Gesellschaft rational zu bestimmen. Er ist nicht Spielball höherer Mächte, Objekt eines göttlichen Schicksals oder einer ewigen Vorsehung, sondern Handelnder und Leidender, auf jeden Fall aber einer, der Recht und Staat als Ergebnis menschlicher Tätigkeit bilden oder zerstören kann. Um die der politischen Theorie des aufgeklärten Bürgers innewohnende Utopie vom autonomen Menschen und einer sich selbst bestimmenden, weil Gesetze gebenden und damit freien Gesellschaft destruieren zu können, werden vom Konservatismus geschichtsträchtige, eherne Autoritäten herbeizitiert. Die kleinste Einheit überindividueller Autorität ist die Familie. Sie ist konservativem Denken daher Urzelle des Staates und der Gesellschaft. Familie beinhaltet sowohl Hierarchie als auch Privateigentum, ferner Ordnung, Sicherheit und Bindung, Werte also, um deren Begründung es Burke und seinen Nachfolgern zu tun war. Familie macht bodenständig: sie sorgt dafür, daß mit der Aufzucht der Jungen das vitale Interesse an bürgerlicher Stetigkeit zum Interesse des Ganzen wird. Sie ist das Band zwischen privater Existenz und den Forderungen des Staates.

Noch Arnold Gehlens Laudatio auf die erhabene und wohltätige Macht der Ehe und Familie, eine Laudatio, die ihre Spitze gegen die bloße Subjektivität richtet, steht in dieser Tradition: „Das direkte Ausspielen der Subjektivität ist . . . immer falsch und schließlich ist es stets so, wie im Verhältnis der Geschlechter: es läßt sich zwischen Mann und Frau das leidenschaftlichste, reichste und belebendste Verhältnis direkt und allein, als seelisches Pathos, nur unter allerseltensten Bedingungen durchhalten, es läßt sich darauf allein nichts gründen. Das Biologische, das Ökonomische, die nächste Generation, die Nahrung und Notdurft sind stärker, und das Verhältnis muß sich objektivieren, versachlichen, aus der Ausschließlichkeit dieser einzelnen heraus verallgemeinern, mit einem Wort: zur Institution (der Ehe) *entfremden*, gerade wenn diese Menschen sich nicht gegenseitig verlieren und fremd werden sollen. Der Mensch kann zu sich und seinesgleichen ein dauerndes Verhältnis nur indirekt festhalten, er muß sich auf einem Umwege, sich entäußernd, wiederfinden, und da liegen die Institutionen . . . Die Institutionen sind die großen bewahrenden und verzehrenden, uns weit überdauernden Ordnungen und Verhängnisse, in die die Menschen sich sehenden Auges hineinbegeben, mit einer für den, der wagt, vielleicht höheren Art von Freiheit als der, der in ‚Selbstbetätigung' bestünde. . . . Und die Institutionen wie Ehe, Eigentum, Kirche, Staat entfremden zwar die Menschen von ihrer eigenen unmittelbaren Subjektivität, ihnen eine durch die Ansprüche der Welt und der Geschichte hindurchgegangene höhere verleihend, aber sie schützen sie auch vor sich selbst, für einen hohen und vergleichslosen seelischen Einsatz noch Platz lassend, ohne ihn zu fordern."[8]

Mit Burke erkennen Konservative in aller revolutionären Theorie den Aufstand des sich emanzipierenden Ich gegen die Welt der Bindungen: die Saat dieser Utopie aber, so glaubt er, gehe entweder nicht auf oder sie wird zur Drachensaat moderner Tyrannei. Die Unkosten der Revolution sind, das lehre die Geschichte, in jedem Falle weit höher als der faktische Ertrag. Nur als frei sich ins Ganze Einfügender könne der Einzelne zur einzig wahren, d. h. zur dauerhaften Freiheit gelangen.

Dem entspricht im konservativen Denken die organische Staatsvorstellung. Bereits für Burke ist der Staat nichts von Menschen Gemachtes, kein Vertragssystem der auf Wahrung ihrer Eigeninteressen bedachten Bürger, sondern eine historisch gegebene Einrichtung auf Dauer, auf Ewigkeit. In diesem Sinne heißt es in seinen „*Reflections*": „. . . der Staat sollte nicht wie ein Handelsabkommen über Pfeffer, Kaffee, Tabak oder etwas von so geringer Bedeutung aufgefaßt werden, denn es handelt sich dabei nicht um eine Gemeinschaft von Dingen einer vorübergehenden, zerstörbaren Natur, welche den Bedürfnissen unserer materiellen Existenz dienen. Der Staat bildet eine Gemeinschaft aller Erkenntnisse, aller Künste und aller Werte. Da das Ziel einer derartigen Gesellschaft nicht in wenigen Generationen zu erreichen ist, so wird er zu einer Gemeinschaft nicht nur zwischen den Lebenden, sondern auch den Toten und denjenigen, die nach uns kommen . . . Dieses Gesetz ist nicht dem Willen derjenigen unterworfen, welche zufolge einer Verpflichtung, die über sie hinausreicht und unermeßlich höher steht, gezwungen sind, ihren Willen diesem Gesetz zu unterwerfen. Es ist allein die erste und oberste Notwendigkeit, die nicht gewählt wird, sondern selbst wählt, die jeder Betrachtung vorangeht und keine Diskussion und Beweise verlangt, die es etwa rechtfertigt, zur Anarchie Zuflucht zu nehmen. Diese Notwendigkeit bedeutet keine Ausnahme von der Regel, denn sie ist selbst Teil jener geistigen und physischen Ordnung der Dinge, welcher der Mensch durch Zwang gehorchen muß."[9]

Der strategisch-gegenaufklärerische Sinn dieser Staatsauffassung ist eindeutig. Staaten und Gesellschaften, so wird behauptet, sind Wesenheiten jenseits menschlicher Willkür und frei planender Rationalität. Sie sind das Ergebnis eines konstanten menschlichen Bedürfnisses nach Ordnung und Sinngebung. Diese sozialmetaphysische Behauptung, so abstrakt sie zunächst klingt, enthält in sich die Abwehr des Unternehmens der französischen Bourgeoisie, Nation und Gesellschaft nach ihren klassenbezogenen Interessen ordnen zu wollen, d. h. die überkommenen und für die Entfaltung einer kapitalistischen Konkurrenz- und Tauschgesellschaft hinderlichen Schranken des Feudalabsolutismus aufzulösen. Die Ablehnung der Doktrin von der Volkssouveränität wird mit der Theorie von der Göttlichkeit des Staates gerechtfertigt. Burke geht davon aus, daß Gott der Herr auch aller politischen Institutionen und Ereignisse und sein Wille das Gesetz aller Gesetze ist[10]. Er sieht in der Tatsache, daß seit Menschengedenken diese Metaphysik des Staates unter den Beherrschten größte Verbreitung gefunden hat, nur eine Bestätigung seiner Erfahrungswissenschaft.

Carl Schmitts Urteil über Burkes politische Haltung und deren Prämisse kennzeichnen bis heute konservatives Denken: „Der Abscheu, den Burke ... vor dem ‚Machen' in politischen Angelegenheiten ... (hat), vor den künstlichen, von einem findigen Individuum berechneten Verfassungen, vor den Konstitutionsfabrikanten und den politischen Geometern, entspringt dem Gefühl dafür, daß der Grund alles historisch-politischen Geschehens in einer überindividuellen Macht liegt, wobei ‚Grund' ... sowohl die kausale Erklärung wie die normative Rechtfertigung, die Legitimierung bedeutet."[11]

So appelliert Burke denn auch an die Tugend und an die Bereitschaft zum Gehorsam gegenüber der Tradition. Er, der alles aufklärerische Pathos haßt, wird pathetisch stets dann, wenn es gilt, das, was immer war, als das einzig Wahre und den Menschen Dienliche zu feiern. Hier wäre die Frage an die politische Theorie Burkes zu richten, die zugleich auf ein Axiom konservativer Theorie zielt: Mit Burke unterstellt, daß etwas nicht schon deswegen, weil es neu erscheint, wahr und richtig sein kann, so wäre doch zu prüfen, ob dies nicht auch für das sogenannte Ewig-Wahre im Haushalt politischer Vorstellungen gilt. Ist das Alte schon darum „wahrer" als neue Vorstellungen, weil es alt ist, weil es die Tradition hinter sich hat, weil es das Denken der Herrschenden aller Zeiten und Länder legitimiert? Will man politische Wissenschaft nicht zu einer Magd von Offenbarungswahrheiten werden lassen, so muß die Frage erlaubt sein, ob das Dauerhafte wahrer sei als das Vergängliche, nur weil das Dauerhafte lange dauert und das Vergängliche damit verglichen nur kurz. Ist nicht auch der Schrecken der zwar nicht gottgewollten, sondern ökonomisch und sozial durchaus erklärbaren Kriege zwischen den Völkern „ewig"? Wer gibt dem Überkommenen seine Würde, wenn nicht die, die davon profitieren?

Läßt man die Burkesche Berufung auf Gott beim Nachdenken über den Staat aus dem Spiel, dann werden derartige Fragen wieder möglich. Burke selbst hat darauf geantwortet, denn seine Epoche stellte ihm diese Fragen. Seine Antwort lautet: "It has been the misfortune (not, as these gentlemen think it, the glory) of this age, that everything is to be discussed, as if the constitution of our country to be always a subject rather of altercation, than enjoyment."[12] Burkes Antwort gleicht einem Salto mortale. Er verweist darauf, daß Fragen nach dem Rechtsgrund ewig geltender Gesetze selber bereits einem „Zeitgeist" entspringen, der alles in Frage stellt, alles bedroht, alles zersetzt, ohne dauerhafte Ordnungen an die Stelle der immergültigen setzen zu können. Genau dies ist für Burke denn auch die Sozialcharakterologie jener „men of letters", denen er in einer Art Verschwörungs- und Rädelsführertheorie letztlich die Schuld an der Französischen Revolution samt ihren Folgen gibt, denn sie hinterfragen, was selber bereits Fundament des Fragenkönnens ist, nämlich die gottgewollte und überkommene Ordnung des politischen Gemeinwesens. Nur so ist es zu verstehen, daß er unter Berufung auf die in die bestehende Ordnung seiner Zeit selbst eingesenkte Idee der Vollkommenheit zur autoritären Pose des „Nun einmal so Seienden" flüchtet. Burke greift zum Mittel der Beschwörung: er zeigt auf, wohin es führt, wenn nicht bloß wenige, sondern viele so fragen würden: ins Chaos der Anarchie, zur Auflösung aller geheiligten Bindungen oder in die Despotie: "As all government stands upon opinion, ... the way utterly to destroy it, is to remove that opinion, to take away all reverence, all confidence from it; and then, at the first blast of public discontent and popular tumult, it trumbles to the ground."[13]

Wird die Frage nach der rationalen Legitimierbarkeit politischer Ordnung aber selbst bereits zur Bedrohung ihres absoluten Geltungsanspruches, so kann es um deren Substantialität nicht zum besten bestellt sein.

Die Burke-Rezeption in Deutschland vollzog sich auf der Linie jener Aussage von Adam Müller in seinen „Elementen der Staatskunst", die mit Burke den Staat nicht als „eine bloße Manufaktur, Meierei, Assekuranzanstalt oder merkantilistische Sozietät" auffaßt, sondern als „die innige Verbindung der gesamten physischen und geistigen Bedürfnisse, des gesamten inneren und äußeren Lebens einer Nation zu einem großen, energischen, unendlich bewegten und lebendigen Ganzen. Von diesem Ganzen kann die Wissenschaft kein totes, stillstehendes Bild, keinen Begriff geben; denn der Tod kann das Leben, der Stillstand die Bewegung nicht abbilden." Die mit diesen Worten umrissene spekulative Methode hat mit ihrem antirationalistischen Affekt die deutsche Staatsphilosophie bis hin zu Othmar Spann bestimmt. Mit ihren organizistischen Vorstellungen gibt sie die Theorie vom Staatsvertrag und das individualistische Naturrecht der Aufklärung preis.

Im Jahre 1864 formuliert der Historiker und Staatsrechtslehrer Heinrich Leo seine konservative Grundhaltung: „Ich kenne kein abstraktes Zerrbild des Konservatismus im allgemeinen, sondern überall nur die Aufgabe, das gottgegebene, wirkliche Leben in seiner auf verschiedenste Weise aus innersten Kräften hervorströmenden Entwicklung in angemessener, d. h. auch in verschiedener Weise zu schützen. Das Konservieren ist eben bei jedem Volk ein anderes, wie jedes Volk selbst ein anderes ist. Wenn sich dem konservativen Mann auch positiv keine allgemeine Regel geben läßt darüber, welches die rechten Wege seien, negativ läßt sich eine solche formulieren: nämlich daß er sich nicht wie das gemeine Volk unter den sogenannten Gebildeten durch die Gespenster der Abstraktion die Augen verblenden läßt, sondern die Einsicht überall vorwegfasse: daß alle Versuche, das Leben Abstraktionen unterzuordnen, immer nur zum Gegenteil dessen, zur Karikatur dessen führen, was man ursprünglich beabsichtigte."[14]

In diesem Zitat findet sich Wesentliches von dem, was sich über die konservative Haltung und deren Argumentationsmuster bis in unsere Gegenwart aussagen läßt: Einmal die Versicherung, daß das Leben, so wie es ist, gottgewollt sei. Damit ist zugleich seine Rätselhaftigkeit und Unfaßbarkeit angesprochen. Ferner die Behauptungen

— daß kein Volk dem anderen gleiche, daß es also in absoluter Einzigartigkeit unmittelbar zu Gott sei, wodurch zugleich die Vorstellung einer allgemeinen und universell gültigen menschlichen Vernunft negiert wird, die ja dem Konservativen als der Grundirrtum der Aufklärung erscheint;
— daß es keinen abstrakten Konservatismus, keine positiven Regeln konservativen Verhaltens gebe und geben könne, womit die angebliche Hypostasierung allgemein gültiger Normen durch die Aufklärung verworfen wird;
— daß die Abstraktionen in ihrer politischen Wirksamkeit die Absicht, mit der sie vorgebracht werden, stets pervertieren und Unheil heraufbeschwören.

Dies ist ein Vorwurf, der gerade in der heutigen Diskussion im konservativen Denken eine entscheidende Rolle spielt. Für den Konservativen ergibt sich daraus ein Zusammenhang zwischen rationalem Denken und Totalitarismus im 20. Jahrhundert. Da unter dem Phänomen „Totalitarismus" nicht nur der Bolschewismus begriffen wird, dem am ehesten noch rationale Komponenten zugestanden werden könnten, sondern auch der Nationalsozialismus, so kann, wie das von konservativer Seite geschehen ist, eine Linie von Rousseau, als dem Urheber der revolutionären Wirren der Neuzeit, zu Hitler, dem späten Vollender der deutschen Revolution, gezogen werden. Heinrich Leo meint mit seinem Argument von der lebensvergewaltigenden Kraft der Abstraktion die Französische Revolution, die Welt der politischen Grundrechte und der Demokratie. Er nennt die Herrschaft Robespierres denn auch „Ideokratie", und tatsächlich gibt es Totalitarismustheorien, die die Französische Revolution als eine Vorform totalitärer Phänomene deuten. Deren ideologische Funktion für den heutigen Konservatismus liegt im Abrücken von den als rationalistisch geltenden Ideen der „kon-

servativen Revolution" in der Weimarer Republik und damit im Abrücken von einer irgendwie gearteten Mitschuld am Nationalsozialismus.

Die Analyse des Zitats von Heinrich Leo ist nicht als historische Re-
miniszenz zu verstehen. Es zeigt sich darin jener Grundzug konservativen Denkens, der ihm durch seine Genese aufgezwungen wurde und
ihm bis heute anhaftet, nämlich: die Negation aufklärerischen Denkens und der Ideen von 1789, die Grundgestimmtheit eines latenten
Antiintellektualismus mit seiner Absage an Analyse und Theorie der
Gesellschaft im Namen des „organisch Gewachsenen". So sind denn
auch in diesem Zitat die Begriffe des Lebens, des Volkes, der strömen-
den Entwicklung und der inneren Kräfte bestimmend. Hier wird deutlich, daß sie ihrem Selbstverständnis gemäß nicht nur Gegenbegriffe zu
einer anderen, mißbilligten Theorie sein sollen, sondern begriffliche
Inkarnationen des Übertheoretischen und Außerrationalen.

So hat der Konservatismus sich auch nie als eine politische Ideologie
neben anderen verstanden, sondern als das dem wahren Leben innig
verbundene Denken, als „Einfühlen" jenseits aller Ideologie. Hans
Mühlenfeld sieht im konservativen Denken geradezu den Gegenpol zu
allen modernen Ideologien[15]. Konservatismus sei das, was nach der
Subtraktion aller Ideologien, einschließlich der konservativen, übrig-
bleibe. Es zeigt sich, daß der konservative Ideologiebegriff an das Phänomen des rationalen Denkens gebunden ist. In der Rationalität aller
Ideologien drücke sich demgemäß deren Lebens- und Wirklichkeits-
ferne aus. So will sich der Konservatismus als einzig realistische Gei-
steshaltung verstehen. Diese Wirklichkeitsnähe hält sich jedoch an eine
Realität, die als eine allem menschlichen Tun schlechthin vorgegebene
angesehen wird. Das rationalistische Denken hingegen und sein Aspekt
des diesseitigen Planungswillens kann so in einem sehr weiten Sinne als
utopisch bezeichnet werden. Denn ihm erscheint der Fortschritt als
ein Ergebnis konkreter Analysen und überlegter Aktionen. Der Gegensatz von Progreßdenken und Konservatismus ist also nicht nur der von
Ideologie und Antiideologie bzw. im Selbstverständnis des konservativen Denkens: von Ideologie und Nichtideologie, sondern auch der
von Utopie und Gegenutopie.

3. „Konservative Revolution" der Weimarer Republik

Daß gerade bei uns in Deutschland der Konservatismus eine so starke
Betonung des Autoritären zeigt, mag in der historischen und politischen Sonderentwicklung Deutschlands seinen Grund haben. Schon
geistesgeschichtlich unterscheidet sich der deutsche Konservatismus
durch den überaus starken Einfluß romantischer Strömungen von den
konservativen Richtungen der westlichen Nachbarländer. Während die
Aufklärung nicht recht zum Zuge kam, gewann die Romantik in
Deutschland eine ungleich größere Bedeutung. Das verhängnisvolle Zu-

sammenspiel sozialer und geistiger Entwicklungen in Deutschland ergab das, was Helmuth Plessner die „verspätete Nation" nannte[16]. Ihr bestimmendes Kennzeichen ist das Ausbleiben einer bürgerlichen Revolution, so daß das deutsche Bürgertum spätestens seit der Bismarckschen Reichsgründung seine einstigen liberalen Elemente rasch verleugnete, mehr und mehr selbst zum Träger konservativer Ideologien wurde und dann, in der Weimarer Republik, der Furcht vor dem Sozialismus gehorchend, schließlich gegen einen Staat antrat, der die rechtsstaatlichen Ideen jenes Bürgertums zu verwirklichen suchte. Hier liegt auch die entscheidende Differenz zwischen der politischen Funktion des Konservatismus in Deutschland und in England. Während das englische konservative Denken seit Burke seine politischen Zielsetzungen mit den historisch notwendigen gesellschaftlichen Reformen zu vermitteln suchte, war das deutsche stets in Gefahr, in einen romantischen Dogmatismus abzugleiten, sobald sich zeigte, daß die in ihrem Bestand gefährdeten obrigkeitsstaatlichen Institutionen nicht mehr zu retten waren. An die Stelle des konservativen Bewahrens trat dann das Bewahren*wollen*: die dezisionistische Setzung neuer Mythen.

Besonders in der Weimarer Zeit ließ sich die konservative Revolution in eine geschichtsfremde Pseudomythologie hineindrängen, wodurch sie, ob freiwillig oder unfreiwillig, objektiv zum Bundesgenossen der nationalsozialistischen Bewegung werden konnte. Martin Greiffenhagen hat diesen Zusammenhang treffend charakterisiert, wenn er schreibt: „Autorität, die wiederhergestellt werden soll, wird totale Macht; Religion, deren politisch-integrierende Wirkung man allein will, wird ‚Mythos', und zwar notwendig Mythos der Gewalt; die künstliche Wiederherstellung der Einheit von privater und öffentlicher Tugend wird zum Terror der ‚Volksgemeinschaft' und der Kampf gegen die Rationalität führt zu einem Begriff vom ‚Leben', der schließlich in der irrationalistischen Auffassung als survival of the fittest mündet."[17] Die für diese Tendenz symptomatischen Schlußkapitel in Spenglers „*Untergang des Abendlandes*" offenbaren einen Konservatismus des Blutglaubens, des romantisierenden Zynismus und des tragischen Heroismus: „. . . echte Geschichte (ist) nicht ‚Kulturgeschichte' in dem antipolitischen Sinne . . ., wie er unter Philosophen und Doktrinären jeder beginnenden Zivilisation und also gerade heute wieder beliebt wird, sondern ganz im Gegenteil Rassegeschichte, Kriegsgeschichte, diplomatische Geschichte, das Schicksal von Daseinsströmen in Gestalt von Mann und Weib, Geschlecht, Volk, Stand, Staat, die sich im Wellenschlag der großen Tatsachen verteidigen und gegenseitig überwältigen wollen. Politik im höchsten Sinne ist Leben und Leben ist Politik. Jeder Mensch, er mag wollen oder nicht, ist Glied dieses kämpfenden Geschehens, als Subjekt oder Objekt; etwas drittes gibt es nicht."[18]

Die Tatsachenwelt der Geschichte kennt nur den Erfolg, der das Recht des Stärkeren zum Recht aller macht. Hauptcharakteristika einer derartigen — neomachiavellistischen — Auffassung von Theorie und Praxis sind einmal die unterschiedslose Desillusionierung hinsichtlich des Wirkenkönnens moralischer Ansprüche der menschlichen Vernunft, zum anderen die dieser Desillusionierung entsprechende Apotheose der nackten Gewalt und des schonungslosen Machtkampfes. Wenn Spengler im Krieg die Urpolitik alles Lebendigen erblickt, so führt von da aus eine Linie zur Grundkategorie Carl Schmitts, zum Freund-Feind-Gegensatz, wie er ihn besonders in seiner Schrift über den *„Begriff des Politischen"* entwickelt. Wo die politische Theorie der Aufklärung Vernunft am Werk sah, gilt nur mehr die bloße Subjektivität eines irrationalen Willens. Der Anspruch dieser wie immer historisch bedingten Vernunft, ein Element menschlicher Emanzipation zu sein, wird damit negiert, und an die Stelle der partikularen Rationalität dieser Vernunft tritt die totale Irrationalität des Lebens- und Machtwillens. Was die Geschichte aufweise, sei einzig die Selbstdarstellung in sich geschlossener Kulturen und Nationalitäten, nicht aber eine einheitliche Menschheitsgeschichte, geschweige denn irgendeinen Fortschritt. Spengler hat die Quintessenz dieser konservativen Weltanschauung in die bündige Formel gebracht: „Wir späten Menschen des Abendlandes sind Skeptiker geworden. Ideologische Systeme werden uns nicht mehr den Kopf verwirren. Programme gehören in das vorige Jahrhundert. Wir wollen keine Sätze mehr, wir wollen uns selbst."[19]

4. Auf dem Weg zum totalen Führerstaat

Einig waren sich konservative wie völkische Autoren der Weimarer Periode in der Negation des liberalen Rechtsstaates von Weimar. Sie schufen eine neue Art von Gebrauchsmystik, die von dem französischen Ingenieur Georges Sorel antizipiert worden war. Der dem Umkreis der konservativen Revolution zugehörige Carl Schmitt stellte in dessen Nachfolge nicht bloß den Parlamentarismus, sondern den Parteienstaat selbst in Frage, wenn er den Reichspräsidenten wegen seiner unmittelbar volksgewählten Stellung zugleich zur „neutralen Gewalt" und zum „Hüter der Verfassung" erklärte. Er betonte die vom Reichstag unabhängige Stellung des Reichspräsidenten, da er hierin einen Ausweg aus dem parteipolitischen Pluralismus sah, der für ihn nur ein obsolet gewordenes Relikt des bürgerlichen Rechtsstaates darstellte. Damit war der Weg zum autoritären Führerstaat vorgezeichnet, wie er gegen Ende der Weimarer Republik auf der verfassungsrechtlichen Grundlage des Art. 48 der Weimarer Reichsverfassung sich herausbildete. Schmitt erhob die plebiszitärdemokratische Legitimität zur alleinigen Stütze der präsidialen Machtausübung: „Dadurch daß sie den Reichspräsidenten zum Mittelpunkt eines Systems plebiszitär wie auch parteipolitisch neutraler Einrichtungen und Befugnisse macht, sucht die geltende Reichsverfassung gerade aus demokratischen Prinzipien heraus ein Gegengewicht gegen den Pluralismus sozialer und wirtschaftlicher Machtgruppen zu bilden und die Einheit des Volkes als eines politischen Ganzen zu wahren."[20]

Mit dem Aufkommen des Parteienpluralismus und der organisierten Interessengruppen (‚Polykratie') schien der Parlamentarismus für Schmitt seiner einstigen Grundlagen beraubt. In seiner „*Verfassungslehre*" heißt es daher auch: „Das ‚Volk' ist der höhere, entscheidende Dritte, sowohl gegenüber dem Parlament wie der Regierung, und der Reichspräsident hat einen direkten Kontakt mit dem Volk. Er ist in der Idee als ein Mann gedacht, der über die Schranken und den Rahmen von Parteiorganisationen und Parteibürokratie hinweg das Vertrauen des ganzen Volkes auf sich vereinigt, nicht als Parteimann, sondern als Vertrauensmann des *ganzen* Volkes. Eine Reichspräsidentenwahl, die wirklich diesem Sinn der Verfassungsbestimmung gerecht wird, wäre mehr als irgendeine der vielen Wahlen, die es in einem demokratischen Staate gibt. Es wäre eine großartige Akklamation des deutschen Volkes und hätte die ganze Unwiderstehlichkeit, die solchen Akklamationen in einer Demokratie zukommt. . . Wenn wirklich auf einen einzigen Mann das Vertrauen des ganzen Volkes sich vereinigt, so geschieht das doch wohl nicht, damit er politisch bedeutungslos bleibe, Festreden halte und seinen Namen unter fremde Entscheidungen setze."[21]

Was sich in dieser diktatorialen Aufwertung der Stellung des Reichspräsidenten durch Schmitt ausdrückt, ist die auch in seinen sonstigen Schriften deutlich zutage tretende Tendenz, den Unterschied von demokratischer Willensbildung und Akklamation für einen politischen Führer einzuebnen, um sodann die plebiszitäre Willensäußerung, die pure Akklamation etwa, die den Willen der Volksmehrheit unmittelbar in *einem* Akt manifestiert und damit dem Dezisionismus Schmitts Genüge tut, als demokratisch zu deklarieren. Der Schmittsche „Demokratie"-Begriff operiert mit dem Prinzip der Identität des konkret vorhandenen Volkes mit sich selbst als politischer Einheit. Er ist gewonnen als polemischer Gegenbegriff zum liberalen Rechtsstaat, so daß die Institution des Parlaments als ein für die Demokratie geradezu hinderliches Element erscheinen kann.

Wichtig für die Bestimmung der Demokratie ist daher für Schmitt die in ihr zustande gekommene „Homogenität" des Volkes, verstanden als „substantielle Gleichheit", an der alle Staatsbürger partizipieren: „Weil die substantielle Gleichartigkeit des Volkes so groß ist, daß aus der gleichen Substanz heraus alle das Gleiche wollen"[22], beruht der demokratische Staat einzig auf der Homogenität und Identität des Volkes mit sich selbst. Die Substanz der demokratischen Gleichheit aber liegt in der nationalen Einheit und Geschlossenheit, im bewußten Willen zu dieser Gemeinsamkeit. Demokratie setzt daher ein Volk voraus, das den Willen zur politischen Existenz und Selbstbehauptung hat. Für diesen Willen zur politischen Existenz, die Schmitt als den Kern demokratischer Gleichartigkeit versteht, ist es wesentlich, daß mit dem daraus entstehenden nationalen Bewußtsein das Vermögen gegeben ist, Freund und Feind zu unterscheiden. In dieser Unterscheidung sieht Schmitt die Conditio sine qua non politischen Handelns.

Demokratie ist für ihn daher das homogene Sein eines Volkes auf Grund seiner Entscheidung zu nationaler Einheit. Nur so kann er behaupten, daß eine Diktatur nur mehr auf demokratischer Grundlage möglich ist. Anders gewendet: eine plebiszitär fundierte Demokratie unterscheidet sich ihrer Substanz nach nicht grundsätzlich von einer Diktatur, da die politische Form beider auf der substantiellen Gleichheit aller Staatsbürger beruht, die sich zum Träger des einheitlichen nationalen Willens erklären. In den rechtsstaatlichen Elementen, die den Bürgern eine von ihrer politischen Existenz abtrennbare private Sicherheit garantieren wollen, sieht Schmitt nur eine Hemmung der „reinen Form" von Demokratie und eine Gefährdung jener Homogenität, die die gemeinsame Substanz von Demokratie und Diktatur ausmacht. Sobald das Volk selbst zum Souverän geworden ist, sind sowohl der Parlamentarismus als auch die Parteien Störfaktoren für den reinen, unmittelbaren Ausdruck des Volkswillens geworden. Demokratie und die aus ihr konsequent folgende Diktatur lassen sich nur als totale politische Einheiten begreifen, in der der Souverän (einer oder das Volk) die unumschränkte Ermächtigung und Kompetenz erhält, die für die Nation bestimmenden politischen Entscheidungen zu treffen.

Mit der Voraussetzung eines Volkes als einer politisch handlungsfähigen Einheit hypostasiert Schmitt das Volk zu einem einheitlichen Willenssubjekt. Der demokratische Staat wird damit aus dem Prinzip der Gleichheit im Sinne substantieller Gleichartigkeit erklärt, die auch die Differenz von Regierenden und Regierten aufheben soll, weil beide sich ja in dem Willen treffen, die nationale Einheit zu garantieren. Daraus folgt, daß je unbedingter und fragloser die Gleichartigkeit der Nation ist, auch die Regierung desto strenger, härter und entschiedener sein kann. Insofern erweist sich in dieser Vorstellung die diktatorische Staatsform nur als die gesteigerte demokratische Identität von Regierten und Regierenden. Die Diktatur wird für Schmitt zur reinsten und typischsten Erscheinungsform demokratischer Herrschaft, „insofern sie sichtbar von aller Normativität und Fiktivität, von allem Schematismus befreit nur noch immanent durch die substantielle Homogenität der Nation gehalten und von der Zustimmung und dem Vertrauen des Volkes getragen wird und damit den anderen Grenzfall existentieller demokratischer Identität, ‚reine' Demokratie markiert."[23]

Die Bewertung des totalen Staates ergibt sich aus der Bestimmung des Politischen als einer Freund-Feind-Antithetik. Denn der absolute und der totale Staat bewirken gleichermaßen eine deutliche Abgrenzung gegen den möglichen äußeren Feind und schaffen so nach innen Befriedung, während der liberale Rechtsstaat mit seinen humanitären Idealen keine derartige Gruppierung vornahm, sondern sich im Zwischenreich der Diskussion, des Parlamentierens und der bloßen Machtkontrolle aufhielt, was nach Schmitt zu keiner „konsequenten politischen Form" führen konnte. Schmitts Kategorien sind so beherrscht von einem Lob der Entschiedenheit und einem ausgesprochenen Affekt gegen jedweden Versuch, sich der fatalen Konsequenz der Freund-Feind-Gruppierungen zu verweigern. Dies verleiht seiner Theorie die Aura des Radikalen.

Die „Radikalität" und Abstraktheit eines solchen Denkens ergibt sich besonders aus der polemischen Frontstellung gegen alles, was es mit dem „Liberalismus" in Zusammenhang bringt. In dieser Begriffswelt des Liberalismus sieht Schmitt nichts als die Tendenz zur Auflösung des Politischen: die reine Entschiedenheit wird hier durch Verhandlung und Kompromiß relativiert; das Absolute der Entscheidung zerfließt in die Relativität der miteinander diskutierenden Positionen. Liberalismus ist für Schmitt identisch mit der Verunklärung der Fronten zwischen Feind und Freund. Diese Verunklärung kommt für ihn dadurch zustande, daß die zentralen politischen Begriffe, sei es ins Ökonomische oder Ethische, aufgelöst werden, so etwa „Kampf": Konkurrenz — Diskussion; „Staat": Produktionssystem — Gesellschaft (Menschheit); „Feindschaft": soziales Ideal-Programm — wirtschaftliche Kalkulation; „Volk": Betriebspersonal — Konsumenten — kulturell interessiertes Publikum; „Herrschaft": Propaganda — ökonomische Kontrolle.

Die Berufung auf die Menschheit ist für Schmitt unpolitisch, weil sie nicht von der Existenz des Feindes ausgeht, sondern einen die ganze Erde umfassenden Weltstaat antizipiert. Sind aber alle Menschen in Freundschaft geeint, „so gibt es nur noch eine Weltanschauung, Kultur, Zivilisation, Wirtschaft, Moral, Recht, Kunst, Unterhaltung usw., aber weder Politik noch Staat. Ob und wann dieser Zustand der Erde und der Menschheit eintreten wird, weiß ich nicht. Vorläufig ist er nicht da. Es wäre eine unehrliche Fiktion, ihn als vorhanden anzunehmen. . ."[24]

Das Plädoyer Schmitts für die konsequente politische Form enthält in sich bereits die Forderung, jeder Staat müsse total und jede Regierung absolute Regierung sein, da sonst die Autorität in Anarchie überginge. Wird der Krieg, der Kampf auf Leben und Tod, zum „existentiellen" Sinn hypostasiert, so müssen demgegenüber Programme, Normen und inhaltliche Zielsetzungen zu beliebigen, am Ernstcharakter des Freund-Feind-Verhältnisses vorbeigehenden Epiphänomenen werden. Wenn aber jede normative Orientierung abgeschnitten ist, kann die Bestimmung von Freund und Feind nur mehr durch die souveräne Entscheidung erfolgen, nicht durch inhaltlich bestimmte Kriterien. Von einer solchen *Entscheidung* verlangt Schmitt, daß sie, „normativ gesehen, aus dem Nichts geboren" sein müsse, wobei die metaphorische Wendung „aus dem Nichts" besagen soll, daß sie aus keiner irgendwie gearteten Reflexion, sondern allein aus der „politischen Existenz" und aus dem Willen zu ihrer Behauptung entspringen soll. Deshalb bedürfe sie auch keiner Legitimation.

Mit der Behauptung des absoluten Vorrangs einer solchen existentiellen Entscheidung über jede generelle Normierung, also über das, was der reguläre Gesetzgebungsprozeß zuwege bringt, will Schmitt ein neues „Situationsrecht" begründen, das nur für den konkreten, individuellen Fall Geltung beansprucht. Bezogen auf die Staatslehre bedeutet dies, daß die politische Einheit eines Staatsverbandes nicht durch Gesetze, sondern allein durch die vorgängige politische Existenz des Staates entsteht. Diese politische Existenz wird ihrerseits auf einen Willen zurückgeführt, der die politische Einheit dezisionistisch herstellt. Hat aber jede Norm und jede politische Ordnung ihren Grund in einer Entscheidung, dann muß man *jede* politische Ordnung, weil und solange sie existiert, als legitim erachten: „Jede existierende politische Einheit hat ihren Wert und ihre ‚Existenzberechtigung' nicht in der Richtigkeit oder Brauchbarkeit von Normen, sondern in ihrer Existenz. Was als politische Größe existiert, ist, juristisch betrachtet, wert, daß es existiere."[25] Der Sinn einer solchen Bestimmung liegt in der Rechtfertigung einer jeden vorhandenen politischen Macht, die nach Schmitt, eben weil sie besteht, nicht bloß als existent, sondern zugleich als legitimiert betrachtet werden muß.

5. Der Neokonservatismus der Bundesrepublik —
Selbstverständnis und politische Funktion einer Gegenideologie

Im Juni 1964 hat der damalige geschäftsführende Bundesvorsitzende der CDU, Josef Hermann Dufhues, in der Zeitschrift *Die politische Meinung* unter dem Titel „*Christen in der Demokratie. Die CDU als Weltanschauungspartei*"[26] ein Fazit der in dieser Partei geführten Grundsatzdiskussion gezogen. Dufhues behandelt dabei auch das Verhältnis von Weltanschauung und Ideologie in der Politik und kommt zu folgendem Ergebnis: „Versteht man Ideologie richtig, . . . dann geht die Forderung nach Entideologisierung, wenn man sie an die CDU richten will, ins Leere, denn die Union ist nie eine ideologische Partei gewesen. Das Christentum ist keine Ideologie . . . Diese Partei ist nicht zur Realisierung einer vorgegebenen Theorie gegründet worden." „Die Realisierung einer vorgegebenen Theorie": In dieser Bezeichnung findet sich die Gleichsetzung von Ideologie und Utopie, wie sie dem konservativen Denken seit je eigen ist.

Dufhues fährt fort: „Die CDU ist entstanden als Antwort auf die Herausforderung einer geschichtlichen Situation, ohne alle Krücken, wie sie die Pseudo-Wissenschaft und der Glaubensersatz einer Ideologie anbietet . . . Natürlich benutzt sie Erkenntnisse über Welt, Mensch, Gesellschaft, Staat, die christliches Denken im Laufe der Jahrhunderte errungen hat, und sie hört das Wort der christlichen Kirchen zu religiös und ethisch relevanten Fragen. Aber entscheidend ist doch, daß sie ihre politischen Meinungen aus der Erfahrung, der Spontaneität des christlichen Gewissens im Umgang mit den Realitäten bildet. Sie ist eine Partei der christlichen Existenz in der Welt, nicht eine Partei des ideologischen Dogmatismus."

Die CDU ist demnach gemäß ihrem Selbstverständnis keine ideologische, wohl aber eine Weltanschauungspartei. Worin sieht nun Dufhues den Unterschied zwischen Ideologie und Weltanschauung, d. h. wo liegen die Kriterien für eine solche Unterscheidung? „Die Vorstellungen, die mit diesen Worten verknüpft werden, überschneiden sich; in der Umgangssprache gebraucht man die Ausdrücke sogar wechselweise, als bedeuteten sie dasselbe, und als sei Ideologie nur das Fremdwort für Weltanschauung. Aber Ideologie ist der engere Begriff. Sie will zwar eine umfassende Wahrheitslehre über Welt und Mensch sein, aber sie schließt eine Offenbarung als Erkenntnisquelle aus und will nur Wissenschaft anerkennen ... Obschon sie Welt und Menschheit nicht nur anschauen und durchschauen, sondern etwas erreichen will, daß nämlich alle so denken und handeln, wie es ihrem Bild vom richtigen Denken und Handeln entspricht."

Seit Beginn des neuzeitlichen Denkens versucht jede Wissenschaft, Offenbarung als Erkenntnisquelle auszuschließen. Auch ist es das Vorhaben von Wissenschaft, Welt und Menschheit, wie Dufhues sagt, anzuschauen und zu durchschauen. Insofern also wäre jedes wissenschaftliche Theorem nach dieser Definition ideologieverdächtig. Während beide, Ideologie wie Weltanschauung, beanspruchen, im Besitz der Wahrheit über Mensch und Welt zu sein, sei dieser Anspruch im Falle der Ideologie unberechtigt, in dem der Weltanschauung aber legitim, da christliche Weltanschauung über eine Erkenntnisquelle verfüge, die der Ideologie verschlossen bleibe: die Offenbarung. Ideologie dagegen berufe sich auf Wissenschaft und könne damit keinen vergleichbaren Wahrheitsanspruch stellen.

Nun sagt Dufhues andererseits, Ideologie sei nur Pseudo-Wissenschaft, sei Glaubensersatz, so daß hier als Kriterium des Ideologischen doch nicht die Wissenschaftlichkeit, vielmehr dasjenige eingeführt wird, was sich mit Wissenschaft nicht mehr vereinbaren läßt, ein arationales Moment nämlich, das Wissenschaft gewissermaßen in einen Offenbarungsglauben einbettet.

Hier liegt ein bemerkenswerter Widerspruch. Denn ob Dufhues mit dem wissenschaftlichen „Glaubensersatz" den Glauben an die Wissenschaft meint oder ob er die wissenschaftliche Fundierung bestimmter Hoffnungen und Postulate im Sinn hat, die als eine Art Glaube angesehen werden können: in jedem Falle handelt es sich bei dem Einzelnen, der sich für einen solchen Glauben entscheidet, um eine persönliche Entscheidung, die nirgendwo und von niemandem als die objektiv richtige bestätigt werden kann. Dies gilt sogar für den Glauben an die Wissenschaft, den Glauben an die Vernunft. Denn ob jemand sich der christlichen Offenbarung als Erkenntnisquelle für politisches Handeln bedient oder ob er sich auf empirisch überprüfbare Aussagen der Wissenschaft verlassen möchte, ist eine Entscheidung, die ihm niemand abnehmen kann, wenn auch mancherlei Begründungen für diese oder jene Entscheidung anzuführen sind. Es hat daher keinen wissenschaftlichen Sinn, in dieser Weise zwischen Ideologie und Weltanschauung zu unterscheiden, sondern allenfalls einen polemischen.

Diese Antithetik, die zugleich Ideologie mit „Hochideologie"[27] identifiziert und das rationale Moment in ihr als wesentliches Kennzeichen der Ideologiehaftigkeit erklärt, entspricht nun genau dem konservativen Ideologiebegriff. Von ihm her will sich die konservative Mentalität auch heute als das schlechthin Nichtideologische verstehen. In den Äußerungen von Dufhues finden sich nahezu sämtliche Merkmale der konservativen Argumentation, obwohl Dufhues selbst sich nicht als Konservativen in einem emphatischen Sinne begreift. Es zeigt sich hier, daß die konservativen Denkmuster heute ihr spezifisches Profil verloren haben. Das führt dazu, daß die Alternative *konservativ–nichtkonservativ* jener von *rational–nichtrational* gleichgesetzt wird, womit das konservative Denken selbst der Auflösung verfiele. Der Rückzug auf eine bestimmte Gesinnung ist das Kennzeichen dieser hier beschriebenen Tendenz.

Doch trotz der Ablehnung des Utopischen hat auch der gegenwärtige Konservatismus eine utopische Komponente. Zwar liegt sie nicht als zu verwirklichende in der Zukunft, vielmehr ist die Utopie des Konservativen, wie Mannheim erkannte, „in das Sein bereits von vornherein versenkt". „Dem entspricht ... die Tatsache, daß das Sein, als ‚hic et nunc', nicht mehr als ‚schlechte Wirklichkeit' erlebt wird, sondern als Träger der Sinnfülle".[28] Die Utopie des Konservatismus liegt also in der für ihn bestehenden Identität von Idee und jeweils vorhandener Wirklichkeit, oder, wie man auch sagen könnte, die bestehende Wirklichkeit *ist* die Idee des Konservativen. Damit hat der „konservative Quietismus die Konsequenz, durch den Irrationalismus alles überhaupt Daseiende zu rechtfertigen".[29] Die Rationalität aufklärerischer Theoriebildung mit ihren politischen und sozialen Zielen erscheint dem konservativen Denken als von vornherein irreal, was gleichbedeutend ist sowohl mit „ideologisch" als auch mit „utopisch". Utopie ist dem Konservatismus das schlechthin Unverwirklichbare. Jede auf autonome Ratio hin tendierende politische Zielsetzung ist für ihn daher zugleich ideologisch, da sie dem Leben von außen her Abstraktionen entgegensetzt, und utopisch, sofern diese Abstraktionen ohnedies nicht zu verwirklichen seien. Sucht man sie aber dennoch zu realisieren, so führen sie eben – wie Heinrich Leo bemerkt – nur „zur Karikatur dessen, was man ursprünglich beabsichtigte".

Was T.W. Adorno in bezug auf Oswald Spengler formulierte, gilt sonach auch für den Neokonservatismus von heute: „Die Kritik an der Ideologie überschlägt sich. Sie lebt von der Verschiebung der Einsicht in die schlechte Wirklichkeit auf die Schlechtigkeit der Ideen, die damit bewiesen sein soll, daß sie nicht verwirklicht sind."[30] Nach solchen Einsichten muß dem Konservativen jede gesellschaftliche Wirklichkeit lieber sein als Ideen, die die Wirklichkeit verändern wollen. Allerdings kann ein solcher Schluß nur der Logik nach gelten. Tatsächlich hat konservatives Denken, wie schon Beispiel und Name der „konservativen Revolution" bezeugen, durchaus vielfach zu heftiger Kritik an politischen Verfassungssystemen geführt[31]. Diese Kritik ist allerdings als antirationalistische zu verstehen, als eine Kritik, die sich etwa gegen die mit den Vorstellungen von organischer, natürlicher Gewachsenheit so wenig übereinstimmende Wirklichkeit des parlamentarisch-demokratischen Parteienstaates von Weimar wandte. Konservative Gesellschaftskritik ist niemals Kritik von einer der Wirklichkeit widersprechenden Planungsvorstellung aus, sondern Kritik gerade am rational Geplanten schlechthin, im Namen des „Ewiggültigen" und der „wahren Natur" des Menschen. So sagte Albrecht Erich Günther, der profilierte konservative Revolutionär und Mitherausgeber der Zeitschrift *Deutsches Volkstum:* „Konservativ sein ist nicht ein Hängen an dem, was gestern war, sondern ein Leben aus dem, was immer gilt."

Die Skepsis gegenüber der menschlichen Vernunft, wie sie sich im konservativen Denken von Beginn an findet, verweist auf ein eigenartiges Paradoxon: Konservative Theorie, die beansprucht, das „tiefere" geistige Wesen des historischen Seins zu ergründen, negiert gerade jene historische Form des Geistes, die es überhaupt erst ermöglicht, von Geist, Wesen und Idee zu sprechen: nämlich die menschliche Vernunft. Diese erscheint in der konservativen Theorie als zugleich übersteigert und verengt. Übersteigert dadurch, daß aus ihr alle konkret-gesellschaftlichen Gehalte eliminiert werden zugunsten überzeitlicher Strukturen, verengt insofern, als Vernunft zu einem bloßen Kalkül wird, das aller Vielfalt des Lebens wenn nicht feindlich, so doch fremd gegenübersteht. Da der Konservatismus als politisch wirksame Theorie sich nur im Medium der begrifflichen Sprache entfalten kann, stellt die in ihm enthaltene Verdammung der Vernunft in der Konsequenz eine Exekution auch der eigenen geistigen Grundlagen dar.

Wieweit dieses innere Dilemma konservativen Denkens auch für den heutigen Konservatismus bestimmend ist und wieweit andererseits auch die Elemente autoritativen Denkens den Tenor neokonservativer Argumentation bilden, zeigt eine Aufsatzserie, die im Jahre 1962 *Der Monat* zur Frage „*Was ist heute eigentlich konservativ?"* veröffentlichte. Die Autoren sind u. a. Armin Mohler, Golo Mann, Hans-Joachim von Merkatz, Eugen Gerstenmaier und Hans Zehrer. Was sie vorlegten, stellt gewissermaßen eine Bestandsaufnahme von „Rechts" dar, sofern man einmal in den tradierten Kategorien der politischen Parteibildung sprechen darf. Zwar gilt auch hier der Satz, daß es so viele Meinungen wie Köpfe gibt. Dennoch lassen sich in den meisten Beiträgen einige gedankliche Motive verfolgen, die Aufschlüsse über die wesentlichen Gehalte und Intentionen des gegenwärtigen Konservatismus geben.

Die Tatsache, daß einem derartigen Problemkreis ein so großer Raum geboten wurde, läßt die Annahme zu, daß es sich hier keineswegs nur um eine innertheoretische Angelegenheit handelt, sondern daß die Frage, was in der Bundesrepublik konservativ zu nennen sei, einen gewissen Grad politischer Aktualität besitzt. In der Tat stimmen die Autoren, die ja größtenteils im publizistischen und politischen Leben in unserem Lande keine geringe Rolle spielten bzw. spielen, darin überein, daß sie dem konservativen Gedanken gerade für die künftige soziale und kulturelle Entwicklung entscheidenden Einfluß beimessen.

So spricht Mohler vom Vorhandensein nicht zu unterschätzender konservativer Energien, die zwar noch keine entsprechende organisatorische Form gefunden hätten, sich aber bereits durch einen deutlichen Klimawechsel „hinter den offiziellen Kulissen" ankündigten, „der seine Folgen haben werde": „Wer . . . diese noch unartikulierten Kräfte übersieht", schreibt Mohler, „der weiß auch, daß es für Deutschland eine Schicksalsfrage ist, in welche äußere Form sie gerinnen werden. Je nach ihrer Fixierung vermögen diese Energien aufbauend oder zerstörend zu wirken."[32]

Vergleicht man die kaum übersehbare Vielzahl konservativer Strömungen und Richtungen in der Weimarer Republik mit der Situation des deutschen Konservatismus von heute, so ergeben sich deutliche Unterschiede. Die Leitbilder der sogenannten konservativen Revolution hatten im politischen Spannungsfeld zwischen den Extremen von rechts und links einen bestimmten Ort, den das heutige konservative Denken nicht mehr besitzt.

Es ist, so scheint es, zu einer Angelegenheit einzelner Autoren und Kreise geworden, die der bestehenden Verfassungswirklichkeit der Bundesrepublik, von Ausnahmen abgesehen, keine prinzipielle Alternative entgegensetzen. So hat das konservative Denken an unmittelbarer politischer Schlagkraft wesentlich eingebüßt. Hierfür war nicht zuletzt sein Schuldanteil an der Entstehung des Dritten Reiches verantwortlich. So sehr auch immer zahlreiche Vertreter der sogenannten konservativen Revolution sich von Programm und Praxis der nationalsozialistischen Bewegung distanzieren mochten, so ist sich die jüngste Forschung doch weitgehend darin einig, daß der konservative Grundtenor einer antiliberalen, parteienfeindlichen und damit gegen Weimar gerichteten Haltung dem der nationalsozialistischen Bewegung entsprach. Man denke etwa an den der konservativen Revolution wie dem Nationalsozialismus gleicherweise eigenen Mythos vom „Reich"[33].

Die eindeutige Ablehnung auch der Partei Hitlers von seiten mancher konservativer Revolutionäre bedeutete keineswegs schon ein Ja zur Weimarer Republik, im Gegenteil.

Fragt man heute, worin die gesellschaftlichen und sozialpsychologischen Impulse beschlossen liegen, die nunmehr zur Neuformulierung konservativen Denkens führen, so wird man sie nicht zuletzt in dem Versuch erblicken müssen, den Konservatismus von dieser historischen Belastung zu befreien. Diesen Autoren geht es offensichtlich zunächst um die Rehabilitierung eines Begriffs, dessen Integrität durch das „Dritte Reich" verlorengegangen war und dessen ursprüngliche Intentionen durch diese Vergangenheit korrumpiert schienen. Sie wollen die ehrwürdigen Traditionen des Konservatismus erneut in Erinnerung rufen und für die politische Gegenwart fruchtbar machen.

Der jüngste Erneuerungsversuch ist denn auch darauf gerichtet, gerade die Anfänge konservativen Denkens wieder zu vergegenwärtigen und sie für die Gestaltung der politischen Zukunft zu reaktivieren, nicht aber darauf, einfach die zwischen den beiden Weltkriegen virulenten Gedanken der konservativen Revolution wiederaufzunehmen, die ohnedies vielen Wortführern des heutigen Konservatismus als Fehlentwicklung am großen Stamm der konservativen Tradition erscheinen. Denn gerade diese konservative Revolution hat nach den jüngsten Interpreten wesentlich jene rationalen und aufklärerischen Ideen übernommen, gegen die der Konservatismus einst angetreten war. Aus dieser neokonservativen Perspektive erscheint das revolutionäre Moment als eine Pervertierung des genuin konservativen Denkens und daher als die Ursache seiner Anfälligkeit für den Nationalsozialismus. Da trotz aller Vielfalt im einzelnen sich die Grundstrukturen und -motive konservativen Denkens in Deutschland über die beiden letzten Jahrhunderte hinweg mit einer erstaunlichen Konsistenz gehalten haben, wird ein Rückgriff auf die „heroische Epoche" des Frühkonservatismus möglich. So kehren denn auch Vorstellungen durchgehend wieder, die in Begriffswelten ihren Ausdruck finden wie etwa Autorität, Tradition (Familie), Heimat, Volk, Nation, Wachstum, Natur, Sein, Dauer, Organismus, Leben und Ewigkeit. Bei all diesen Begriffen handelt es sich nicht um wissenschaftliche Kategorien, sondern um mythisch gefärbte Topoi, deren politische Funktion wesentlich in der von ihnen ausgehenden eigentümlichen Faszination besteht und die gerade deshalb den Ideen der Aufklärung entgegengesetzt werden konnten.

Allerdings ist hier zu fragen, wieweit nicht auch für die konservative Revolution der Weimarer Republik diese bestimmenden Begriffsgebilde integraler Bestandteil waren, wieweit also das Verhängnis konservativen Denkens zwischen den beiden Weltkriegen nicht geradezu Ergebnis der unerhellten Prämissen dieser Weltanschauung überhaupt ist. Denn daß es sich beim Konservatismus nicht um eine auf Logik und Klarheit bedachte Denkform handelt, davon wird sich jeder bei der Lektüre der bislang vorliegenden Diagnosen der gesellschaftlichen Situation aus konservativer Feder überzeugen können. Gehen doch gerade die pronociertesten Vertreter dieser Richtung davon aus, daß es sich bei den von ihnen vorgebrachten Gedanken, wie beim Konservatismus überhaupt, eher um eine spezifische Gesinnung, um eine geistige Haltung handle als um eine ausformulierbare Theorie. Es scheint oft, als sei der Konservatismus lediglich als eine Anspielung auf ein gewisses geistiges Wesen, als Amalgam von Vorstellungen und Gestimmtheiten gemeint, die keine begriffliche Präzisierung erlauben.

Deshalb erscheint es von diesen Prämissen her nur konsequent, daß die Äußerungen konservativer Autoren, unter anderem auch der des *Monat*, einen auffälligen Hang zur Bildhaftigkeit, zur Allegorie, zur suggestiven Metaphorik, um nicht zu sagen: zur ästhetischen Gebärde offenbaren. Man könnte geneigt sein, angesichts der sprachlichen Diktion dieser Beiträge, in dieser Theoriebildung den paradoxen Versuch zu sehen, eine begriffslose Bestimmung des Phänomens „Konservatismus" im Gewande begrifflicher Sprache zu leisten.

Unübersehbar ist hierbei jedoch der Grundtenor autoritären Denkens, etwa wenn Golo Mann sagt: „Der Mensch ist nicht so zuverlässig, gut und vernünftig, wie die Revolutionäre glauben. Folglich bedarf es der Autorität, die ihn stützt und leitet. Autorität ist nicht dasselbe wie Macht. Aber ihre Macht soll die Macht des Augenblickes sein, ungebunden durch Überlieferung: die Macht Cäsars, die Macht der souveränen Nation, des Proletariats oder was noch. Macht kann tun, was sie will. Autorität ist gebunden sowohl wie bindend; gebunden durch Geschichte und Überlieferung, Verfassung und Gesetz, Religion und Naturrecht. . ."[34] Hans Zehrer meint, der Konservative „wird auch vor dem Wort autoritär nicht zurückschrecken, namentlich dann, wenn es sich als einziger Widerpart zu dem von unten aufsteigenden Begriff totalitär anbieten sollte. Er wird immer eine führende und verantwortliche Schicht unterstützen, soweit sie ihre Werte von oben und ihre Bestätigung nicht von unten sucht und sich gemein macht."[35]

Diese Zitate, Kernargumente des heutigen Konservatismus, haben eines gemeinsam: die Begründung der Autorität und damit der staatlichen Obrigkeit auf der Prämisse einer pessimistischen Anthropologie. Diese ist Ansatzpunkt und Legitimation konservativen Denkens in der Bundesrepublik. Zu den für das Selbstverständnis des gegenwärtigen Konservatismus wesentlichen und für seine Selbstachtung entscheidenden Fragestellungen (dies ergibt sich aus der *Monats*diskussion) gehören: Ist der Nationalsozialismus Resultat der Ratio des Fortschritts im Sinne einer Dialektik der Aufklärung oder Konsequenz des Irrationalismus? Ist er eine zwangsläufige Perversion der Utopie oder eine Variante der Gegenutopie? Ist der Nationalsozialismus Kehrseite oder Widerpart der konservativen Revolution und ihr verwandter Theoretiker? Hat es zuviel oder hat es zuwenig Aufklärung in Deutschland gegeben?

Armin Mohler meint, der deutsche Konservatismus sei ein Opfer des Faschismus gewesen. Damit soll der Nationalsozialismus als illegitimes Erbe der „konservativen Revolution" eingeführt werden, der diese Erbschaft zugleich pervertiert habe. Das ist jedoch die Argumentation eines Konservativen, der — als Historiker der konservativen Revolution — ihrem Ideengut selbst nahesteht. Für Hans Mühlenfeld hingegen, der die konservative Revolution ihres nihilistischen Wesenszuges wegen ablehnt und die christlichen Traditionen konservativen Denkens reaktivieren möchte, stellt sich das innere Verhältnis von Nationalsozialismus und konservativem Denken anders dar. Da der Nationalsozialismus für ihn schauriges Resultat einer von der Ratio entfesselten Triebhaftigkeit des Menschen ist, kann er zugeben, daß die von dieser Ratio pervertierte konservative Revolution wesentlich zur Entstehung des Faschismus in Deutschland beigetragen hat.

Der Unterschied zwischen beiden Auffassungen liegt darin, daß es sich für Mohler bei der konservativen Revolution um — wie immer auch vom Nationalsozialismus pervertiertes — konservatives Denken handelt, während Mühlenfeld der konservativen Revolution das Prädikat des „echt Konservativen" nicht mehr zugestehen möchte. Beide Deutungen aber geben die Mitverantwortung der konservativen Revolution am Nationalsozialismus zu. Demgegenüber argumentiert Hans Zehrer, am Ausgang der Weimarer Zeit Chefredakteur der konservativ-reaktionären Zeitschrift *Die Tat*: „Ich halte nicht viel von dem schillernden Begriff der ‚konservativen Revolution', der für jene Jahre geprägt wurde, immerhin erscheint mir bei aller Unzulänglichkeit der Personen . . ., der Mittel und der Institutionen der Versuch, dem heranbrandenden totalitären System in letzter Stunde den autoritären Staat entgegensetzen zu wollen, noch heute nicht so abwegig."[36] Es ist allerdings zu fragen, ob unter den heutigen Gegebenheiten der autoritäre Staat tatsächlich, wie Zehrer annimmt, totalitäre Praktiken verhindern könnte oder ob er nicht zwangsläufig zu deren Wegbereiter werden müßte.

Der autoritäre Staat war in Weimar und ist auch heute erklärtes Ziel konservativer Politik in Deutschland. Diese Tatsache ergibt sich schon aus der Affinität der konservativen Theorie zu elitären Vorstellungen. Die angeführten Zitate von Golo Mann und Hans Zehrer mit ihrer Apologie der Autorität und ihrer Prämisse einer pessimistischen Anthropologie zeigen die immanente Neigung dieses Denkens zu Elitentheoremen, die sich bereits terminologisch im Aufweis der Legitimation der Autorität „von oben" oder „von unten" andeutet. Es kann dieser Konzeption gemäß keine Autorität „von unten" geben, d. h. es kann nicht „die Masse" ihren politischen Willen durch Beauftragte ausüben lassen. Derartiges ist für konservatives Denken bloße Machtdelegierung. Wahre Autorität hingegen sei nicht delegierbar, sie könne vielmehr nur durch außer- und übermenschliche Instanzen legitimiert werden.

Die mit Luther und dem deutschen Protestantismus virulent gewordene Vorstellung, daß alle politische Gewalt in der väterlichen begründet sei, und die Lehre von der Sündhaftigkeit der menschlichen Kreatur führten im politischen Bewußtsein des Konservatismus stets zu der Forderung nach einer starken Obrigkeit im Staate, wobei die Frage zurücktrat, wieweit die Träger dieses Regiments selbst der universellen Gültigkeit dieser Lehre unterworfen sind.

Es ist auffällig, daß der heutige Konservatismus den Autoritätsgedanken vorwiegend christlich legitimieren möchte. Standen die Vertreter der konservativen Revolution in der Regel in einem Gegensatz besonders zum konfessionellen Christentum, so wird nun nicht selten christliche mit konservativer Haltung gleichgesetzt[37]. Armin Mohler argumentiert zwar auch im Sinne dieses pessimistischen Menschenbildes, rechtfertigt jedoch die damit verbundene Forderung nach autoritären Instanzen nicht durch ein göttliches Gebot, sondern gleichsam psychologisch: als ein in den Menschen angelegtes „monumentales Bedürfnis"[38], worunter er den elementaren Hang zur Sinngebung des Einzelnen im Kollektiv versteht.

Fragen wir schließlich, worin sich der gegenwärtige Konservatismus vom früheren unterscheidet, so kann gesagt werden, daß hier Neues allenfalls als Ergebnis der Veränderung in der gesellschaftlichen und politischen Situation gesehen werden kann, zum allerwenigsten aber etwa in neuen theoretischen Ansätzen. Hier beschränkt sich der Neokonservatismus zumeist auf retrospektive Darstellungen europäischer Kultur und Geistesgeschichte. Der Titel von Mühlenfelds Schrift „*Politik ohne Wunschbilder*" ist symptomatisch, weniger für die Struktur als für den Anspruch konservativen Denkens, frei von ideologischen und utopischen Abstraktionen der „Wirklichkeit" gerecht werden zu können. Geblieben ist vom früheren Konservatismus die Absage an utopisches Denken und der daraus resultierende Widerwille gegen jede Form gesellschaftlicher Planung. So sieht auch von Merkatz die Voraussetzung heutiger konservativer Politik in der „Einsicht, daß der Mensch sich nicht, wie beim ideologischen Denken und Handeln, gleichsam an die Stelle des Schöpfers setzen darf, um alles neu und besser zu machen."[39]

War das konservative Denken Burkes in seiner Reaktion gegen die mächtig aufkommenden Ideen der Aufklärung von einer starken Intensität, so hat es diese Intensität heute nicht mehr. Es fehlt der große Widerpart seiner Frühzeit: die Aufklärung. Im dialektischen Prozeß geistiger Auseinandersetzungen kam dem Denken des Konservatismus einst historische Notwendigkeit zu. Ihm schien der Seelenfrieden der Menschheit, selbst wenn er durch den Verzicht auf einen trügerischen Fortschritt erkauft wurde, wertvoller und bewahrenswerter als jene Unsicherheiten der menschlichen Existenz, die die Aufklärung spätestens seit Descartes' radikalem Zweifel in die Sicherheit und Unerschütterlichkeit aller bislang bestehenden Ordnungen gebracht hatte. Denn dieser Zweifel schien dem Konservatismus zugleich der Ursprung einer universellen Katastrophe und des geschichtlichen Niedergangs zu sein.

So wie die Kraft der aufklärerischen Ideen in unserem Jahrhundert erlahmt ist, so ist auch dem Konservatismus die einstige Macht und Originalität verlorengegangen. Es scheint, als bedürften Aufklärung und Gegenaufklärung einander. War die Aufklärung unter dem Vorzeichen des universalen Zweifels angetreten und, eng damit verbunden, der Erkenntnis menschlicher Schaffensmöglichkeiten, rationaler Planung und technischer Tätigkeit, die einen gewaltigen Fortschritt für das Leben der Menschen ankündigten, so ist von diesen beiden Komponenten der Aufklärung heute nur mehr die zweite geblieben: die Technik. Mit ihr aber hat sich der Konservatismus mittlerweile arrangiert, wenngleich er ihre Folgen bedauert. Technisches Herstellen ist kein Angriffsziel heutiger Konservativer mehr, wohl aber der Zweifel. Wie nun beides einmal ursprünglich zusammenhing und aufeinander angewiesen war, so macht das Einverständnis mit der technisierten Welt die spezifische Inkonsequenz heutiger Konservativer aus. Dem entspricht, daß die konservative politische Praxis, so wie sie sich heute versteht, keineswegs mehr das Monopol einer besonderen konservativen Partei oder Gruppe sein möchte, sondern Konservativsein primär als Aufgabe versteht, den bestehenden Institutionen die konservative Haltung aufzuprägen. Nach von Merkatz wird es künftig „immer leichter werden, eine wahrhaft konservative Grundlinie in der Politik zu vertreten", aber immer schwerer, „eine konservative Gruppe als eigene Partei zu bilden."[40]

Dieser Grundabsicht der heutigen Konservativen kommen die bürokratisch organisierten Parteiapparate entgegen. Sie sorgen dafür, daß der Wille zur Veränderung dort, wo er sich regt, der bloßen Stabilisierung des Status quo zugute kommt. Neben dieser Stabilisierungsfunktion besitzt das gegenwärtige konservative Denken auch die Tendenz, fragwürdig gewordene autoritäre Sozialstrukturen erneut zu legitimieren. So erscheint der Anspruch heutiger Konservativer, einer ideologiefreien Weltanschauung verpflichtet zu sein, nach alledem fragwürdig. Denn die von ihnen geforderte Entideologisierung wäre allenfalls auf dem Wege der Kritik, nicht aber auf dem der Anpassung zu leisten. Der Konservatismus hat auch heute ideologische Funktionen: seinem Anspruch und seiner Struktur nach ist er jedoch „Weltanschauung", eine Weltanschauung, deren Formulierungen zugleich so vage sind, daß sie — fehlt ihr der Gegner — jederzeit wieder in das unreflektierte Medium der Mentalität zurücksinken.

Seiner historischen Genese nach ist konservatives Denken ein Denken wider Willen. Als Gegenrevolution gegen die Aufklärung war der Konservatismus einstmals gezwungen, sich zu artikulieren und zu reflektieren. Dadurch geriet er von Anbeginn in Widerspruch zu seiner Prämisse, daß Rationalität selber für den Niedergang der Gesellschaftsentwicklung der Neuzeit verantwortlich zu machen sei. Daher interpretierte Burke die Französische Revolution als Sündenfall der Menschen. Steht der Konservatismus vor der Notwendigkeit, sich der Mittel seiner politischen Gegner zu bedienen, gerät die Substanz konservativen Denkens selbst in Gefahr, das rationalisieren zu müssen, was sich — konservativer Prämisse zufolge — gar nicht definieren und begrifflich erkennen lassen kann und soll. Konservatives Denken tendiert deshalb seit je dazu, Ausdruck einer bestimmten Mentalität zu sein. Menschliche Vernunft als zugleich utopisches Denken ist dem Konservativen kein taugliches Instrument, da es ihm um Gesinnungen, Haltungen und Gewissensfragen geht. Der Status quo ist — ex definitione — seit je des Konservativen Norm. Dies bedeutet heute eine theoretische Schwäche des Konservatismus, aber zugleich auch das Erstarken unter neuem Vorzeichen: eine Imprägnierung des politischen Durchschnittsverhaltens mit konservativen Rudimenten. Denn auch seine einstigen Gegner inklinieren nicht selten zu einer konservativen politischen Haltung.

Anmerkungen und Literaturhinweise

Wolf Rosenbaum
Staatsinterventionismus und Wirtschaftsplanung im modernen Kapitalismus

[1] Vgl. statt vieler: O. Hintze, Wirtschaft und Politik im Zeitalter des modernen Kapitalismus, in: ders., Feudalismus — Kapitalismus, Göttingen 1970, S. 165 ff.

[2] Zum folgenden: M. Dobb, Entwicklung des Kapitalismus. Vom Spätfeudalismus bis zur Gegenwart, Köln, Berlin 1970

[3] Vgl. E. Heckscher, Der Merkantilismus, 1. Bd., Jena 1932, insbesondere S. 118 ff.

[4] Dazu F. Mehring, Der rote Faden der preußischen Geschichte, in: ders., Zur preußischen Geschichte vom Mittelalter bis Jena, Berlin 1930, S. 55 ff.

[5] E. Hobsbawm, Industrie und Empire. Britische Wirtschaftsgeschichte seit 1750, 2. Bd., Frankfurt/M. 1969. S. 69

[6] H. Böhme, Prolegomena zu einer Sozial- und Wirtschaftsgeschichte Deutschlands im 19. und 20. Jahrhundert, Frankfurt/M. 1968, S. 54 ff.

[7] J.H. Clapham, The Economic Development of France and Germany 1815—1914, 4. Aufl., Cambridge 1936; W. Treue, Wirtschaftsgeschichte der Neuzeit, 2. Aufl., Stuttgart 1966, S. 460 ff.

[8] W. Hofmann, Die säkulare Inflation, Berlin 1962, S. 19 f.

[9] Hobsbawm, Industrie und Empire, a.a.O., 1. Bd., S. 129 ff.

[10] Zum folgenden: W.I. Lenin, Der Imperialismus als höchstes Stadium des Kapitalismus, Werke Bd. 22, Berlin 1966

[11] G. Stolper, K. Häuser, K. Borchardt, Deutsche Wirtschaft seit 1870, Tübingen 1964, S. 63 ff.

[12] F. Sternberg, Die Weltwirtschaftskrisis, in: Weltwirtschaftliches Archiv, 36. Bd. (1932 II), S. 109 ff; A. Mahr, Monopolistische Preispolitik in der Depression, in: Weltwirtschaftliches Archiv, 35. Bd. (1932 I), S. 386 ff.

[13] Vgl. B. Fritsch, Geschichte und Theorie der amerikanischen Stabilisierungspolitik, Zürich 1959; B. Rauch, The History of the New Deal 1933—1938, New York 1944

[14] P.A. Baran, Zur politischen Ökonomie der geplanten Wirtschaft, Frankfurt/M., 1968, S. 80. Allgemein zur nationalsozialistischen Wirtschaftspolitik: D. Grosser, Die nationalsozialistische Wirtschaft, in: Das Argument, Nr. 32 (1965), S. 1 ff; W. Fischer, Deutsche Wirtschaftspolitik 1918—1945, Opladen 1968; D. Petzina, Autarkiepolitik im Dritten Reich, Stuttgart 1968

[15] Zum folgenden insbesondere: A. Shonfield, Geplanter Kapitalismus. Wirtschaftspolitik in Westeuropa und USA, Köln, Berlin 1968, S. 3 ff; M. Kidron, Rüstung und wirtschaftliches Wachstum. Ein Essay über den westlichen Kapitalismus nach 1945, Frankfurt/M. 1971, S. 10 ff.

[16] Shonfield, a.a.O., S. 21 ff; Kidron, a.a.O., S. 51 ff.

[17] W. Hofmann, Europa-Markt und Wettbewerb, Berlin 1959, S. 10 ff.

[18] H.C. Recktenwald, Staatswirtschaft in säkularer Entwicklung, in: Hamburger Jahrbuch 1970, S. 119 ff; R. Gündel, H. Heininger, P. Hess, K. Zieschang, Zur Theorie des staatsmonopolistischen Kapitalismus, Berlin 1967, S. 23 ff.

Der Anteil der Staatsausgaben (Gebietskörperschaften und Sozialversicherung) am Bruttosozialprodukt entwickelte sich folgendermaßen (Angaben in % des Bruttosozialprodukts):

	1910	1913	1927	1928	1929	1950	1955	1957	1968
G. Britannien	12,7			24,2		39,0	36,6		
USA		8,0	11,7			24,7		28,5	
Dt. Reich (BRD)		15,4			29,0	37,3		38,4	40,6

Quelle: H. Jecht: Art.: Finanzwirtschaft, öffentliche II, in: Handwörterbuch der Sozialwissenschaften, Bd. 3, S. 682 f, ergänzt durch Angaben bei B. Gleitze: Wirtschafts- und sozial-statistisches Handbuch, Köln 1960 und Statistisches Jahrbuch für die Bundesrepublik Deutschland, 1970.

19 Vgl. Shonfield, a.a.O., S. 81 ff.

20 Hofmann, Die säkulare Inflation, a.a.O., S. 29 ff.

21 Kidron, a.a.O., S. 57 ff; F. Vilmar, Rüstung und Abrüstung im Spätkapitalismus, Frankfurt/M. 1965

22 Investitionsgüter- und Grundstoffindustrien weisen die größten konjunkturellen Ausschläge auf, weil bei Nachfragerückgängen in der verarbeitenden Industrie und der Konsumgüterindustrie zunächst die Investitionstätigkeit reduziert oder eingestellt wird. Sie produzieren auf dem vorherigen oder leicht eingeschränkten Niveau weiter, während für die Investitionsgüterindustrie dadurch ein sehr großer Teil der erwarteten Aufträge unterbleibt.

23 Um Mißverständnissen vorzubeugen: Das Aufstellen von Wirtschaftsprognosen ist noch keine Planung, sondern bestenfalls Instrument derselben.

24 Vgl. Shonfield, a.a.O., S. 81 ff; D. Klein, Staatsmonopolistische Programmierung in der EWG, Berlin 1965; K.-H. Kleps, Langfristige Wirtschaftspolitik in Westeuropa, Freiburg/Br. 1966

25 Vgl. Shonfield, a.a.O., S. 156 ff; Klein, a.a.O., S. 24 ff.

26 Vgl. Kidron, a.a.O., S. 106 ff.

27 Zum folgenden: E. Liefmann−Keil, Produktivitätsorientierte Lohnpolitik, in: Weltwirtschaftliches Archiv, Bd. 76 (1956 I), S. 240 ff.

28 Kidron, a.a.O., S. 126 ff.

29 Mit Diskontgeschäft bezeichnet man den Ankauf von noch nicht fälligen Wechseln durch die Geschäftsbanken. Der Verkäufer des Wechsels erhält dadurch praktisch einen Kredit von der Bank für die Zeit zwischen dem Wechselverkauf und der Fälligkeit des Wechsels (zu diesem Zeitpunkt erhält die Bank den Betrag vom Wechselschuldner zurück). Der Verkäufer des Wechsels muß allerdings für diesen Kredit einen Zins (Diskont) bezahlen. Die Höhe des Diskontsatzes richtet sich nach dem Satz, den die Zentralbank (Bundesbank) fordert, wenn die Geschäftsbanken ihrerseits die aufgekauften Wechsel vor ihrer Fälligkeit an die Zentralbank weiterverkaufen (Rediskont). Der (Re-)Diskontsatz der Zentralbank bestimmt wesentlich den Zins für kurz- und mittelfristige Kredite.

30 Grundsätzlich zu den Problemen moderner Haushaltspolitik: F. Neumark, Grundsätze der Haushaltsführung und Finanzbedarfsdeckung, in: ders., Wirtschafts- und Finanzprobleme des Interventionsstaates, Tübingen 1961, S. 122 ff.

31 Vgl. für die BRD: D. Lüdeke, Die Ausgaben des ersten Konjunkturprogrammes auf einzelne Kreislaufaggregate, in: IFO-Studien, 13. Jg. (1967), S. 21 ff; Jahresgutachten des Sachverständigenrates zur Begutachtung der gesamtwirtschaftlichen Entwicklung, 1969/70, Stuttgart 1970, S. 41 ff.

32 Zum folgenden: J. Kuczynski, Propheten der Wirtschaft. Studien zum Pro-

blem der Wirtschaftsprognose im Kapitalismus, Berlin 1970; A. Bönisch, Wirtschaftsprogrammierung im Kapitalismus, Berlin 1969

[33] Vgl. W. Krelle, Möglichkeiten und Grenzen der Konjunkturdiagnose, in: H. Giersch und K. Borchardt (Hg.), Diagnose und Prognose als wirtschaftswissenschaftliche Methodenprobleme, Schriften des Vereins für Sozialpolitik, N.F. Bd. 25, Berlin 1962, S. 30 ff.

[34] Vgl. insbesondere für die niederländischen und skandinavischen Prognosen: H. Theil, Economic Forecasts and Policy, Amsterdam 1965

[35] O. Vogel, L. Duelli, Prognosewerte und Ist-Daten. Beiträge des Deutschen Industrieinstituts, Köln 1968, Heft 2/3.

[36] Auf der Basis derartiger Prognosen erstellte Detailpläne können tatsächlich nicht realistisch z. B. das Bildungswesen entsprechend dem Bedarf der Privatwirtschaft ausbauen. Sie können allerdings angeben, wie die verschiedenen Zweige des Bildungs- und Ausbildungssektors aufeinander abgestimmt werden müssen.

[37] Shonfield, a.a.O., S. 177 ff.

[38] Vgl. Kidron, a.a.O., S. 187 ff.

[39] Zum folgenden: L. Magri, Für einen neuen Realismus, in: L. Colletti u. a., Über Lenins „Staat und Revolution" – heute, Berlin 1970, S. 51 ff.

[40] Hobsbawm, a.a.O., Bd. 2, S. 83; Der Imperialismus der BRD, Frankfurt/M. 1971, S. 25 ff.

[41] Shonfield, a.a.O., S. 166

Arno Klönne
Sozialdemokratie – eine Agentur kapitalistischer Interessen?

[1] Zur historischen Entwicklung der sozialistischen Bewegungen siehe u. a. Paul M. Sweezy, Der Sozialismus – Geschichte und Probleme, München 1970; Wolfgang Abendroth, Sozialgeschichte der europäischen Arbeiterbewegung, Frankfurt 1965; Arthur Rosenberg, Demokratie und Sozialismus, Frankfurt 1962

[2] J.K. Galbraith, Die moderne Industriegesellschaft, München 1968, S. 261

[3] Ebenda, S. 347 f.

[4] F.J. Strauß, Herausforderung und Antwort, Stuttgart 1968, S. 159

[5] Rainer Rilling, Kriegsforschung und Vernichtungswissenschaft in der BRD, Köln 1970

[6] Die Literatur über den militärisch-industriellen Komplex in der BRD ist nicht allzu umfangreich. Neben den bekannten Arbeiten von Fritz Vilmar sind zu nennen: Rainer Rilling, Kriegsforschung und Vernichtungswissenschaft in der BRD, Köln 1970; das Nachwort von Claus Grossner zu: Richard J. Barnet, Der amerikanische Rüstungswahn, Reinbek 1971; Alfred Mechtersheimer, Der militärisch-industrielle Komplex in den USA und in der BRD, in: Aus Politik und Zeitgeschichte, Beilage zum „Parlament", 10.7.1971

[7] Carl Föhl, in: Der Bürger im Staat, Heft 4, 1970

[8] Karl Schiller, in: Handelsblatt/Industriekurier, 4.12.1970

[9] Das Mitbestimmungsgespräch, Heft 2–3, 1971

[10] Zur Diskussion sozialdemokratischer Politik heute vgl. u. a.: Emil Bandholz, Zwischen Godesberg und Großindustrie, Reinbek 1971; Norbert Gansel (Hg.), Überwindet den Kapitalismus oder Was wollen die Jungsozialisten, Reinbek 1971; Walter Menningen (Hg.), Ungleichheit im Wohlfahrtsstaat – der Alva-Myrdal-Report der schwedischen Sozialdemokraten, Reinbek 1971; Horst Schröder, Schweden zum Beispiel, Frankfurt 1970; Solveig Ehrler, Sozialdemokratie und Sozialismus heute, Köln 1968

11 Wolfgang Abendroth, in: links, Heft 3, 1970

12 Prinzipielle Ansätze zur Klärung des Verhältnisses von Reform und Revolution bietet immer noch am ehesten Rosa Luxemburg, Sozialreform oder Revolution, Leipzig 1899, ferner dazu Lelio Basso, Zur Theorie des politischen Konflikts, Frankfurt 1969

Gerhard Stuby
Bürgerliche Demokratietheorien in der Bundesrepublik

1 Parlamentarischer Rat, Stenographischer Bericht über die 12 Sitzungen der Vollversammlung des Parlamentarischen Rats, Bonn 1949, S. 180; vgl. hierzu auch Hartwich, Sozialstaatspostulat und gesellschaftlicher status quo, Köln u. Opladen 1970, S. 47

2 So Renner, zit. nach Hartwich, Sozialstaatspostulat, S. 47

3 Obwohl in der Verfassung der DDR von 1949 das Privateigentum ebenfalls garantiert war (Art. 22), so überwogen dennoch Artikel, die bereits vollzogene und noch vorzunehmende Enteignungen garantierten; zudem waren die Voraussetzungen und Formen weiterer Sozialisierungen bereits genau bestimmt (Art. 27), vgl. Fülberth-Knüppel, Bürgerliche und sozialistische Demokratie, in: BRD-DDR. Vergleich der Gesellschaftssysteme, Köln 1971, S. 206 ff. (226, 228)

4 Karl Marx, Zur Judenfrage, in: MEW 1, S. 347 ff. (366)

5 Hinzu kommt, daß mögliche Umsetzungen aus der ökonomischen in die politische Ebene sorgsam durch die Rechtsprechung abgeblockt werden, die den Gewerkschaften das Recht auf politischen Demonstrationsstreik abspricht. Vgl. W. Abendroth, Die Berechtigung gewerkschaftlicher Demonstrationen für die Mitbestimmung der Arbeitnehmer in der Wirtschaft, in: ders., Antagonistische Gesellschaft und politische Demokratie. Aufsätze zur politischen Soziologie, Neuwied-Berlin 1967, S. 203 ff.

6 Die Parteientheorie stellt ein wichtiges Element der bürgerlichen Demokratietheorie dar, auf das in diesem Rahmen nicht näher eingegangen werden kann. Einige Ansätze sind entwickelt in: Stuby, Die Macht des Abgeordneten und die innerparteiliche Demokratie, Der Staat 1969, 302 ff. Allerdings bleibt die dort durchgeführte Analyse noch völlig in der politischen Ebene stecken bzw. vermag die dort gezogenen verfassungspolitischen Konsequenzen noch nicht politökonomisch zu begründen.

7 Und zwar bürgerliche Verfassung in einem affirmativen Sinne, was auch durch die weitere Entwicklung der Verfassungswirklichkeit bestätigt wurde. Vgl. demgegenüber den weitertreibenden Charakter der ebenfalls bürgerlichen Verfassung der DDR von 1949, Fülberth-Knüppel, Bürgerliche und sozialistische Demokratie, S. 226

8 Fülberth-Knüppel, a.a.O., S. 209 f.

9 Ders., S. 210

10 Trotz aller immer wieder vorgetragenen Vorbehalte gegen diesen Begriff scheint er dennoch der adäquateste Ausdruck der gegenwärtigen gesellschaftlichen Wirklichkeit im entwickelten Kapitalismus, in der sich trotz zunehmenden Staatseingriffes eine wachsende Labilität zeigt. Lenin definiert den staatsmonopolistischen Kapitalismus als eine Form gesellschaftlicher Herrschaft, die unter erschwerten Kapitalverwertungsbedingungen den „Schutz für die Profite der Kapitalisten" übernimmt. Der Staat übernimmt unmittelbare wirtschaftliche Aufgaben, aber „im Interesse der ... Kapitalisten", was notwendig ein Interesse

an unkoordinierter, ungeplanter Durchführung von Monopolbedürfnissen, ein Interesse der Profitmaximierung selbständiger Monopole darstellt (vgl. W.I. Lenin, Die drohende Katastrophe und wie man sie bekämpfen soll, in: W.I. Lenin, Ausgewählte Werke Bd. 2, Berlin 1970, S. 261 ff. [298 f.]; vgl. auch Paul Boccara, Zum staatsmonopolistischen Kapitalismus, in: Sozialistische Politik 3/1971, Nr. 11, S. 7 ff., der noch stärker den unproduktiven Kapitalvernichtungsgesichtspunkt durch den Staat zur Überbrückung von Kapitalverwertungsschwierigkeiten betont; vgl. auch Der Imperialismus der BRD, Frankfurt 1971, insbes. S. 91 ff.).

11 Karl Marx, Der 18. Brumaire des Louis Napoléon, MEW 8, 115

12 Vgl. W. Abendroth, Bilanz der sozialistischen Ideen in der Bundesrepublik Deutschland, in: ders., Antagonistische Gesellschaft und politische Demokratie, S. 429 ff.

13 Vgl. Gerhard Kegel, Ein Vierteljahrhundert danach. Das Potsdamer Abkommen — und was aus ihm geworden ist, Berlin-Ost 1970, S. 75

14 Keesings Archiv der Gegenwart 15, 1945, S. 344, Sp. 1 bis S. 347, Sp. 2.

15 Hierzu siehe ausführlicher weiter unten.

16 Zu den Kriegszielen der Alliierten vgl. Badstübner, Restauration in Westdeutschland 1945—1949, Berlin-Ost 1965, S. 54 ff.; Kegel, Ein Vierteljahrhundert danach, S. 40 ff. (50 ff.)

17 Vgl. Kegel, Ein Vierteljahrhundert danach, S. 40 ff.

18 Vgl. hierzu E. Schmidt, Die verhinderte Neuordnung 1945—1952. Zur Auseinandersetzung um die Demokratisierung der Wirtschaft in den westlichen Besatzungszonen und in der BR Deutschland, Frankfurt 1970, S. 33; Badstübner, Restauration in Westdeutschland, S. 80 ff.

19 Vgl. hierzu Der Imperialismus der BRD, S. 61

20 Vgl. hierzu Der Imperialismus der BRD, S. 64; Badstübner, Restauration, S. 77; Hartwich, Sozialstaatspostulat und gesellschaftlicher status quo, S. 64

21 Vgl. hierzu auch Joachim Hirsch, Wissenschaftlich-technischer Fortschritt, im politischen System, Frankfurt 1970, S. 77 f.

22 Im einzelnen vgl. Gerhard Kegel, Ein Vierteljahrhundert danach, S. 103 ff.; Der Imperialismus der BRD, S. 66 ff.

23 Statistisches Jahrbuch für die Bundesrepublik Deutschland 1959, S. 58

24 Vgl. Der Imperialismus der BRD, S. 74 f.

25 Über die Fragwürdigkeit der Mitbestimmung in diesem Bereich vgl. K. Schumacher, Partnerschaft oder Mitbestimmung? Untersuchung zur Ausgestaltung gewerkschaftlicher Mitbestimmungsrechte in Westdeutschland, Berlin 1967. Vgl. auch F. Deppe, J. v. Freiberg, Ch. Kievenheim, R. Meyer, F. Werkmeister, Kritik der Mitbestimmung. Partnerschaft oder Klassenkampf?, Frankfurt 1969, S. 110 ff.

26 Vgl. Der Imperialismus der BRD, S. 79

27 Vgl. zu diesem Komplex Fritz Vilmar, Rüstung und Abrüstung im Spätkapitalismus, Frankfurt 1965, S. 266; Rilling, Kriegsforschung und Vernichtungswissenschaft in der BRD, Köln 1970

28 Vgl. hierzu Der Imperialismus der BRD, S. 83

28a Z. B. Hennis, Amtsgedanke und Demokratiebegriff, in: Festgabe für R. Smend 1962, S. 51 ff.

29 Die Forderung des Potsdamer Abkommens, alle aktiven Nazis aus öffentlichen und halböffentlichen Ämtern zu beseitigen, war nur oberflächlich betrieben worden. Was Justiz, Verwaltung und Erziehungswesen betraf, war sie fast völlig unterblieben. Vgl. hierzu Badstübner, Restauration in Westdeutschland, S. 80 ff.; vgl. auch Abendroth, Die BRD und die DDR. Ein Gesellschaftsver-

gleich, in: Die Gesellschaft in der Bundesrepublik. Analysen 2. Teil (Hg. Hans Steffen), Göttingen 1971, S. 105 ff. (106)

30 Vgl. hierzu Abendroth, Bilanz der sozialistischen Idee in der Bundesrepublik Deutschland, S. 429 ff.

31 Badstübner, Restauration in Westdeutschland, S. 116 ff.

32 Zitiert nach Badstübner, Restauration in Westdeutschland, S. 119

33 Zitiert nach Badstübner, Restauration in Westdeutschland, S. 123

34 Gerade deswegen wurden diese Kreise in der SPD von den Militärverwaltungen besonders gefördert, vgl. hierzu E. Schmidt, Die verhinderte Neuordnung 1945–1952, S. 33

35 Vgl. Badstübner, Restauration in Westdeutschland, S. 120

36 Vgl. Badstübner, Restauration in Westdeutschland, S. 127 ff.

37 Katholische Soziallehre, aufbauend auf den päpstlichen Sozialenzykliken, und Neoliberalismus trafen sich nicht nur in der Apologie des kapitalistischen Privateigentums und der Ablehnung der Klassengegensätze, sondern entfalteten auch eine starke soziale Demagogie einer apologetischen Monopolkritik mit dem Ziel, breite Kreise der Werktätigen anzusprechen und ihre antimonopolistischen Bestrebungen abzufangen, vom gemeinsamen Antikommunismus ganz zu schweigen. Zur neoliberalen Monopolkritik vgl. Meißner (Hg.), Bürgerliche Ökonomie im modernen Kapitalismus, Berlin-Ost 1967, S. 48 ff., insbes. S. 66 ff. m.w. Nachw.; zur katholischen Soziallehre, die das theoretische Konzept des sog. Kreisauer Kreises darstellte, vgl. Badstübner, Restauration in Westdeutschland, S. 104 ff.

38 Diese Konzeption wurde vor allem von Adenauer weiterentwickelt und propagiert, vgl. seine Rede in der Aula der Kölner Universität vom 24. März 1946 und seine Essener Leitsätze zur Wirtschaftspolitik vom August 1946, Nachweise bei Badstübner, Restauration in Westdeutschland, S. 153

39 Vgl. hierzu Badstübner, Restauration in Westdeutschland, S. 155

40 Kölnische Rundschau, 20. Dez. 1946, zit. nach Badstübner, Restauration in Westdeutschland, S. 154 Anm. 183

41 Narr, CDU-SPD. Programm und Praxis seit 1945, Stuttgart 1966, S. 97

42 Vgl. im einzelnen zu diesen Vorschlägen Der Imperialismus der BRD, S. 61; vgl. auch Badstübner, Restauration in Westdeutschland, S. 242 ff.

43 Zitiert aus Badstübner, Restauration in Westdeutschland, S. 249.

44 Alle Zitate aus Badstübner, Restauration in Westdeutschland, S. 249 ff.

45 Derartige Vergesellschaftungsprogramme konnten an die zu Ende der Weimarer Republik in Gewerkschaftskreisen propagierte Mitbestimmungstheorie anknüpfen, die auch von Goerdeler in seinem Programm zur Reorganisation des staatsmonopolistischen Systems aufgegriffen wurde. Vgl. hierzu Badstübner, Restauration in Westdeutschland, S. 103

46 Vgl. Die CDU. Geschichte, Idee, Programm, Statut, Bonn 1961, 2. Aufl., hg. von der Bundesgeschäftsstelle der CDU, S. 22 ff.

47 Vgl. hierzu Hermann Turley, Neoliberale Monopoltheorie und Antimonopolismus, Berlin-Ost 1961

48 Die von der CDU propagierte Mittelstandspolitik (Streuung des Eigentums, Förderung der Mittel- und Kleinbetriebe) wird auf dem Hintergrund dieses Konzentrationsprozesses (der eingehend von Arndt, Die Konzentration in der Wirtschaft, Berlin 1960, dargestellt und von Jörg Hufschmid, Die Politik des Kapitals, Konzentration und Herrschaft in der Bundesrepublik, Frankfurt 1969, ergänzt worden ist, vgl. auch die Tabellen in Der Imperialismus der BRD, S. 144) zur Farce. Daran ändert auch nichts die in der CDU-Ära durch gesetzliche Maßnahmen erfolgte Förderung der mittelständischen Gewerbe- und Berufsordnun-

gen (vgl. hierzu Hartwich, Sozialstaatspostulat, S. 126 ff.). Zwar sind die Profitchancen und damit der Wohlstand der Mittelschichten mit dem Konjunkturaufstieg absolut gegenüber früher gestiegen, gegenüber den Profitchancen des Großkapitals haben sie sich aber vermindert. Entscheidend ist vielmehr, daß durch den Konzentrationsprozeß immer mehr kleinere und mittlere Kapitalisten ihre Existenz als Kapitalisten aufgeben und Lohnabhängige werden, wenn auch oft in verkappter Form (Vertreter, Zulieferer usw.) als Agenten des Großkapitals. Dieser ökonomische Gesichtspunkt wird von Hartwich weitgehend vernachlässigt.

[49] Auf dem Düsseldorfer Parteitag der SPD vom 11.−14. Sept. 1948 setzte sich allerdings schon die Meinung durch, daß der Sozialismus auch ohne Enteignung und Entmachtung der Monopolbourgeoisie und der Großgrundbesitzer erreicht werden könne (vgl. Sachwörterbuch der Geschichte Deutschlands und der deutschen Arbeiterbewegung Bd. 1, Berlin 1969, Stichwort „Düsseldorfer Parteitag")

[50] Hartwich, Sozialstaatspostulat, insbes. S. 17 ff.

[51] Vgl. Hartwich, Sozialstaatspostulat, insbes. S. 49 ff.

[52] Der Hinweis, daß die materielle Umschreibung in den Kompetenzzuweisungen der Art. 70 ff. GG erfolgt sei, somit die SPD keinen Verzicht auf ihr inhaltliches Programm ausgesprochen habe (so jetzt auch Hartwich, Sozialstaatspostulat, S. 41), ist insofern etwas fraglich, als schon die Verfassungslehre der Weimarer Zeit es ablehnte, aus Kompetenzzuweisungsnormen einen Regelungsauftrag für den Gesetzgeber zu entnehmen (vgl. hierzu Ekkehard Wienholtz, Normative Verfassung und Gesetzgebung. Die Verwirklichung von Gesetzgebungsaufträgen des Bonner Grundgesetzes, Freiburg 1968, insbes. S. 14 ff. und S. 41 f.

[53] Die mangelnden Diskussionen um materielle Fragen betont auch Hartwich, Sozialstaatspostulat, S. 45.

[54] Damit ist der Alternativlosigkeit westdeutscher Parteipolitik (vgl. hierzu Fülberth-Knüppel, Bürgerliche und sozialistische Demokratie, S. 231) der späteren Jahre schon vorgearbeitet.

[55] Die Phaseneinteilung erfolgt in Anlehnung an Hartwich, Sozialstaatspostulat, S. 283 ff., der allerdings nur die politische Entwicklung berücksichtigt und ihre Abhängigkeit von den Veränderungen im Arbeitsprozeß fast völlig ausklammert.

[56] Ipsen, Enteignung und Sozialisierung, in: VVDStRL 10 (1952) S. 74 ff. (S. 102 f); Ridder, Enteignung und Sozialisierung, in: VVDStRL 10 (1952) S. 124 ff. (137)

[57] v. Mangoldt-Klein, Das Bonner Grundgesetz, Bd. I, 2. Aufl. 1957, Anm. III 2 zu Art. 15 GG

[58] Ipsen, Enteignung und Sozialisierung, S. 101 f. Die sozialistische Alternative als Interpretationsmöglichkeit wurde am entschiedensten von Wolfgang Abendroth, Zum Begriff des demokratischen u. sozialen Rechtsstaates, in: Antagonistische Gesellschaft u. politische Demokratie 1967 vertreten. Daß seine Interpretation keineswegs die realen Machtverhältnisse verkennt (so der Vorwurf Geulens in: Stuby, Disziplinierung der Wissenschaft, Frankfurt 1970, S. 192 ff.), andererseits aber dennoch nicht die Einsetzbarkeit der Rechtssphäre im Sinne einer gesellschaftsverändernden Perspektive verkennt, dürfte zumindest aus dem Zusammenhang seiner anderen Analysen klar sein.

[58a] Die Unterscheidung von Sozialentwährung, d. h. sozialer Umschichtung in der Produktionsordnung und Enteignung (Einzeleingriff) ist verwischt, vgl. hierzu Forsthoff, Lehrbuch des Verwaltungsrechts, München 1966, S. 309 Anm.

[59] Scheuner, Die staatliche Intervention im Bereich der Wirtschaft, VVDStRL

11 (1954), S. 7

60 Scheuner, Die staatliche Intervention im Bereich der Wirtschaft, S. 21

61 In einem späteren Aufsatz zur Bildungsplanung (Rechtliche Voraussetzung der Bildungsplanung im Bereich der Wissenschaft, in: Festschrift für Leo Brandt, Köln-Opladen 1968, S. 613 ff.) hat Scheuner diesen Gedanken für die staatliche Wissenschaftsorganisation weiterentwickelt.

62 Ähnliche Argumentationsmodelle sind in der Rechtsprechung des Bundesverfassungsgerichts zu bemerken, vor allem in den entscheidenden Urteilen zum Investitionshilfegesetz, zum KPD-Verbot und zur Privatisierung öffentlicher Unternehmen (VW-Urteil). Vgl. hierzu Hartwich, Sozialstaatpostulat, S. 292 ff.

63 Hartwich, Sozialstaatspostulat, S. 295

64 Carl Schmitt, Die geistesgeschichtliche Lage des heutigen Parlamentarismus, 2. Aufl. 1926; Verfassungslehre, 3. unveränderte Aufl. Berlin 1957, insbes. S. 201, 233, 309, 315. Die Bedeutung der Theorie von Carl Schmitt kann man darin sehen, daß er über das Selbstverständnis des staatsrechtlichen Positivismus hinausgehend dessen gesellschaftliche Funktion klar erkennt, nämlich die Entfaltung der kapitalistischen Produktionsweise vor den willkürlichen, d. h. noch an merkantilistischen Gesichtspunkten orientierten bürokratischen Eingriffen zu schützen. Als eine solche Gefahr von der Bürokratie nicht mehr ausging, da sie längst zu einer clearing-Zentrale der verschiedenen Kapitalgruppen geworden war, diese Gefahr vielmehr in den von der sich organisierenden Arbeiterbewegung vorgetragenen Sozialisierungsforderungen bestand, mußte die Form des bürgerlichen Rechtsstaates so geändert werden, daß seine Substanz erhalten werden konnte. Mit den Mitteln des staatsrechtlichen Positivismus gelingt es Carl Schmitt, den bürgerlichen Rechtsstaat in den permanenten Ausnahmezustand zu überführen, von der sozialen Funktion her ausgedrückt, dem Bürgertum klarzumachen, daß es unter den gewandelten Verhältnissen seine soziale Existenz nur bewahren konnte, wenn es seine politische von der rechtsstaatlichen in die faschistische umwandelte.

65 E. Forsthoff, Begriff und Wesen des sozialen Rechtsstaates, VVDStRL 12 (1954), S. 8 ff. Jetzt in: Rechtsstaat im Wandel. Verfassungsrechtliche Abhandlungen 1950–1964, Stuttgart 1964, S. 27 ff.

66 Das wird neuestens von Hartwich, Sozialstaatspostulat, S. 299 ff., an Ulrich Scheuner, Friedrich Klein, Ernst Rudolf Huber u. a. im einzelnen dargelegt.

67 Nipperdey, Soziale Marktwirtschaft und Grundgesetz, 3. Aufl. 1965

68 Ulrich Scheuner, Die neuere Entwicklung des Rechtsstaates in Deutschland, in: Rechtsstaatlichkeit und Sozialstaatlichkeit, hg. von E. Forsthoff, Darmstadt 1968, S. 461 ff. (464)

69 Der Auslegungsgedanke der verfassungsrechtlichen „Entscheidung für eine Wirtschaftsverfassung" i.S. der sozialen Marktwirtschaft wird besonders scharf von Ehmke, Wirtschaft und Verfassung, Köln 1961, kritisiert.

70 Vgl. hierzu Badura, Wirtschaftsverfassung und Wirtschaftsverwaltung. Ein exemplarischer Leitfaden, München 1970, S. 34

71 Badura, Wirtschaftsverfassung und Wirtschaftsverwaltung, S. 119

72 Deutsch „Die moderne Industriegesellschaft", München/Zürich 1968

73 Wolkow, Soziologie der Wissenschaft, Berlin-Ost 1970

74 Wolkow, Soziologie der Wissenschaft, S. 97 f.

75 Karl Marx, Grundrisse der Kritik der politischen Ökonomie, Berlin-O., 1953, S. 593

76 Wolkow, Soziologie der Wissenschaft, S. 6, weist darauf hin, daß die Analysen von Marx nicht nur in ihren methodologischen Prinzipien heute noch Gültigkeit haben, sondern daß Marx in der Einschätzung der Tendenzen des wissen-

schaftlich-technischen Fortschrittes nicht nur den Besten seiner Zeitgenossen voraus war, sondern auch vielen heutigen Wissenschaftlern.

[77] Ich folge hier weitgehend den Ausführungen von Wolkow, Soziologie der Wissenschaft, insbes. S. 100 ff.

[77a] Hierunter versteht man die vor dem unmittelbaren Produktionsprozeß liegende Phase der Vorbereitung im weitesten Sinn: Ausbildung der Arbeitsqualifikation, Forschung in all ihren Stufen etc.

[78] Wolkow, Soziologie der Wissenschaft, S. 12

[79] Wolkow, Soziologie der Wissenschaft, S. 5

[80] Vgl. zu diesen Entwicklungstendenzen Hirsch, Wissenschaftlich-technischer Fortschritt und politisches System, S. 76 ff.

[81] Vgl. zu diesen Angaben E. Mandel, Die deutsche Wirtschaftskrise, Frankfurt 1969, S. 16 ff.

[82] Zur schwedischen Planung vgl. Boenisch, Wirtschaftsprogrammierung im Kapitalismus, Berlin-Ost 1969, S. 146 ff., zur französischen Planung S. 157 ff.

[83] Vgl. zu der Einschätzung, daß die staatliche Programmierung im staatsmonopolistischen System nur eine Formveränderung ist, die ihre Inhalte, nämlich die Aufrechterhaltung des kapitalistischen Ausbeutungssystems, nicht berührt, Der Imperialismus der BRD, S. 271; vgl. a. Hirsch, Wissenschaftlich-technischer Fortschritt und politisches System, S. 136 ff.

[84] Morkel, Politik und Wissenschaft, Möglichkeit und Grenzen wissenschaftlicher Beratung in der Politik. Zeitfragen 2, hg. von Wilhelm Hennis, Hamburg 1967, S. 85. Weitere Hinweise bei R. Steigerwald, Wie wirken die Monopolverbände und der Staat zusammen? , in: Machtstrukturen des heutigen Kapitalismus. Beiträge zu einer internationalen wissenschaftlichen Tagung. Marxistische Blätter, Sonderheft 1, 1967, S. 91; vgl. a., vor allen Dingen zum wissenschaftspolitischen Lenkungsapparat Hirsch, Wissenschaftlich-technischer Fortschritt und politisches System, insbes. S. 136 ff.

[85] Zu den Veränderungen in der Rüstungspolitik vgl. Rilling, Kriegsforschung und Vernichtungswissenschaft in der Bundesrepublik, S. 88 ff.

[86] Vgl. Habermas, Technik und Wissenschaft als „Ideologie", Frankfurt 1968, S. 120 ff.

[87] Vgl. Lutz, Artikel „Technik" in: Evangelisches Staatslexikon, Stuttgart-Berlin 1966, Sp. 2277.

[88] Bei Unterschieden in den Einzelheiten findet sich diese Konzeption bei Karl Jaspers, Die Atombombe und die Zukunft des Menschen, München 1959, S. 259 ff.; Hans Freyer, Theorie des gegenwärtigen Zeitalters, Stuttgart 1955, S. 168 f.; Arnold Gehlen, Die Seele im technischen Zeitalter, Hamburg 1957, S. 54

[89] Durch die These vom post histoire kann Gehlen von vornherein die historische Dimension ausklammern. Vor allem Gehlen, Über kulturelle Kristallisation, in: Studien zur Anthropologie und Soziologie, Neuwied und Berlin 1963; vgl. hierzu auch Claus Offe, Technik und Eindimensionalität. Eine Version der Technokratiethese? , in: Antworten auf Herbert Marcuse (hg. von Habermas), Frankfurt 2. Aufl. 1968, S. 73 ff. (83)

[90] Im Gegensatz zu einer affirmativen Einfügung bei Freyer handelt es sich hier um einen privatistischen Rückzug. Vgl. Offe, Technik und Eindimensionalität, S. 83

[91] Schelsky, Demokratischer Staat und moderne Technik, in: Atomzeitalter, 1961, Nr. 5, S. 99 ff.

[92] Schelsky, Der Mensch in der wissenschaftlichen Zivilisation, Köln/Opladen 1966

93 Dieses schon auf Max Weber zurückgehende Modell hat durch Popper eine methodologische Präzisierung erlangt.

94 Popper, Elend des Historizismus, Tübingen 1965 (London 1960), S. 70

95 Wolfgang Wieland, Thesen zur Wissenschaftstheorie, in: Aspekte 3/1970, Nr. 10, S. 5 ff (7)

96 Vgl. die Hinweise bei Wolf-Dieter Narr, Theoriebegriffe und Systemtheorie (Einführung in politische Theorie), Stuttgart 1969

97 Vgl. vor allem Horst Rittel, in Krauch (Hg.): Beiträge zum Verhältnis von Wissenschaft und Politik. Symposion „Forschung, Staat und Gesellschaft", Berlin 22.–26. Juli 1964. Studiengruppe für Systemforschung, Heidelberg 1966, S. 191 ff.

98 Morkel, Politik und Wissenschaft, S. 51

99 Lompe, Wissenschaftliche Beratung der Politik. Ein Beitrag zur Theorie anwendender Sozialwissenschaften, Göttingen 1966, S. 106 f.

100 Zu dieser Kritik vgl. Narr, Systemzwang als neue Kategorie in Wissenschaft und Politik, in: Koch/Senghaas (Hg.), Texte zur Technokratiediskussion, 1970, S. 218 ff.

101 Etwa Peter Weingart, „Die amerikanische Wissenschaftslobby", der sich stark den systemtheoretischen Ansätzen von Luman, Parsons, Merten u. ä. verpflichtet fühlt, ohne allerdings ganz so unhistorisch zu sein wie diese. So mit Recht Schuon, Wissenschaft und Politik, in der spätkapitalistischen Klassengesellschaft, Das Argument 65, 13. Jhrg. August 1971, Heft 4/5, S. 347 Anm. 113

102 Habermas, Technik und Wissenschaft, S. 126

103 Habermas, Technik und Wissenschaft, S. 127

104 Habermas, Technik und Wissenschaft, S. 98; vgl. auch Morkel, Politik und Wissenschaft, S. 75

105 Lohmar, Wissenschaftsförderung und Politikberatung, Gütersloh 1967, S. 128

106 Vgl. zur Kritik Schuon, Wissenschaft und Politik, S. 366

107 Vgl. die Nachweise bei Hirsch, Wissenschaftlich-technischer Fortschritt und politisches System, S. 241 ff.

108 Vgl. z. B. Hennis, Verfassungsordnung und Verbandseinfluß: Bemerkungen zu ihrem Zusammenhang im politischen System der Bundesrepublik, in: Politische Vierteljahresschrift 2, 1961, S. 23 ff.

109 Vgl. zu diesem Gesichtspunkt Helmut Steiner, Grundzüge und Entwicklungstendenzen der westdeutschen Soziologie, in: Meißner (Hg.), Bürgerliche Ökonomie im modernen Kapitalismus, S. 202 ff. (215 ff.)

110 So Eugen Kogon, Verteidigung unserer Möglichkeiten, in: Erich Kuby, Franz-Joseph Strauß, Wien, München und Basel 1963, S. 360 f.

111 Morkel, Politik und Wissenschaft, S. 94 f.

112 Morkel, Politik und Wissenschaft, S. 60 ff., 108 ff.

113 Wissenschaft und Politik, S. 364

114 Vgl. Walt W. Rostow, Stadien wirtschaftlichen Wachstums. Eine Alternative zur marxistischen Entwicklungstheorie, Göttingen 1960

115 Raymond Aron, Industrielle Gesellschaft — menschlich oder unmenschlich? Bergedorfer Protokolle, Bd. 10, S. 11; Ralf Dahrendorf, ebenda S. 36 f.

116 Hier geht es natürlich nur um einen Trend. Selbst Forsthoff hat es nie versäumt, sich in seinen verwaltungsrechtlichen Arbeiten auf sozialwissenschaftliche Theorien zu stützen, ja im Grunde ist seine Rechtsstaatstheorie sogar sozialwissenschaftlich begründet, wenn man eine apologetische Gesellschaftstheorie als wissenschaftliche akzeptiert.

117 Meine Arbeit „Disziplinierung der Wissenschaft", 1970, würde ich auch

unter diese Richtungen einreihen. U.K. Preuß, Der staatsrechtliche Begriff des Öffentlichen, untersucht am Beispiel des verfassungsrechtlichen Status kultureller Organisationen, Stuttgart 1969; Hans Čopič, Grundgesetz u. politisches Strafrecht neuer Art, Tübingen 1967

[118] Forsthoff, Der Staat der Industriegesellschaft, München 1971

[119] Vgl. Forsthoff, Der Staat der Industriegesellschaft, S. 48

[120] Forsthoff, Lehrbuch des Verwaltungsrechts, 1. Bd. Allgemeiner Teil, 9. Auflage, München 1966

[121] Im hier entscheidenden Punkt der Anknüpfung an die Theorie der modernen Industriegesellschaft ähnlich, wenn auch in der Staatsbetrachtung mehr oder weniger liberal, Werner Weber, Spannungen und Kräfte im westdeutschen Verfassungssystem, 2. Aufl. Stuttgart 1958; Herbert Krüger, Allgemeine Staatslehre, Stuttgart 1964; Joseph H. Kaiser, Die Repräsentation organisierter Interessen, Berlin 1956

[122] Vgl. vor allem Rudolf Smend, Verfassung und Verfassungsrecht, 2. Aufl. 1968, S. 134 ff.; Artikel: Integrationslehre, in: HDSW V (1956), S. 299

[123] H. Heller, Staatslehre, hg. von G. Niemeyer, Leiden 1934, S. 228 ff.

[124] Hesse, Grundzüge des Verfassungsrechts der Bundesrepublik Deutschland, 4. Aufl. 1970, S. 86

[125] Hesse, Grundzüge des Verfassungsrechts, S. 10

[126] Hesse, Der Rechtsstaat im Verfassungssystem des Grundgesetzes, in: Staatsverfassung und Kirchenordnung. Festgabe für Rudolf Smend, Tübingen 1962, S. 71 ff.

[127] Hesse, Grundzüge des Verfassungsrechts, S. 5

[128] Vor allen Dingen R. Dahrendorf, Die Funktion sozialer Konflikte, in: Gesellschaft und Freiheit (1961), S. 112 ff.; ders., Elemente einer Theorie des sozialen Konflikts, ebda S. 197 ff.

[129] Hesse, Grundzüge des Verfassungsrechts, S. 6

[130] Hesse, Grundzüge des Verfassungsrechts, S. 6

[131] Rinken, Das Öffentliche als verfassungstheoretisches Problem, dargestellt am Rechtsstatus der Wohlfahrtsverbände, Berlin-W. 1971, S. 255

[132] Rinken, Das Öffentliche als verfassungstheoretisches Problem, S. 255

[133] So Rinken, Das Öffentliche als verfassungstheoretisches Problem, S. 285, in Anknüpfung an Hollerbach, Die Kirchen unter dem Grundgesetz, in: VVDStRL 26 (1968), S. 73

[134] Mit Recht fragt Abendroth gegenüber Habermas, wer eigentlich der Gegenstand der kritischen Aufklärung sein sollte, wenn nicht die dem Kapital Unterworfenen, vgl. Abendroth, Demokratisch-liberale oder revolutionär-sozialistische Kritik? Zum Konflikt zwischen den studentischen Oppositionen und Jürgen Habermas, in: Die Linke antwortet Jürgen Habermas, Frankfurt 1968, S. 138

[135] K. Preuß, Zum staatsrechtlichen Begriff des Öffentlichen, untersucht am Beispiel des verfassungsrechtlichen Status kultureller Organisationen, Stuttgart 1969, S. 133 f.

[136] U.K. Preuß, Zum staatsrechtlichen Begriff des Öffentlichen, S. 149

[137] Diese Position ist auch eingenommen in Stuby, Disziplinierung der Wissenschaft, Frankfurt 1970, S. 139 m.w.Nachw.

[138] Entweder beschränken sich derartige Konzeptionen auf die Unternehmensebene und klammern den politischen Aspekt des heutigen Kapitalismus aus, oder umgekehrt, sie vereinseitigen den politischen Aspekt und vernachlässigen die ökonomische Ebene. Hierzu wären auch solche Theorien zu zählen, die eine Staatsplanung im Kapitalismus als letztlich erfolgreich ansehen, z. B. Huffschmid.

[139] Vgl. zu den Aspekten einer solchen Wissenschaft von der Politik J.D.

Bernal, Wissenschaft, Bd. 4, Hamburg 1970, S. 1114

[140] Marcuse und Habermas werden im folgenden als Vertreter der sogenannten Frankfurter Schule nur unter diesem eingeschränkten Aspekt untersucht. Zu weiteren Aspekten vgl. H.H. Holz, Der Irrtum der „großen Weigerung", in: Blätter f. dt. u. intern. Politik 1/1968; Erich Hahn, Die theoretische Grundlage der Soziologie von Jürgen Habermas, in: Die „Frankfurter Schule" im Lichte des Marxismus. Zur Kritik der Philosophie und Soziologie von Horkheimer, Adorno, Marcuse, Habermas (Hg. v. Heiseler, Steigerwald, Schleifstein), Frankfurt 1970, S. 70 ff.

[141] Mit für unsere Fragestellung unbedeutenden Abweichungen taucht dies Schema bei allen Vertretern der Frankfurter Schule bis in die neuesten Ausprägungen auf. Vgl. z. B. Claus Offe, Politische Herrschaft und Klassenstruktur. Zur Analyse spätkapitalistischer Gesellschaftssysteme, in: Politikwissenschaft. Eine Einführung in ihre Probleme (Kress, Senghaas Hg.), Frankfurt 1969, S. 155 ff. In der Option Offes für den Integrationsansatz wegen größerer Plausibilität gegenüber allen Konfliktstheorien zeigt sich darüber hinaus eine klare Ablehnung der marxistischen Klassentheorie.

[142] Vgl. hierzu vor allem Abendroth, Demokratisch-liberale oder revolutionär-sozialistische Kritik?, S. 134 f.; Bergmann, Technologische Rationalität und spätkapitalistische Ökonomie, in: Antworten auf Herbert Marcuse (Habermas Hg.), Frankfurt 1968, S. 89 ff., vgl. a. die verschiedenen Beiträge in: Die „Frankfurter Schule" im Lichte des Marxismus

[143] Vgl. Habermas, in: Antworten auf Herbert Marcuse (Habermas Hg.), S. 15

[144] Habermas, Technik und Wissenschaft, S. 79 f.

[145] Zu den Auswirkungen der Automatisierung auf die Qualifikation der Arbeitskraft vgl. Kern-Schumann, Industriearbeit und Arbeiterbewußtsein, Frankfurt 1970, 2 Teile, die eine Polarisierung des Arbeitsprozesses in höherqualifizierte (wissenschaftlich-technisch geprägte) Vorgänge und in verstärkte restriktive Arbeitsformen (forcierte Arbeitsteilung, Fließbandabfertigung etc.) durch die Automatisierung feststellen, wobei in den verschiedenen Produktionsebenen erhebliche Differenzierungen auftreten.

[146] Das Studium der „Grundrisse der Kritik der politischen Ökonomie" müßte wohl endgültig mit dem bürgerlichen Märchen aufräumen, daß „die Dialektik Marxscher ‚Aufhebung' idealistisch bleibt: ... wegen eines Zieles, das anthropologisch abstrakt und in bezug auf die gesellschaftlichen und technischen Produktivkräfte vor-industriell bleibt", so aber Friedrich Müller, Entfremdung. Zur anthropologischen Begründung der Staatstheorie bei Rousseau, Hegel, Marx. Berlin-W. 1970, S. 86 f.

[147] Habermas, Technik und Wissenschaft, S. 81

[148] Habermas, Technik und Wissenschaft, S. 81

[149] Karl Marx, Das Kapital, 1. Bd. MEW 23, S. 465

[150] Vgl. zu dieser Forderung der universellen Entwicklung der Produktivkräfte schon Marx und Engels, Deutsche Ideologie, MEW 3, S. 34

[151] Wolkow, Soziologie der Wissenschaft, S. 21

[152] Marx, Das Kapital, Bd. 1 MEW 23, S. 465

[152a] Vgl. Karl Marx, Das Kapital, Bd. 1 MEW 23, S. 211

[153] Vgl. hierzu u. z. folgenden Wolkow, Soziologie d. Wissenschaft, S. 21 ff.

[154] Karl Marx, Grundrisse der Kritik der politischen Ökonomie, S. 585

[155] Vgl. hierzu vor allem die Untersuchung von Kern-Schumann, Industriearbeit und Arbeiterbewußtsein; und Frank Deppe, Probleme der betrieblichen Organisation der Produktion in BRD und DDR, in: BRD – DDR. Vergleich der Gesellschaftssysteme, Köln 1971, S. 93 ff.

[156] Wolkow, Soziologie der Wissenschaft, S. 28 f.; vgl. auch Frank Deppe, Probleme der betrieblichen Organisation der Produktion in BRD und DDR, S. 103

[157] Produktiv im Sinne von Mehrwert produzierend vgl. zur Begriffsbestimmung Karl Marx, Theorien über den Mehrwert, 1. Teil, MEW 26, 1, S. 122 f., 127 ff., 365 ff.

[158] Vgl. Die neue Arbeiterklasse. Technische Intelligenz und Gewerkschaften im organisierten Kapitalismus. Hrsg. u. eingeleitet von Frank Deppe, Hellmuth Lange und Lothar Peter, Frankfurt 1970, S. 48

[159] Vgl. hierzu H.H. Holz, Wissenschaft als Element im Klassenkampf, in: Marburger Blätter 22/1971, Nr. 2

[160] Tendenzen der technokratischen Studienreform, die eine kurze und billige Ausbildung für eine Massenqualifikation (Rezepteanwender und qualifizierte Hilfskräfte) und eine aufwendigere Ausbildung für eine Forschungs- und Führungselite (Rezeptemacher) anzielen, verdeutlichen dies augenscheinlich; vgl. hierzu Lukas Niemann, Die GmbH-Universität für die Mandarine der Zukunft, in Kritische Justiz Jg. 1970, S. 214; hinsichtlich solcher Tendenzen im Entwurf zum Hochschulrahmengesetz vgl. Rudolf Hickel, Zur Kritik der Politischen Ökonomie der Gesamthochschule, in: J. Hirsch/St. Leibfried, Materialien zur Wissenschafts- und Bildungspolitik, Frankfurt 1971, S. 291 ff.

[161] Dieser Ansatz impliziert die Auseinandersetzung mit revisionistischen und reformistischen Konzeptionen innerhalb der Arbeiterbewegung, was wiederum ohne Kritik der bürgerlichen Ideologien nicht möglich ist. Hieraus ergibt sich Funktion und Stellenwert marxistischer Wissenschaft auch an bürgerlichen Universitäten innerhalb des Klassenkampfes auf ideologischer Ebene.

[162] Diese Kritik trifft auch auf den Ansatz zu, den ich in der Schrift „Disziplinierung der Wissenschaft", vor allem S. 141 ff. vorgetragen habe.

Kurt Lenk
Konservatismus

[1] Historisch gesehen wird man den Konservatismus mit Helga Grebing „seit der beginnenden Auflösung der statischen feudal-agrarisch-handwerklichen Ständegesellschaft und der Herausbildung der dynamischen kapitalistisch-bürgerlichen Klassengesellschaft" ansetzen dürfen (H. Grebing, Konservative gegen die Demokratie. Konservative Kritik an der Demokratie in der Bundesrepublik nach 1945, Frankfurt/M. 1971, S. 33

[2] L. Kolakowski, Der Mensch ohne Alternative. Von der Möglichkeit und Unmöglichkeit, Marxist zu sein, München 1960, S. 250 ff.

[3] Vgl. Karl Mannheim, Das konservative Denken. Soziologische Beiträge zum Werden des politisch-historischen Denkens in Deutschland, in: Wissenssoziologie, Hg. Kurt H. Wolf, Berlin und Neuwied 1964, Soziologische Texte Bd. 28, S. 408–566

[4] Ders., ebd. S. 445 f.

[5] So spricht Mühlenfeld von einer „natürlichen Scheu des konservativen Gedankens vor einer rationalen Darstellung aus der vorrationalen Natur seines Wesens" (H. Mühlenfeld, Politik ohne Wunschbilder. Die konservative Aufgabe unserer Zeit, München 1952, S. 181–182)

[6] Pointiert formuliert Romein die Bedeutung Burkes für die Geschichte des Konservatismus: „Seine ‚Reflections' . . . sind für den Konservatismus dasselbe, was das ‚Kommunistische Manifest' für den Sozialismus ist" (Jan Romein, Über

den Konservatismus als historische Kategorie. Ein Versuch, in: Wesen und Wirklichkeit des Menschen, Festschrift für Helmuth Plessner, Göttingen 1957, S. 234)

7 Vgl. hierzu Herbert Marcuse, Ideengeschichtlicher Teil, in: Studien über Autorität und Familie. Forschungsberichte aus dem Institut für Sozialforschung, Schriften des Instituts für Sozialforschung, Bd. 5, Paris 1936

8 Arnold Gehlen, Über die Geburt der Freiheit aus der Entfremdung, in: Studien zur Anthropologie und Soziologie, Neuwied und Berlin 1963, S. 245 f

9 Zitiert nach Walter von Wyss, Edmund Burke. Denker, Redner und Warner, München 1966, S. 150 f.

10 ". . . that He who gave our nature to be perfected by our virtue willed also the necessary means of its perfection. — He willed therefore the state — He willed its connexion with the source and original archetype of all perfection. They who are convinced of this His will, which is the law of the laws and the sovereign of the sovereigns, cannot think it reprehensible that this our corporate Fealty and homage, that this our recognition of a signiory paramount, I had almost said this oblation of the state itself, as a worthly offering on the high altar of universal praise, should be performed." Edmund Burke, Reflections on the Revolution in France, Introduction by A.J. Grieve, London 1960, S. 95

11 Carl Schmitt, Politische Romantik, 2. Aufl. München und Leipzig 1925, S. 199

12 Burke, Reflections, a.a.O., S. 88; Vgl. S. 88 ff.

13 Zitiert nach Wolfgang Mommsen, Edmund Burke und die Französische Revolution. In: Politische Ideologien und nationalstaatliche Ordnung. Studien zur Geschichte des 19. und 20. Jahrhunderts, Festschrift für Theodor Schieder zu seinem 60. Geburtstag, hg. von Kurt Kluxen und Wolfgang J. Mommsen, München und Wien 1968, S. 39—67, S. 49 f.

14 Vgl. Heinrich Leo, Zu einer Naturlehre des Staates, Eingeleitet und mit einer Bibliographie versehen von Kurt Mautz, Frankfurt/Main 1948

15 Hans Mühlenfeld, Politik ohne Wunschbilder. Die konservative Aufgabe unserer Zeit, München 1952

16 Helmuth Plessner, Die verspätete Nation. Über die politische Verführbarkeit bürgerlichen Geistes, Stuttgart 1959

17 Martin Greiffenhagen, Das Dilemma des Konservatismus, in: Gesellschaft in Geschichte und Gegenwart, Beiträge zu sozialwissenschaftlichen Problemen, Festschrift Friedrich Lenz, Hg. Siegfried Wendt, Berlin 1961, S. 13—91, S. 45

18 Oswald Spengler, Der Untergang des Abendlandes, Umrisse einer Morphologie der Weltgeschichte, 7.—10. Aufl. München 1920, Bd. 2, S. 419

19 Ders., Preußentum und Sozialismus, München 1920, S. 4

20 Carl Schmitt, Der Hüter der Verfassung, Tübingen 1931, S. 159; vgl. S. 156

21 Ders., Verfassungslehre. 3. Aufl. Berlin 1957, S. 350

22 Ders., ebd. S. 229

23 Hasso Hofmann, Legitimität gegen Legalität. Der Weg der politischen Philosophie Carl Schmitts, Politica Bd. 15, Neuwied und Berlin 1964, S. 150

24 Carl Schmitt, Der Begriff des Politischen, Berlin 1963, S. 54

25 Ders., Verfassungslehre, a.a.O., S. 22

26 Christen in der Demokratie. Die CDU als Weltanschauungspartei, in: Die politische Meinung, 9. Jg. 1964, H. 96 S. 15—25

27 Als „Hochideologie" kann man jenen Ideologietypus bezeichnen, der — wie etwa der politische Liberalismus oder die „sozialistische Weltanschauung" — ein in sich geschlossenes, begrifflich-systematisiertes Gesamtbild von Welt, Mensch und Geschichte vermittelt.

28 Karl Mannheim, Ideologie und Utopie, 3. Aufl. Frankfurt/Main 1952, S. 202

29 Karl Mannheim, Das konservative Denken, a.a.O.

30 T.W. Adorno, Prismen. Kulturkritik und Gesellschaft, Berlin und Frankfurt/Main 1955, S. 72

31 Vgl. hierzu vor allem Helga Grebing, Konservative gegen die Demokratie, a.a.O.

32 Vgl. Armin Mohler, Konservativ 1962, in: Der Monat, H. 163, Jg. 14. S. 23—30

33 Vgl. hierzu: Jean F. Neurohr, Der Mythos vom Dritten Reich. Zur Geistesgeschichte des Nationalsozialismus, Stuttgart 1957; Kurt Sontheimer, Die Idee des Reiches im politischen Denken der Weimarer Republik, in: Geschichte in Wissenschaft und Unterricht, 13. Jg. 1962, S. 205—221

34 Golo Mann, Konservative Politik und konservative Charaktere, in: Der Monat, H. 165, Jg. 14, S. 48—54, S. 49

35 Hans Zehrer, Heute wieder zukunftsträchtig. Ein Brief, in: Der Monat, H. 166, Jg. 14, S. 30—32, S. 31

36 Hans Zehrer, a.a.O., S. 31

37 Greiffenhagen gibt für diese neuerliche Zuwendung des heutigen Konservatismus zum Christentum eine plausible Begründung: „In dem Maße, wie die christlichen Kirchen von dem moralischen und politischen Bankerott des Hitlerregimes verschont blieben und nach dem Kriege eine Reihe von politischen Aufgaben wahrnehmen konnten, in dem Maße auch, wie der Rechtspositivismus durch das nationalsozialistische Regime in Mißkredit geraten war und die Naturrechtslehre die juristische Theorie und Praxis wieder zu bestimmen begann, versuchten konservative Kräfte, im Christentum den Boden einer neuen konservativen Gesinnung zu sehen" (Martin Greiffenhagen, Das Dilemma des Konservatismus in Deutschland, München 1971, S. 309)

38 Armin Mohler, a.a.O., S. 27 f.

39 Vgl. Hans-Joachim von Merkatz, Konservatives Denken — pseudo-konservative Theorie, in: Der Monat, H. 165, Jg. 14, S. 54—56

40 Ders., ebd. S. 56

Ausgewählte Literatur (Kurt Lenk — Konservatismus)

Abrams, R.M., Conservatism in a progressive era. Cambridge/Mass. 1964

Adorno, T.W., Prismen. Kulturkritik und Gesellschaft. Berlin und Frankfurt/M. 1955

Arendt, H., Elemente und Ursprünge totaler Herrschaft. Frankfurt/M. 1962

Barth, H., Fluten und Dämme. Der philosophische Gedanke in der Politik. Zürich 1943

ders. (Hg.), Der konservative Gedanke. Stuttgart 1958

ders., Die Idee der Ordnung. Beiträge zu einer politischen Philosophie. Erlenbach-Zürich und Stuttgart 1958

ders., Masse und Mythos. Die Theorie der Gewalt: Georges Sorel. Hamburg-Reinbek 1959

Braune, F., Edmund Burke in Deutschland. Heidelberg 1917

Burke, E., Reflections on the Revolution in France. London und New York 1960 (Everyman's Library No. 460)

Butler, R.D'O., The Roots of National Socialism 1783—1933. London 1941

Cobban, A., Burke and the Revolt against the 18th Century; Study of the Political and Social Thinking of Burke. London 1929

Dürrenmatt, P., Europa wird konservativ sein oder es wird nicht sein, in: Der

Monat, 14. Jg. H. 166, 1962

Epstein, K., Genesis of German conservatism. Princeton/N.J. 1966

Fijalkowski, J., Die Wendung zum Führerstaat. Ideologische Komponenten in der politischen Philosophie Carl Schmitts. Köln und Opladen 1958 (Schriften des Instituts für politische Wissenschaft der FU Berlin, hgg. von O. Stammer, Bd. 12)

Flechtheim, O.K., Das Dilemma des Konservatismus, in: Gewerkschaftliche Monatshefte, 14. Jg. H. 2, Köln 1963

Freyer, H., Revolution von rechts, Jena 1931

Fromm, E., Die Furcht vor der Freiheit. Zürich 1945

Gehlen, A., Über die Geburt der Freiheit aus der Entfremdung, in: Studien zur Anthropologie und Soziologie. Neuwied und Berlin 1963

Gerstenberger, H., Der revolutionäre Konservatismus. Ein Beitrag zur Analyse des Liberalismus. Berlin 1969 (Sozialwissenschaftliche Abhandlungen, begr. von der Hochschule für Sozialwissenschaften, Wilhelmshaven-Rüstersiel, H. 14)

Gerstenmaier, E., Was heißt heute konservativ? , in: Der Monat, 14. Jg. H. 166, 1962

Grebing, H., Konservative gegen die Demokratie. Konservative Kritik an der Demokratie in der Bundesrepublik nach 1945. Frankfurt/M. 1971

Greiffenhagen, M., Das Dilemma des Konservatismus, in: Gesellschaft in Geschichte und Gegenwart. Festschrift für F. Lenz. Berlin 1961 (Sozialwissenschaftliche Abhandlungen, H. 9)

ders., Das Dilemma des Konservatismus in Deutschland. München 1971

Harpprecht, K., Verteidigung des Altmodischen, in: Der Monat, 14. Jg. H. 165, 1962

Harris, N., Die Ideologien in der Gesellschaft. Eine Untersuchung über Entstehung, Wesen und Wirkung, München 1970

Heller, H., Die politischen Ideenkreise der Gegenwart. Breslau 1926

Hofmann, H., Legitimität gegen Legalität. Der Weg der politischen Philosophie C. Schmitts. Neuwied und Berlin 1964

Horkheimer, H. (Hg.), Studien über Autorität und Familie. Paris 1936

Kirk, R., Lebendiges politisches Erbe. Freiheitliches Gedankengut von Burke bis Santayana 1790–1958. Erlenbach-Zürich und Stuttgart 1959

Klemperer, K. von, Konservative Bewegungen zwischen Kaiserreich und Nationalsozialismus. Oldenburg o.J.

Kohn, H., Wege und Irrwege. Vom Geist des deutschen Bürgertums. Düsseldorf 1962

Kolakowski, L., Der Mensch ohne Alternative. Von der Möglichkeit und Unmöglichkeit, Marxist zu sein. München 1960

Krieger, L., The German Idea of Freedom. History of a Political Tradition. Boston 1957

Krockow, Ch. Graf von, Die Entscheidung. Eine Untersuchung über Ernst Jünger, Carl Schmitt, Martin Heidegger, Stuttgart 1958

Lebovics, H., Social Conservatism and the Middle Classes in Germany, 1914–1933. Princeton/N.J. 1969

Lenk, K., „Volk und Staat". Strukturwandel politischer Ideologien im 19. und 20. Jahrhundert. Stuttgart-Berlin-Köln-Mainz 1971

Leo, H., Zu einer Naturlehre des Staates. Frankfurt/M. 1948 (Civitas Gentium, Quellenschriften zur Soziologie und Kulturphilosophie, hgg. von M. Graf zu Solms)

Lübbe, H. (Hg.), Die Hegelsche Rechte. Stuttgart-Bad Cannstatt 1962

ders., Politische Philosophie in Deutschland. Basel-Stuttgart 1963

Lübbe, H., Säkularisierung. Geschichte eines ideenpolitischen Begriffes. Freiburg und München 1965

Lukács, G., Die Zerstörung der Vernunft. Berlin (Ost) 1954

Mann, G., Konservative Politik und konservative Charaktere, in: Der Monat, 14. Jg. H. 165, 1962

Mannheim, K., Ideologie und Utopie, 3. Aufl. Frankfurt/M. 1952

ders., Das konservative Denken, in: Wissenssoziologie, Neuwied 1964

Marcuse, H., Vernunft und Revolution. Hegel und die Entstehung der Gesellschaftslehre, Neuwied 1962

ders., Der Kampf gegen den Liberalismus in der totalitären Staatsauffassung, in: Kultur und Gesellschaft I, Frankfurt/M. 1965

Martin, A. von, Geist und Gesellschaft. Soziologische Skizzen zur europäischen Kulturgeschichte, Frankfurt/M. 1948

Meinecke, F., Weltbürgertum und Nationalstaat. Studien zur Genesis des deutschen Nationalstaates. München und Berlin 1915

Merkatz, H.-J. von, Die konservative Funktion. Ein Beitrag zur Geschichte des politischen Denkens. München 1957 (Konservative Schriftenreihe Bd. 1)

ders., Konservatives Denken — pseudo-konservative Theorie, in: Der Monat, 14. Jg. H. 165, 1962

Moeller van den Bruck, Das dritte Reich. 3. Aufl. Hamburg 1931

Mohler, A., Die konservative Revolution in Deutschland 1918—1932, Stuttgart 1950

ders., Konservativ 1962, in: Der Monat, 14. Jg. H. 163, 1962

Mommsen, W., Edmund Burke und die Französische Revolution, in: Politische Ideologien und nationalstaatliche Ordnung. Studien zur Geschichte des 19. und 20. Jahrhunderts. Festschrift für Th. Schieder, hgg. von K. Kluxen und W.J. Mommsen, München und Wien 1968

Mühlenfeld, H., Politik ohne Wunschbilder. Die konservative Aufgabe unserer Zeit. München 1952

Neumann, S., Die Stufen des preußischen Konservatismus. Ein Beitrag zum Staats- und Gesellschaftsbild Deutschlands im 19. Jahrhundert. Berlin 1928

Neurohr, J.F., Der Mythos vom Dritten Reich. Zur Geistesgeschichte des Nationalsozialismus. Stuttgart 1957

Nolte, E., Konservatismus und Nationalismus, in: Zeitschrift für Politik, Köln N.F. 11. Jg. 1964

Plessner, H., Die verspätete Nation. Über die politische Verführbarkeit des bürgerlichen Geistes. Stuttgart 1959

Quabbe, G., Tar a Ri. Variationen über ein konservatives Thema. Berlin 1927

Rauschning, H., Die konservative Revolution. Versuch und Bruch mit Hitler. New York 1941

Romein, J., Über den Konservatismus als historische Kategorie, in: Wesen und Wirklichkeit des Menschen, Festschrift für H. Plessner, Göttingen 1957

Schmitt, C., Politische Romantik. 2. Aufl. München und Leipzig 1925

ders., Die geistesgeschichtliche Lage des heutigen Parlamentarismus. 2. Aufl. München-Leipzig 1926

ders., Der Hüter der Verfassung, Tübingen 1931

ders., Legalität und Legitimität, München und Leipzig 1932

ders., Der Begriff des Politischen. München 1932

ders., Verfassungslehre. 3. Aufl. Berlin 1957

Schrenck-Notzing, C. Freiherr von, Wider die Gefühlpolitik, in: Der Monat, 14. Jg. H. 165, 1962

Schüddekopf, O.-E., Konservatismus, in: Grundbegriffe der Geschichte. 50 Beiträge zum europäischen Geschichtsbild. Gütersloh 1964

Schumann, H.-G., Edmund Burkes Anschauung vom Gleichgewicht in Staat und Staatensystem. Meisenheim/Glan 1964

Schwarzkopf, D., Was ist heute eigentlich konservativ? , in: Der Monat, 14. Jg. H. 164, 1962

Schwedhelm, K. (Hg.), Propheten des Nationalismus, München 1969

Schwierskott, H.-J., Arthur Moeller van den Bruck und der revolutionäre Nationalismus in der Weimarer Republik. Berlin und Frankfurt/M. 1962

Sontheimer, K., Nationalismus und Konservative Revolution, in: Der Monat, 14. Jg. H. 168, 1962

ders., Antidemokratisches Denken in der Weimarer Republik, München 1962

Spengler, O., Preußentum und Sozialismus. München 1920

ders., Der Untergang des Abendlandes, Bd. 2, München 1922

Stahl, F.J., Philosophie des Rechts. 2 Bde. Heidelberg, 3. Aufl. 1954

Stern, F., Kulturpessimismus als politische Gefahr. Eine Analyse nationaler Ideologie in Deutschland. Bern, Stuttgart und Wien 1963

Stutz, E., Oswald Spengler als politischer Denker, Bern 1958

Szende, P., Demaskierung. Die Rolle der Ideologien in der Geschichte. Wien-Frankfurt-Zürich 1970

Viereck, P., Metapolitics. From the Romantics to Hitler. New York 1941

ders., Conservatism revisited, the revolt against the revolt, 1815—1949. New York 1949

Wyss, W. von, Edmund Burke. Denker, Redner und Warner, München 1966

Zehrer, H., Heute wieder zukunftsträchtig, in: Der Monat, 14. Jg. H. 166, 1962

Die Autoren

Arno Klönne, geb. 1931, Professor für Politikwissenschaft an der Pädagog. Hochschule Bielefeld, Mitglied der SPD, Mitherausgeber von „links — sozialistische zeitung". Buchveröffentlichungen u. a.: Imperium Springer — Macht und Manipulation , Köln 1968; Sozialkunde der Bundesrepublik Deutschland (zusammen mit Dieter Claessens und Armin Tschoepe), Düsseldorf 1970. Beiträge u. a. in Werkhefte, Blätter für deutsche und internationale Politik , Stimme der Gemeinde , Marxistische Blätter .

Kurt Lenk, geb. 1929, Dr. phil. Frankfurt a.M. 1956, Habilitation Marburg/L. 1964, seit 1966 Ordinarius für Politische Wissenschaft an der philosophischen Fakultät der Universität Erlangen-Nürnberg. Publikationen: Ideologie. Ideologiekritik und Wissenssoziologie, 5. A. Neuwied u. Berlin 1971; Volk und Staat . Strukturwandel politischer Ideologien im 19. und 20. Jahrhundert. Stuttgart-Berlin-Köln-Mainz 1971; Marx in der Wissenssoziologie (ersch. Frühjahr 1972).

Wolf Rosenbaum, geb. 1941, studierte Sozialwissenschaften in Wilhelmshaven, Göttingen und Marburg; 1966 Diplom in Sozialwissenschaften (Göttingen), Diplomarbeit über Hochschulwesen in der DDR; seit 1966 Assistent am Soziologischen Institut der Universität Marburg; 1970 Promotion mit einer rechtssoziologischen bzw. rechtshistorischen Arbeit über „Naturrecht und positives Recht"; weitere Arbeiten zur Politischen Ökonomie und zur Rechtssoziologie.

Gerhard Stuby, geb. 1934, Studium Philosophie und Jura. Mehrjährige Tätigkeit als wiss. Assistent am Institut für internationales und ausländisches Privatrecht in Freiburg i. Br., später am Lehrstuhl für öffentliches Recht und Rechtsphilosophie in Mannheim. Lehrtätigkeit auf dem Gebiet wissenschaftliche Politik in Marburg. Heute Professor für öffentliches Recht und wissenschaftliche Politik in Bremen. Veröffentlichungen: Recht und Solidarität im Denken von Albert Camus, Frankfurt 1965. Disziplinierung der Wissenschaft 1970. Eine größere Arbeit über Bildungs- und Wissenschaftsplanung erscheint demnächst. Zeitschriftenaufsätze.

Reinhard Kühnl, geb. 1936 in Schönwerth, ist Professor für wissenschaftliche Politik an der Universität Marburg. Veröffentlichte u. a.: Die nationalsozialistische Linke 1925 bis 1930 (1966); Das Dritte Reich in der Presse der Bundesrepublik (1966); Die NPD. Struktur, Ideologie und Funktion einer neofaschistischen Partei (1969); Deutschland zwischen Demokratie und Faschismus (1969); Formen bürgerlicher Herrschaft, Liberalismus — Faschismus (1971).

aktuell rororo

Herausgegeben von Freimut Duve

Deutsche Politik

Gesamtauflage über 3,8 Millionen Exemplare